高等职业教育高速铁路客运服务专业系列教材
高等职业教育校企合作精品教材——轨道交通类

高速铁路客运规章

（第2版）

主　编◎王　慧　李嘉琦
副主编◎张树旺　胡　博　龚浩翔

西南交通大学出版社
·成都·

图书在版编目(CIP)数据

高速铁路客运规章 / 王慧, 李嘉琦主编. -- 2 版.
成都 : 西南交通大学出版社, 2024.8. -- ISBN 978-7-5774-0050-1

Ⅰ. U293

中国国家版本馆 CIP 数据核字第 2024C7R328 号

Gaosu Tielu Keyun Guizhang
高速铁路客运规章（第 2 版）

主　编　王　慧　李嘉琦

策 划 编 辑	臧玉兰
责 任 编 辑	姜锡伟
封 面 设 计	墨创文化
出 版 发 行	西南交通大学出版社 （四川省成都市金牛区二环路北一段 111 号 西南交通大学创新大厦 21 楼）
营销部电话	028-87600564　028-87600533
邮 政 编 码	610031
网　　　址	http://www.xnjdcbs.com
印　　　刷	四川森林印务有限责任公司
成 品 尺 寸	185 mm × 260 mm
印　　　张	12.75
字　　　数	318 千
版　　　次	2018 年 12 月第 1 版 2024 年 8 月第 2 版
印　　　次	2024 年 8 月第 7 次
书　　　号	ISBN 978-7-5774-0050-1
定　　　价	41.00 元

课件咨询电话：028-81435775
图书如有印装质量问题　本社负责退换
版权所有　盗版必究　举报电话：028-87600562

第 2 版前言

高速铁路客运服务的实质是铁路企业最大限度地满足旅客的需求并为企业创造价值。客运服务是站在消费者角度强调旅客在消费客运服务时的一种实际体验和体验的满足程度，侧重于服务的"过程性"和旅客的"满足感"。高速铁路客运服务按照出行过程可以分为：出行前服务、车站服务、列车服务和延伸服务。

《高速铁路客运规章》（第 2 版）在第 1 版的基础上修订而成，内容作了较多改变，增加了新版《铁路旅客运输规程》和《中国国家铁路集团有限公司铁路旅客运输规程》，增加了《中华人民共和国民法典》（摘录）、《高速铁路运输调度规则》、《铁路定期票、计次票管理办法》、《中国铁路运输收入管理规定》、《铁路安全管理条例》、《高速铁路安全防护管理办法》、《铁路旅客禁止、限制携带和托运物品目录》、《广深港高速铁路跨境旅客运输组织规则》，更新了《铁路旅客车票实名制管理办法》。

本书充分体现了近年来高速铁路客运规章的新要求、新规定，具有体系全面、内容丰富的特点。全书共分为 6 个项目，主要内容包括：项目一高速铁路旅客运输相关法律、项目二高速铁路行车组织规章运用、项目三高速铁路客运规章运用、项目四高速铁路旅客运输收入管理、项目五高速铁路旅客运输服务管理、项目六高速铁路旅客运输安全管理。

《高速铁路客运规章》（第 2 版）按照《高等职业学校高速铁路客运服务专业教学标准》要求编写，既可作为高等职业院校高速铁路客运服务、铁道交通运营管理等相关专业的教材，亦可作为铁路相关专业职工的培训教材以及相关专业人员的参考资料。

本教材由天津铁道职业技术学院王慧、中国铁路北京局集团有限公司天津站李嘉琦任主编，由中国铁路北京局集团有限公司客运部张树旺、中国铁路北京局集团有限公司天津客运段胡博和长沙南方职业学院龚浩翔任副主编。具体分工如下：龚浩翔编写项目一；张树旺编写项目二；李嘉琦编写项目三；胡博编写项目四；王慧编写项目五、项目六。

由于编者水平有限，书中不妥之处，敬请批评指正。

编 者
2024 年 5 月

第1版前言

高速铁路客运服务的实质是铁路企业最大限度地满足旅客的需求。客运服务是站在消费者角度强调旅客在消费客运服务时的一种实际体验和体验的满足程度，侧重于服务的"过程性"和旅客的"满足感"。高速铁路客运服务按照出行过程可以分为：出行前服务、车站服务、列车服务和延伸服务；列车服务包括信息、车厢、通信、票务、娱乐和餐饮等服务。

为适应高速铁路旅客运输发展的需要，我们结合高速铁路旅客运输的相关规章，编写了本书。本书充分体现了近年来高速铁路客运规章的新要求、新规定，具有体系全面、内容丰富的特点。本书全面介绍了高速铁路旅客运输的相关规章、高速铁路旅客运输服务、高铁铁路旅客运输安全等内容的基本概念和基础理论。全书共分为六个项目，主要内容包括：项目一高速铁路旅客运输基本法律、项目二高速铁路客运规章运用、项目三高速铁路旅客运输服务质量规范、项目四高速铁路旅客运输服务、项目五高速铁路旅客运输安全、项目六高速铁路快件运输。

本书既可作为高等职业院校高速铁路客运乘务、铁道交通运营管理等相关专业的教材，亦可作为铁路相关专业职工的培训教材以及相关专业人员工作的参考资料。

本书由天津铁道职业技术学院王慧任主编，天津铁道职业技术学院闫莹娜、魏依和中国铁路北京局集团有限公司天津站客运业务指导王轩任副主编。具体分工如下：王轩编写项目一，王慧编写项目二、项目三，魏依编写项目四，闫莹娜编写项目五、项目六。

由于编者水平有限，书中不妥之处，敬请批评指正。

编 者
2018 年 10 月

目 录

项目一　高速铁路旅客运输相关法律 ………………………………………… 001
　　任务一　《中华人民共和国铁路法》 …………………………………………… 001
　　任务二　《中华人民共和国民法典》（摘录） …………………………………… 009

项目二　高速铁路行车组织规章运用 ………………………………………… 017
　　任务一　《铁路技术管理规程》（高速铁路部分摘录） ………………………… 017
　　任务二　《铁路运输调度规则》（高速铁路部分） ……………………………… 028

项目三　高速铁路客运规章运用 ……………………………………………… 045
　　任务一　《铁路旅客运输规程》 ………………………………………………… 045
　　任务二　《铁路旅客车票实名制管理办法》 …………………………………… 051
　　任务三　《中国国家铁路集团有限公司铁路旅客运输规程》 ………………… 055
　　任务四　《广深港高速铁路跨境旅客运输组织规则》 ………………………… 072

项目四　高速铁路旅客运输收入管理 ………………………………………… 083
　　任务一　动车组旅客列车票价 …………………………………………………… 083
　　任务二　《铁路定期票、计次票管理办法》 …………………………………… 088
　　任务三　《中国铁路运输收入管理规定》 ……………………………………… 094

项目五　高速铁路旅客运输服务管理 ………………………………………… 110
　　任务一　《高铁中型及以上车站服务质量规范》 ……………………………… 110
　　任务二　《动车组列车服务质量规范》 ………………………………………… 122
　　任务三　高速铁路车站客运标识 ………………………………………………… 134
　　任务四　"复兴号"动车组服务质量标准 ……………………………………… 144

项目六　高速铁路旅客运输安全管理 ··· 151

　　任务一　《铁路安全管理条例》 ··· 151

　　任务二　《高速铁路安全防护管理办法》 ·· 161

　　任务三　《铁路旅客禁止、限制携带和托运物品目录》 ··································· 168

　　任务四　《铁路旅客运输安全检查管理规则》 ··· 173

　　任务五　铁路旅客人身伤害及携带品损失处理 ·· 181

　　任务六　铁路交通事故应急救援和调查处理 ··· 188

参考文献 ··· 195

项目一
高速铁路旅客运输相关法律

我国法律体系包括宪法及相关法、基本法律和其他法律。宪法及相关法包括宪法、立法法和国家赔偿法等。基本法律是指由全国人民代表大会制定的刑事、民事、国家机构和其他的基本法律。其他法律是指由全国人民代表大会常务委员会制定的其他法律。法律根据效力范围的不同又可分为一般法和特别法。一般法是指在时间上、空间上、对象上以及立法事项上作出一般规定的法律规范，如《中华人民共和国民法典》；特别法则是指适用于特定时间、特定空间、特定主体或对象、特定事项或行为的法律规范，如《中华人民共和国铁路法》。宪法具有最高的法律效力，一切法律、行政法规、地方性法规、自治条例和单行条例、规章都不得同宪法相抵触。法律的效力高于行政法规、地方性法规、规章；行政法规的效力高于地方性法规、规章；部门规章之间、部门规章与地方政府规章之间具有同等效力，在各自的权限范围内施行。特别规定与一般规定不一致的，适用特别规定；新的规定与旧的规定不一致的，适用新的规定。

本项目可引导学生弘扬社会主义法治精神，传承中华优秀传统文化，做社会主义法治的忠实崇尚者、自觉遵守者、坚定捍卫者。

任务一　《中华人民共和国铁路法》

【能力目标】

能按照《中华人民共和国铁路法》要求进行高速铁路旅客运输组织工作。

【知识目标】

掌握《中华人民共和国铁路法》的基本内容。

【相关知识】

为了保障铁路运输和铁路建设的顺利进行,适应社会主义现代化建设和人民生活的需要,制定《中华人民共和国铁路法》(以下简称《铁路法》)。

一、《铁路法》的适用范围和管理体制

(一)《铁路法》的适用范围

《铁路法》所称铁路,包括国家铁路、地方铁路、专用铁路和铁路专用线。国家铁路是指由国务院铁路主管部门管理的铁路。地方铁路是指由地方人民政府管理的铁路。专用铁路是指由企业或者其他单位管理,专为本企业或者本单位内部提供运输服务的铁路。铁路专用线是指由企业或者其他单位管理的与国家铁路或者其他铁路线路接轨的岔线。

(二)《铁路法》的管理体制

(1)国务院铁路主管部门主管全国铁路工作,对国家铁路实行高度集中、统一指挥的运输管理体制,对地方铁路、专用铁路和铁路专用线进行指导、协调、监督和帮助。

(2)国家铁路运输企业行使法律、行政法规授予的行政管理职能。

(3)国家重点发展国家铁路,大力扶持地方铁路的发展。

(4)铁路运输企业必须坚持社会主义经营方向和为人民服务的宗旨,改善经营管理,切实改进路风,提高运输服务质量。

(5)公民有爱护铁路设施的义务。禁止任何人破坏铁路设施,扰乱铁路运输的正常秩序。

(6)铁路沿线各级地方人民政府应当协助铁路运输企业保证铁路运输安全畅通,车站、列车秩序良好,铁路设施完好和铁路建设顺利进行。

(7)国家铁路的技术管理规程,由国务院铁路主管部门制定,地方铁路、专用铁路的技术管理办法,参照国家铁路的技术管理规程制定。

(8)国家鼓励铁路科学技术研究,提高铁路科学技术水平。对在铁路科学技术研究中有显著成绩的单位和个人给予奖励。

二、铁路运输营业

(一)铁路运输营业管理

(1)铁路运输企业应当保证旅客和货物运输的安全,做到列车正点到达。

(2)国家铁路和地方铁路根据发展生产、搞活流通的原则,安排货物运输计划。对抢险救灾物资和国家规定需要优先运输的其他物资,应予优先运输。地方铁路运输的物资需要经由国家铁路运输的,其运输计划应当纳入国家铁路的运输计划。

(3)国家鼓励专用铁路兼办公共旅客、货物运输营业;提倡铁路专用线与有关单位按

照协议共用。专用铁路兼办公共旅客、货物运输营业的,应当报经省、自治区、直辖市人民政府批准。专用铁路兼办公共旅客、货物运输营业的,适用《铁路法》关于铁路运输企业的规定。

(4)铁路运输企业应当采取措施,防止对铁路沿线环境的污染。

(5)托运、承运货物、包裹、行李,必须遵守国家关于禁止或者限制运输物品的规定。

(6)铁路运输企业与公路、航空或者水上运输企业相互间实行国内旅客、货物联运,依照国家有关规定办理;国家没有规定的,依照有关各方的协议办理。

(7)国家铁路、地方铁路参加国际联运,必须经国务院批准。

(8)铁路军事运输依照国家有关规定办理。

(二)铁路运价管理

(1)铁路的旅客票价率和货物、行李的运价率实行政府指导价或者政府定价,竞争性领域实行市场调节价。政府指导价、政府定价的定价权限和具体适用范围以中央政府和地方政府的定价目录为依据。铁路旅客、货物运输杂费的收费项目和收费标准,以及铁路包裹运价率由铁路运输企业自主制定。

(2)铁路的旅客票价,货物、包裹、行李的运价,旅客和货物运输杂费的收费项目和收费标准,必须公告;未公告的不得实施。

(3)国家铁路、地方铁路和专用铁路印制使用的旅客、货物运输票证,禁止伪造和变造。禁止倒卖旅客车票和其他铁路运输票证。

(三)铁路运输合同

铁路运输合同是明确铁路运输企业与旅客、托运人之间权利义务关系的协议。旅客车票、行李票、包裹票和货物运单是合同或者合同的组成部分。

1. 铁路运输企业责任

(1)旅客运输责任。

铁路运输企业应当保证旅客按车票载明的日期、车次乘车,并到达目的站。因铁路运输企业的责任造成旅客不能按车票载明的日期、车次乘车的,铁路运输企业应当按照旅客的要求,退还全部票款或者安排改乘到达相同目的站的其他列车。

铁路运输企业应当采取有效措施做好旅客运输服务工作,做到文明礼貌、热情周到,保持车站和车厢内的清洁卫生,提供饮用开水,做好列车上的饮食供应工作。

(2)货物、行李运输责任。

铁路运输企业应当按照合同约定的期限或者国务院铁路主管部门规定的期限,将货物、包裹、行李运到目的站;逾期运到的,铁路运输企业应当支付违约金。铁路运输企业逾期三十日仍未将货物、包裹、行李交付收货人或者旅客的,托运人、收货人或者旅客有权按货物、包裹、行李灭失向铁路运输企业要求赔偿。

铁路运输企业应当对承运的货物、包裹、行李自接受承运时起到交付时止发生的灭失、短少、变质、污染或者损坏，承担赔偿责任。

铁路运输企业对承运的容易腐烂变质的货物和活动物，应当按照国务院铁路主管部门的规定和合同的约定，采取有效的保护措施。

（3）铁路保价保险运输。

托运人或者旅客根据自愿申请办理保价运输的，按照实际损失赔偿，但最高不超过保价额。

未按保价运输承运的，按照实际损失赔偿，但最高不超过国务院铁路主管部门规定的赔偿限额；如果损失是由于铁路运输企业的故意或者重大过失造成的，不适用赔偿限额的规定，按照实际损失赔偿。

托运人或者旅客根据自愿可以向保险公司办理货物运输保险，保险公司按照保险合同的约定承担赔偿责任。

托运人或者旅客根据自愿，可以办理保价运输，也可以办理货物运输保险；还可以既不办理保价运输，也不办理货物运输保险。不得以任何方式强迫办理保价运输或者货物运输保险。

（4）铁路运输企业免责条款。

由于下列原因造成的货物、包裹、行李损失的，铁路运输企业不承担赔偿责任：不可抗力；货物或者包裹、行李中的物品本身的自然属性，或者合理损耗；托运人、收货人或者旅客的过错。

2. 旅客、托运人、收货人的责任

因旅客、托运人或者收货人的责任给铁路运输企业造成财产损失的，由旅客、托运人或者收货人承担赔偿责任。

（1）旅客责任。

旅客乘车应当持有效车票。对无票乘车或者持失效车票乘车的，应当补收票款，并按照规定加收票款；拒不交付的，铁路运输企业可以责令下车。

（2）托运人责任。

托运人应当如实填报托运单，铁路运输企业有权对填报的货物和包裹的品名、重量、数量进行检查。经检查，申报与实际不符的，检查费用由托运人承担；申报与实际相符的，检查费用由铁路运输企业承担，因检查对货物和包裹中的物品造成的损坏由铁路运输企业赔偿。

托运人因申报不实而少交的运费和其他费用应当补交，铁路运输企业按照国务院铁路主管部门的规定加收运费和其他费用。

托运货物需要包装的，托运人应当按照国家包装标准或者行业包装标准包装；没有国家包装标准或者行业包装标准的，应当妥善包装，使货物在运输途中不因包装原因而受损坏。

（3）收货人责任。

货物、包裹、行李到站后，收货人或者旅客应当按照国务院铁路主管部门规定的期限及时领取，并支付托运人未付或者少付的运费和其他费用；逾期领取的，收货人或者旅客应当按照规定交付保管费。

3. 逾期未领取处理

自铁路运输企业发出领取货物通知之日起满三十日仍无人领取的货物，或者收货人书面通知铁路运输企业拒绝领取的货物，铁路运输企业应当通知托运人，托运人自接到通知之日起满三十日未作答复的，由铁路运输企业变卖；所得价款在扣除保管等费用后尚有余款的，应当退还托运人，无法退还、自变卖之日起一百八十日内托运人又未领回的，上缴国库。

自铁路运输企业发出领取通知之日起满九十日仍无人领取的包裹或者到站后满九十日仍无人领取的行李，铁路运输企业应当公告，公告满九十日仍无人领取的，可以变卖；所得价款在扣除保管等费用后尚有余款的，托运人、收货人或者旅客可以自变卖之日起一百八十日内领回，逾期不领回的，上缴国库。

对危险物品和规定限制运输的物品，应当移交公安机关或者有关部门处理，不得自行变卖。对不宜长期保存的物品，可以按照国务院铁路主管部门的规定缩短处理期限。

4. 合同争议处理

发生铁路运输合同争议的，铁路运输企业和托运人、收货人或者旅客可以通过调解解决；不愿意调解解决或者调解不成的，可以依据合同中的仲裁条款或者事后达成的书面仲裁协议，向国家规定的仲裁机构申请仲裁。

当事人一方在规定的期限内不履行仲裁机构的仲裁决定的，另一方可以申请人民法院强制执行。

当事人没有在合同中订立仲裁条款，事后又没有达成书面仲裁协议的，可以向人民法院起诉。

三、铁路建设

（一）铁路发展规划和建设计划

（1）铁路发展规划应当依据国民经济和社会发展以及国防建设的需要制定，并与其他方式的交通运输发展规划相协调。

（2）地方铁路、专用铁路、铁路专用线的建设计划必须符合全国铁路发展规划，并征得国务院铁路主管部门或者国务院铁路主管部门授权的机构的同意。

（3）铁路建设用地规划，应当纳入土地利用总体规划。为远期扩建、新建铁路需要的土地，由县级以上人民政府在土地利用总体规划中安排。

（4）在城市规划区范围内，铁路的线路、车站、枢纽以及其他有关设施的规划，应当纳入所在城市的总体规划。

（二）铁路建设用地

铁路建设用地，依照有关法律、行政法规的规定办理。

（1）有关地方人民政府应当支持铁路建设，协助铁路运输企业做好铁路建设征收土地工作和拆迁安置工作。

（2）已经取得使用权的铁路建设用地，应当依照批准的用途使用，不得擅自改作他用；其他单位或者个人不得侵占。侵占铁路建设用地的，由县级以上地方人民政府土地管理部门责令停止侵占、赔偿损失。

（3）铁路轨距。铁路的标准轨距为 1 435 毫米。新建国家铁路必须采用标准轨距。窄轨铁路的轨距为 762 毫米或者 1 000 毫米。新建和改建铁路的其他技术要求应当符合国家标准或者行业标准。

（4）铁路建成后，必须依照国家基本建设程序的规定，经验收合格，方能交付正式运行。

（三）铁路道口建设

（1）铁路与道路交叉处，应当优先考虑设置立体交叉；未设立体交叉的，可以根据国家有关规定设置平交道口或者人行过道。在城市规划区内设置平交道口或者人行过道，由铁路运输企业或者建有专用铁路、铁路专用线的企业或者其他单位和城市规划主管部门共同决定。

（2）拆除已经设置的平交道口或者人行过道，由铁路运输企业或者建有专用铁路、铁路专用线的企业或者其他单位和当地人民政府商定。

（3）修建跨越河流的铁路桥梁，应当符合国家规定的防洪、通航和水流的要求。

四、铁路安全与保护

（一）铁路运输安全保护

（1）铁路运输企业必须加强对铁路的管理和保护，定期检查、维修铁路运输设施，保证铁路运输设施完好，保障旅客和货物运输安全。

（2）铁路公安机关和地方公安机关分工负责共同维护铁路治安秩序。车站和列车内的治安秩序，由铁路公安机关负责维护；铁路沿线的治安秩序，由地方公安机关和铁路公安机关共同负责维护，以地方公安机关为主。

（3）运输危险品必须按照国务院铁路主管部门的规定办理，禁止以非危险品品名托运危险品。禁止旅客携带危险品进站上车。铁路公安人员和国务院铁路主管部门规定的铁路职工，有权对旅客携带的物品进行运输安全检查。实施运输安全检查的铁路职工应当佩戴执勤标志。

危险品的品名由国务院铁路主管部门规定并公布。

（4）在列车内，寻衅滋事，扰乱公共秩序，危害旅客人身、财产安全的，铁路职工有权制止，铁路公安人员可以予以拘留。

（5）在车站和旅客列车内，发生法律规定需要检疫的传染病时，由铁路卫生检疫机构进行检疫；根据铁路卫生检疫机构的请求，地方卫生检疫机构应予协助。货物运输的检疫，依照国家规定办理。

（6）禁止偷乘货车、攀附行进中的列车或者击打列车。对偷乘货车、攀附行进中的列车或者击打列车的，铁路职工有权制止。

（7）对聚众拦截列车或者聚众冲击铁路行车调度机构的，铁路职工有权制止；不听制止的，公安人员现场负责人有权命令解散；拒不解散的，公安人员现场负责人有权依照国家有关规定决定采取必要手段强行驱散，并对拒不服从的人员强行带离现场或者予以拘留。

（8）对哄抢铁路运输物资的，铁路职工有权制止，可以扭送公安机关处理；现场公安人员可以予以拘留。

（9）禁止在铁路线路上行走、坐卧。对在铁路线路上行走、坐卧的，铁路职工有权制止。

（10）电力主管部门应当保证铁路牵引用电以及铁路运营用电中重要负荷的电力供应。铁路运营用电中重要负荷的供应范围由国务院铁路主管部门和国务院电力主管部门商定。

（二）铁路运输线路安全保护

（1）铁路线路两侧地界以外的山坡地由当地人民政府作为水土保持的重点进行整治。铁路隧道顶上的山坡地由铁路运输企业协助当地人民政府进行整治。铁路地界以内的山坡地由铁路运输企业进行整治。

（2）在铁路线路和铁路桥梁、涵洞两侧一定距离内，修建山塘、水库、堤坝，开挖河道、干渠，采石挖砂，打井取水，影响铁路路基稳定或者危害铁路桥梁、涵洞安全的，由县级以上地方人民政府责令停止建设或者采挖、打井等活动，限期恢复原状或者责令采取必要的安全防护措施。国家铁路的重要桥梁和隧道，由中国人民武装警察部队负责守卫。

（3）在铁路线路上架设电力、通讯线路，埋置电缆、管道设施，穿凿通过铁路路基的地下坑道，必须经铁路运输企业同意，并采取安全防护措施。

违反相关规定，给铁路运输企业造成损失的单位或者个人，应当赔偿损失。

（4）在铁路弯道内侧、平交道口和人行过道附近，不得修建妨碍行车瞭望的建筑物和种植妨碍行车瞭望的树木。修建妨碍行车瞭望的建筑物的，由县级以上地方人民政府责令限期拆除。种植妨碍行车瞭望的树木的，由县级以上地方人民政府责令有关单位或者个人限期迁移或者修剪、砍伐。

（5）禁止擅自在铁路线路上铺设平交道口和人行过道。

平交道口和人行过道必须按照规定设置必要的标志和防护设施。

行人和车辆通过铁路平交道口和人行过道时，必须遵守有关通行的规定。

（6）对损毁、移动铁路信号装置及其他行车设施或者在铁路线路上放置障碍物的，铁路职工有权制止，可以扭送公安机关处理。

（7）禁止在铁路线路两侧二十米以内或者铁路防护林地内放牧。对在铁路线路两侧二十米以内或者铁路防护林地内放牧的，铁路职工有权制止。

（三）铁路交通事故处理

（1）发生铁路交通事故，铁路运输企业应当依照国务院和国务院有关主管部门关于事故调查处理的规定办理，并及时恢复正常行车，任何单位和个人不得阻碍铁路线路开通和列车运行。

（2）因铁路行车事故及其他铁路运营事故造成人身伤亡的，铁路运输企业应当承担赔偿责任；如果人身伤亡是因不可抗力或者由于受害人自身的原因造成的，铁路运输企业不承担赔偿责任。

（3）违章通过平交道口或者人行过道，或者在铁路线路上行走、坐卧造成的人身伤亡，属于受害人自身的原因造成的人身伤亡。

五、法律责任

（1）违反《铁路法》规定，携带危险品进站上车或者以非危险品品名托运危险品，导致发生重大事故的，依照刑法有关规定追究刑事责任。企业事业单位、国家机关、社会团体犯本款罪的，处以罚金，对其主管人员和直接责任人员依法追究刑事责任。

（2）携带炸药、雷管或者非法携带枪支子弹、管制刀具进站上车的，依照刑法有关规定追究刑事责任。

（3）故意损毁、移动铁路行车信号装置或者在铁路线路上放置足以使列车倾覆的障碍物的，依照刑法有关规定追究刑事责任。

（4）盗窃铁路线路上行车设施的零件、部件或者铁路线路上的器材，危及行车安全的，尚未造成严重后果的，依照刑法有关规定追究刑事责任。

（5）聚众拦截列车、冲击铁路行车调度机构不听制止的，对首要分子和骨干分子依照刑法有关规定追究刑事责任。聚众哄抢铁路运输物资的，对首要分子和骨干分子依照刑法有关规定追究刑事责任。铁路职工与其他人员勾结犯前述罪的，从重处罚。

（6）在列车内，抢劫旅客财物，伤害旅客的，依照刑法有关规定从重处罚。在列车内，寻衅滋事，侮辱妇女，情节恶劣的，依照刑法有关规定追究刑事责任；敲诈勒索旅客财物的，依照刑法有关规定追究刑事责任。

（7）倒卖旅客车票，构成犯罪的，依照刑法有关规定追究刑事责任。铁路职工倒卖旅客车票或者与其他人员勾结倒卖旅客车票的，依照刑法有关规定追究刑事责任。

（8）擅自在铁路线路上铺设平交道口、人行过道的，由铁路公安机关或者地方公安机关责令限期拆除，可以并处罚款。

（9）铁路运输企业违反《铁路法》规定，多收运费、票款或者旅客、货物运输杂费的，必须将多收的费用退还付款人，无法退还的上缴国库。将多收的费用据为己有或者侵吞私分的，依照刑法有关规定追究刑事责任。

（10）铁路职工利用职务之便走私的，或者与其他人员勾结走私的，依照刑法有关规定追究刑事责任。

（11）铁路职工玩忽职守、违反规章制度造成铁路运营事故的，滥用职权、利用办理运输业务之便谋取私利的，给予行政处分；情节严重、构成犯罪的，依照刑法有关规定追究刑事责任。

（12）违反《铁路法》规定，尚不够刑事处罚，应当给予治安管理处罚的，依照治安管理处罚法的规定处罚。

【任务拓展】

《中华人民共和国个人信息保护法》和《中华人民共和国消费者权益保护法》有关条款

《中华人民共和国个人信息保护法》第十条：

任何组织、个人不得非法收集、使用、加工、传输他人个人信息，不得非法买卖、提供或者公开他人个人信息；不得从事危害国家安全、公共利益的个人信息处理活动。

《中华人民共和国个人信息保护法》第二十六条：

在公共场所安装图像采集、个人身份识别设备，应当为维护公共安全所必需，遵守国家有关规定，并设置显著的提示标识。所收集的个人图像、身份识别信息只能用于维护公共安全的目的，不得用于其他目的；取得个人单独同意的除外。

《中华人民共和国消费者权益保护法》第二十九条：

经营者收集、使用消费者个人信息，应当遵循合法、正当、必要的原则，明示收集、使用信息的目的、方式和范围，并经消费者同意。经营者收集、使用消费者个人信息，应当公开其收集、使用规则，不得违反法律、法规的规定和双方的约定收集、使用信息。经营者及其工作人员对收集的消费者个人信息必须严格保密，不得泄露、出售或者非法向他人提供。经营者应当采取技术措施和其他必要措施，确保信息安全，防止消费者个人信息泄露、丢失。在发生或者可能发生信息泄露、丢失的情况时，应当立即采取补救措施。经营者未经消费者同意或者请求，或者消费者明确表示拒绝的，不得向其发送商业性信息。

任务二　《中华人民共和国民法典》（摘录）

【能力目标】

能按照《中华人民共和国民法典》的要求为旅客提供标准化服务。

【知识目标】

掌握《中华人民共和国民法典》的基本内容。

【相关知识】

为了保护民事主体的合法权益，调整民事关系，维护社会和经济秩序，适应中国特色社会主义发展要求，弘扬社会主义核心价值观，根据宪法，制定《中华人民共和国民法典》。

一、民事权利能力和民事行为能力

自然人从出生时起到死亡时止，具有民事权利能力，依法享有民事权利，承担民事义务。

（1）十八周岁以上的自然人为成年人。不满十八周岁的自然人为未成年人。

（2）成年人为完全民事行为能力人，可以独立实施民事法律行为。

十六周岁以上的未成年人，以自己的劳动收入为主要生活来源的，视为完全民事行为能力人。

（3）八周岁以上的未成年人为限制民事行为能力人，实施民事法律行为由其法定代理人代理或者经其法定代理人同意、追认；但是，可以独立实施纯获利益的民事法律行为或者与其年龄、智力相适应的民事法律行为。

（4）不满八周岁的未成年人为无民事行为能力人，由其法定代理人代理实施民事法律行为。

二、遗失物所有权取得的特别规定

（1）所有权人或者其他权利人有权追回遗失物。该遗失物通过转让被他人占有的，权利人有权向无处分权人请求损害赔偿，或者自知道或者应当知道受让人之日起二年内向受让人请求返还原物；但是，受让人通过拍卖或者向具有经营资格的经营者购得该遗失物的，权利人请求返还原物时应当支付受让人所付的费用。权利人向受让人支付所付费用后，有权向无处分权人追偿。

（2）拾得遗失物，应当返还权利人。拾得人应当及时通知权利人领取，或者送交公安等有关部门。

（3）有关部门收到遗失物，知道权利人的，应当及时通知其领取；不知道的，应当及时发布招领公告。

（4）拾得人在遗失物送交有关部门前，有关部门在遗失物被领取前，应当妥善保管遗失物。因故意或者重大过失致使遗失物毁损、灭失的，应当承担民事责任。

（5）权利人领取遗失物时，应当向拾得人或者有关部门支付保管遗失物等支出的必要费用。

权利人悬赏寻找遗失物的，领取遗失物时应当按照承诺履行义务。

拾得人侵占遗失物的，无权请求保管遗失物等支出的费用，也无权请求权利人按照承诺履行义务。

（6）遗失物自发布招领公告之日起一年内无人认领的，归国家所有。

三、运输合同

合同是民事主体之间设立、变更、终止民事法律关系的协议。格式条款是当事人为了重复使用而预先拟定，并在订立合同时未与对方协商的条款。

采用格式条款订立合同的，提供格式条款的一方应当遵循公平原则确定当事人之间的权利和义务，并采取合理的方式提示对方注意免除或者减轻其责任等与对方有重大利害关系的条款，按照对方的要求，对该条款予以说明。提供格式条款的一方未履行提示或者说明义务，致使对方没有注意或者理解与其有重大利害关系的条款的，对方可以主张该条款不成为合同的内容。

（一）运输合同一般规定

（1）运输合同是承运人将旅客或者货物从起运地点运输到约定地点，旅客、托运人或者收货人支付票款或者运输费用的合同。

（2）从事公共运输的承运人不得拒绝旅客、托运人通常、合理的运输要求。

（3）承运人应当在约定期限或者合理期限内将旅客、货物安全运输到约定地点。

（4）承运人应当按照约定的或者通常的运输路线将旅客、货物运输到约定地点。

（5）旅客、托运人或者收货人应当支付票款或者运输费用。承运人未按照约定路线或者通常路线运输增加票款或者运输费用的，旅客、托运人或者收货人可以拒绝支付增加部分的票款或者运输费用。

（二）客运合同

（1）客运合同自承运人向旅客出具客票时成立，但是当事人另有约定或者另有交易习惯的除外。

（2）旅客应当按照有效客票记载的时间、班次和座位号乘坐。旅客无票乘坐、超程乘坐、越级乘坐或者持不符合减价条件的优惠客票乘坐的，应当补交票款，承运人可以按照规定加收票款；旅客不支付票款的，承运人可以拒绝运输。

实名制客运合同的旅客丢失客票的，可以请求承运人挂失补办，承运人不得再次收取票款和其他不合理费用。

（3）旅客因自己的原因不能按照客票记载的时间乘坐的，应当在约定的期限内办理退票或者变更手续；逾期办理的，承运人可以不退票款，并不再承担运输义务。

（4）旅客随身携带行李应当符合约定的限量和品类要求；超过限量或者违反品类要求携带行李的，应当办理托运手续。

（5）旅客不得随身携带或者在行李中夹带易燃、易爆、有毒、有腐蚀性、有放射性以及可能危及运输工具上人身和财产安全的危险物品或者违禁物品。

旅客违反上述规定的，承运人可以将危险物品或者违禁物品卸下、销毁或者送交有关部门。旅客坚持携带或者夹带危险物品或者违禁物品的，承运人应当拒绝运输。

（6）承运人应当严格履行安全运输义务，及时告知旅客安全运输应当注意的事项。旅客对承运人为安全运输所作的合理安排应当积极协助和配合。

（7）承运人应当按照有效客票记载的时间、班次和座位号运输旅客。承运人迟延运输或者有其他不能正常运输情形的，应当及时告知和提醒旅客，采取必要的安置措施，并根据旅客的要求安排改乘其他班次或者退票；由此造成旅客损失的，承运人应当承担赔偿责任，但是不可归责于承运人的除外。

（8）承运人擅自降低服务标准的，应当根据旅客的请求退票或者减收票款；提高服务标准的，不得加收票款。

（9）承运人在运输过程中，应当尽力救助患有急病、分娩、遇险的旅客。

（10）承运人应当对运输过程中旅客的伤亡承担赔偿责任；但是，伤亡是旅客自身健康原因造成的或者承运人证明伤亡是旅客故意、重大过失造成的除外。

上述规定适用于按照规定免票、持优待票或者经承运人许可搭乘的无票旅客。

（11）在运输过程中旅客随身携带物品毁损、灭失，承运人有过错的，应当承担赔偿责任。旅客托运的行李毁损、灭失的，适用货物运输的有关规定。

（三）货运合同

（1）托运人办理货物运输，应当向承运人准确表明收货人的姓名、名称或者凭指示的收货人，货物的名称、性质、重量、数量，收货地点等有关货物运输的必要情况。

因托运人申报不实或者遗漏重要情况，造成承运人损失的，托运人应当承担赔偿责任。

（2）托运人托运易燃、易爆、有毒、有腐蚀性、有放射性等危险物品的，应当按照国家有关危险物品运输的规定对危险物品妥善包装，做出危险物品标志和标签，并将有关危险物品的名称、性质和防范措施的书面材料提交承运人。

托运人违反上述规定的，承运人可以拒绝运输，也可以采取相应措施以避免损失的发生，因此产生的费用由托运人负担。

（3）在承运人将货物交付收货人之前，托运人可以要求承运人中止运输、返还货物、变更到达地或者将货物交给其他收货人，但是应当赔偿承运人因此受到的损失。

（4）货物运输到达后，承运人知道收货人的，应当及时通知收货人，收货人应当及时提货。收货人逾期提货的，应当向承运人支付保管费等费用。

（5）承运人对运输过程中货物的毁损、灭失承担赔偿责任。但是，承运人证明货物的毁损、灭失是因不可抗力、货物本身的自然性质或者合理损耗以及托运人、收货人的过错造成的，不承担赔偿责任。

（6）两个以上承运人以同一运输方式联运的，与托运人订立合同的承运人应当对全程运输承担责任；损失发生在某一运输区段的，与托运人订立合同的承运人和该区段的承运人承担连带责任。

（7）货物在运输过程中因不可抗力灭失，未收取运费的，承运人不得请求支付运费；已经收取运费的，托运人可以请求返还。法律另有规定的，依照其规定。

（8）托运人或者收货人不支付运费、保管费或者其他费用的，承运人对相应的运输货物享有留置权，但是当事人另有约定的除外。

（9）收货人不明或者收货人无正当理由拒绝受领货物的，承运人依法可以提存货物。

（四）多式联运合同

（1）多式联运经营人负责履行或者组织履行多式联运合同，对全程运输享有承运人的权利，承担承运人的义务。

（2）多式联运经营人可以与参加多式联运的各区段承运人就多式联运合同的各区段运输约定相互之间的责任；但是，该约定不影响多式联运经营人对全程运输承担的义务。

（3）多式联运经营人收到托运人交付的货物时，应当签发多式联运单据。按照托运人的要求，多式联运单据可以是可转让单据，也可以是不可转让单据。

（4）因托运人托运货物时的过错造成多式联运经营人损失的，即使托运人已经转让多式联运单据，托运人仍然应当承担赔偿责任。

（5）货物的毁损、灭失发生于多式联运的某一运输区段的，多式联运经营人的赔偿责任和责任限额，适用调整该区段运输方式的有关法律规定；货物毁损、灭失发生的运输区段不能确定的，依照相关规定承担赔偿责任。

四、侵权责任

行为人因过错侵害他人民事权益造成损害的，应当承担侵权责任。

（一）责任主体的特殊规定

宾馆、商场、银行、车站、机场、体育场馆、娱乐场所等经营场所、公共场所的经营者、管理者或者群众性活动的组织者，未尽到安全保障义务，造成他人损害的，应当承担侵权责任。

因第三人的行为造成他人损害的，由第三人承担侵权责任；经营者、管理者或者组织者未尽到安全保障义务的，承担相应的补充责任。经营者、管理者或者组织者承担补充责任后，可以向第三人追偿。

（二）环境污染和生态破坏责任

侵权人违反法律规定故意污染环境、破坏生态造成严重后果的，被侵权人有权请求相应的惩罚性赔偿。

（三）高度危险责任

（1）从事高度危险作业造成他人损害的，应当承担侵权责任。

（2）占有或者使用易燃、易爆、剧毒、高放射性、强腐蚀性、高致病性等高度危险物造成他人损害的，占有人或者使用人应当承担侵权责任；但是，能够证明损害是因受害人故意或者不可抗力造成的，不承担责任。被侵权人对损害的发生有重大过失的，可以减轻占有人或者使用人的责任。

（3）从事高空、高压、地下挖掘活动或者使用高速轨道运输工具造成他人损害的，经营者应当承担侵权责任；但是，能够证明损害是因受害人故意或者不可抗力造成的，不承担责任。被侵权人对损害的发生有重大过失的，可以减轻经营者的责任。

（4）遗失、抛弃高度危险物造成他人损害的，由所有人承担侵权责任。所有人将高度危险物交由他人管理的，由管理人承担侵权责任；所有人有过错的，与管理人承担连带责任。

（5）非法占有高度危险物造成他人损害的，由非法占有人承担侵权责任。所有人、管理人不能证明对防止非法占有尽到高度注意义务的，与非法占有人承担连带责任。

（6）未经许可进入高度危险活动区域或者高度危险物存放区域受到损害，管理人能够证明已经采取足够安全措施并尽到充分警示义务的，可以减轻或者不承担责任。

（7）承担高度危险责任，法律规定赔偿限额的，依照其规定，但是行为人有故意或者重大过失的除外。

【任务拓展】

国铁集团客运部关于进一步提升旅客遗失物品找寻服务的通知

为进一步提升旅客遗失物品找寻服务水平，规范遗失物品管理，国铁集团客运部组织有关单位优化了客运管理系统遗失物品管理模块，并在铁路12306网站（含手机客户端及微信公众号平台，下同）上线遗失物品找寻服务。

一、遗失物品管理与服务

（1）旅客列车运行中及库内整备时发现的遗失物品按规定移交车站。客运站指定人员负责遗失物品管理，负责登记、保管本站发现及列车移交本站的旅客遗失物品，并办理交付、转送、接收。车站明确遗失物品招领电话，设置必要的场所存放遗失物品，客流较大站应设置遗失物品招领处，并设有明显的招领标识。

（2）车站对本站发现和列车移交的遗失物品在客运管理信息系统旅客遗失物品模块（以下简称客管系统）内进行登记。登记内容包括物品类别、捡拾站／车、捡拾时间、物品内容、物品详情等，必要时可拍照上传客管系统，遗失物品中有身份证件的登记证件类型及证件号。

（3）遗失物品中的危险品、铁路进站乘车禁止和限制携带物品、机要文件站车要立即移交公安机关或有关部门处理。鲜活易腐物品和食品不负责保管和转送。遗失物品登记后，要在存放场所分类妥善保管，无人认领的遗失物品保管期限为自发布招领公告之日起一年。

（4）车站在客管系统登记的铁路部门负责保管的遗失物品，铁路12306网站于登记当日发布招领公告，公告内容包括遗失物品编号、物品类别、物品内容、捡拾车站／列车、捡拾时间，公告期限一年。

（5）旅客向铁路客服中心咨询本人遗失物品时，客服员要通过客管系统进行查询确认，系统内有物品登记信息，初步核对疑似为旅客遗失物品时，告知旅客该遗失物品暂存车站及失物招领电话，请旅客与该站联系进行进一步确认和领取。

（6）旅客向铁路客服中心咨询本人遗失物品，客管系统内未查询到相符物品信息时，客服员要通知相关站车进行现场查找确认。经现场查找发现疑似旅客遗失物品的，请旅客与站车联系进行进一步确认和领取。经现场查找未发现相关物品的，告知旅客可登录铁路 12306 网站关注遗失物品招领公告，或登记本人遗失物品信息。

（7）旅客在铁路12306网站登记本人遗失物品信息时，登记内容包括：遗失物品类别、遗失车站／列车、遗失时间、物品内容、详情。铁路 12306 网站根据旅客登记遗失物品信息，与客管系统中车站登记遗失物品信息进行动态自动匹配。

（8）铁路 12306 网站与客管系统登记遗失物品信息匹配成功时，客管系统内该遗失物品状态调整为"待确认"，并提示暂存站管理用户。管理用户要在 1 个工作日内按提示对该遗失物品进行人工核对，认为基本相符的，在客管系统内进行确认操作。确认后，铁路 12306 网站更新遗失物品找寻状态，提示旅客联系暂存站进行进一步确认和领取。

（9）遗失物品中如包含身份证件（包括中国居民身份证、外国人永久居留身份证、港澳台居民居住证、港澳居民来往内地通行证、台湾居民来往大陆通行证、护照），车站应详实登记，铁路 12306 网站根据用户注册和购票信息，向旅客预留电话号码发送提示信息，引导旅客联系暂存站进行进一步确认和领取。

（10）旅客到车站领取遗失物品时，车站要核验其身份证件原件和购票信息，核对物品遗失时间、地点、件数、物品特征，确认无误后，请旅客签收。由他人代领时，须查验代领人身份证件原件及失主身份证件复印件（照片）、购票信息。办理交付后在客管系统内登记交付记录。

（11）旅客与暂存站就遗失物品进行电话或网络核实确认后，提出通过铁路向其他车站转送时，暂存站要对遗失物品加封，填写客运记录（附物品清单），交列车长转送至旅客指定站，并在客管系统内登记转送记录。接收站收到转送的遗失物品后，管理人员要核对物品详情并在客管系统中登记接收，办理后续处置。暂存站与转送站无旅客列车通达的不予转送。转送的遗失物品在 5 千克以内的免费转送；超过 5 千克时，只办理行李车转送，到站按品类补收运费；暂存站与转送站间不具备行李车转送条件的不予办理 5 千克以上的遗失物品转送。

二、工作要求

（1）各铁路局集团公司要组织客运站车及客服中心进行业务和系统应用培训，掌握客管系统遗失物品管理相关操作，以及铁路 12306 网站对外服务功能，方便做好旅客问询解答。

（2）各铁路局集团公司要组织客运站车工作人员及客服中心客服员认真做好旅客遗失物品规范管理与找寻服务，不得推诿扯皮。客服中心要对遗失物品处置等有关场景制定服务话术，客服员受理相关问询时，要运用客管系统进行查询后，再进行后续处置。站车工作人员要按规定办理旅客遗失物品清点与交接，妥善保管，及时登记，切实利用客管系统与铁路 12306 网站做好遗失物品找寻服务。

【复习思考题】

1.《中华人民共和国铁路法》铁路运输营业中对旅客运输有哪些规定？
2.《中华人民共和国铁路法》铁路安全与保护中对旅客运输有哪些规定？

3.《中华人民共和国铁路法》法律责任中对旅客运输有何规定?
4.《中华人民共和国民法典》中客运合同内容包括哪些规定?
5.《中华人民共和国民法典》中遗失物所有权取得包括哪些特别规定?
6. 铁路车站对旅客的遗失物品管理与服务有何规定?
7. 铁路旅客列车对旅客的遗失物品管理与服务有何规定?

项目二 高速铁路行车组织规章运用

部门规章是由国务院各部门及具有行政管理职能的直属机构,根据法律和国务院的行政法规、决定、命令,在本部门权限内按照规定程序制定的规范性文件总称,包括《铁路技术管理规程》等。部门规章规定的事项应当属于执行法律或者国务院的行政法规、决定、命令的事项。没有法律或者国务院的行政法规、决定、命令的依据,部门规章不得设定减损公民、法人和其他组织权利或者增加其义务的规定,不得增加本部门的权力或者减少本部门的法定职责。

通过本项目的学习,学生应能掌握《铁路技术管理规程》和《铁路运输调度规则》(高速铁路部分)等高速铁路旅客运输行车组织相关内容,培养自身遵章守纪、执行命令、听从指挥的职业意识。

任务一 《铁路技术管理规程》(高速铁路部分摘录)

【能力目标】

能按照《铁路技术管理规程》要求正确使用高速铁路技术设备,进行高速铁路旅客运输行车组织工作。

【知识目标】

掌握《铁路技术管理规程》高速铁路行车组织相关内容。

【相关知识】

铁路运输具有高度集中的特点,各工作环节须紧密联系、协同配合。为加强中国国家铁路集团有限公司（简称国铁集团）铁路技术管理，确保国家铁路安全正点、方便快捷、高速高效，根据有关法律、法规、规章和技术标准等制定《铁路技术管理规程》。该规程包括高速铁路和普速铁路两部分，高速铁路部分适用于运营速度为 200 千米/时及以上的铁路和运营速度为 200 千米/时以下仅运行动车组列车的铁路。

一、高速铁路技术设备

（一）铁路线路

铁路线路分为正线、站线、段管线、岔线及安全线等。

正线是指连接车站并贯穿或直股伸入车站的线路；站线是指到发线、调车线、牵出线、货物线及站内指定用途的其他线路；段管线是指机务、车辆、工务、电务、供电等段专用并由其管理的线路；岔线是指在区间或站内接轨，通向路内外单位的专用线路；安全线是为防止列车或机车车辆从一进路进入另一列车或机车车辆占用的进路而发生冲突的一种安全隔开设备。

（二）信号通信设备

1. 铁路信号机

信号机按用途分为进站、出站、通过、进路、复示、调车信号机等。车站必须设进站信号机，进站信号机应设在距进站最外方道岔尖轨尖端（顺向为警冲标）不小于 50 米的地点，根据需要可适当延长。

2. 联锁设备

车站、动车段（所）应采用计算机联锁设备。计算机联锁设备具备与列控中心（TCC）、信号集中监测系统、调度集中系统（CTC）的接口功能，在 CTCS-3 级区段还应具有与无线闭塞中心（RBC）等设备的接口功能。

3. 调度集中系统

铁路运输指挥应采用调度集中系统（CTC）。CTC 由铁路局集团公司、车站两级构成。CTC 应能实时自动采集列车运行及现场信号设备状态信息，并传送到国铁集团调度指挥中心和铁路局集团公司调度所，完成列车运行实时追踪、无线车次号校核、自动报点、正晚点统计分析、交接车自动统计、列车实际运行图自动绘制、阶段计划人工和自动调整、调度命令及列车计划下达、站间透明、行车日志自动生成等功能，还应实现列车编组信息管理、调车作业管理、综合维修管理、列车/调车进路人工和计划自动选排、分散自律控制和临时限速设置等功能。

CTC 应具备分散自律控制和非常站控两种模式。分散自律控制模式是通过调度集中设备，实现进路自动和人工办理的模式；非常站控模式是遇行车设备故障、施工、维修需要时，脱离调度集中系统控制转为车站联锁控制台人工办理的模式。

CTC 与 GSM-R 数字移动通信系统结合，实现调度命令、接车进路预告信息、调车作业通知单等向司机的传送，并能通过无线通信系统获取车次号校核、调车请求及签收回执等信息。

4. 列车运行控制系统

CTCS-3 级列控系统基于 GSM-R 无线通信实现车地信息双向传输，无线闭塞中心生成行车许可，轨道电路实现列车占用检查，应答器实现列车定位，并具备 CTCS-2 级功能。

CTCS-2 级列控系统基于轨道电路和点式应答器传输行车许可信息，采用目标距离连续速度控制模式监控列车运行。

列车运行控制系统装备等级根据线路允许速度选用。250 千米/时以下铁路采用 CTCS-2 级列控系统，250 千米/时铁路宜采用 CTCS-3 级列控系统，300 千米/时及以上铁路采用 CTCS-3 级列控系统。

5. 列车运行监控装置

列车运行监控装置（LKJ）应具有监控、记录、显示及报警等功能。

LKJ 软件、基础数据和控制模式设定的管理，按国铁集团有关规定执行。各机车、动车组运用区段车载数据文件的编制和控制模式的设定和调整，应由铁路局集团公司专业机构实施，由铁路局集团公司实行集中统一管理。

装备在动车组上的 LKJ 设备应按高于线路允许速度 2 千米/时报警、5 千米/时常用制动、10 千米/时紧急制动设置模式曲线。

LKJ 产生的列车运行记录数据是行车安全分析的重要依据，任何单位和人员不得更改。电务维修机构应妥善保存 LKJ 列车运行记录数据。

6. 高速铁路业务网

（1）列车调度电话。

列车调度电话准许列车调度员、动车（机车）调度员、供电调度员、车站值班员、助理值班员、动车组（机车）司机、自轮运转特种设备司机、动车段（所）值班员加入通话，根据需要允许动车组随车机械师（简称随车机械师）、车辆乘务员、客运调度员、列车长、牵引配电所值班员、客运值班员、救援列车主任和施工负责人及巡守人员加入通话。

站间行车电话禁止其他电话接入。

（2）GSM-R 手持终端和无线对讲设备。

司机、随车机械师（车辆乘务员）、列车长、乘警均应配备 GSM-R 手持终端和无线对讲设备。办理客运业务的车站，车站客运值班员应配备与司机通信联络用的无线对讲设备。

（3）GSM-R 数字移动通信系统。

移动语音通信、电路域及分组域数据传送等业务采用 GSM-R 数字移动通信系统实现。GSM-R 系统的场强覆盖、服务质量应符合铁路相关技术标准、规范的规定，并满足车载无线通信设备检修、维护的需要。

（4）无线电设备。

在铁路运输生产中，凡设置使用无线电设备的单位，都必须遵守国家和铁路无线电管理的有关规定。

对铁路专用无线电频率，应采取必要的监测和保护措施。

（5）铁路自动电话网。

铁路自动电话网的本地网设置应与铁路局集团公司设置相适应。

（6）综合视频监控系统。

综合视频监控系统应按照视频核心节点、区域节点和接入节点设置，根据需要，为调度、设备维修、公安等业务部门配置视频显示终端，支持公安系统、客服系统对视频图像的实时调用。

视频图像采集设备根据监控需要设置。

（7）铁路应急通信。

铁路应急通信由国铁集团、铁路局集团公司应急通信中心设备和现场设备组成。应急通信应充分利用既有各种通信资源和手段，在处理突发事件时，提供事件现场与指挥中心的话音、数据、图像通信。

7. 支撑网

在国铁集团调度指挥中心、铁路局集团公司调度所、车站等节点根据需要设置时钟同步及时间同步系统设备，为铁路各专业系统及地面电子时间显示设备提供统一的时钟、时间同步基准信号源。

（三）铁路信息系统

1. 铁路信息系统建设

铁路信息系统是铁路运输生产和经营管理的重要手段。信息系统建设应坚持统一领导、统一规划、统一标准、统一建设、统一管理的原则，做到资源集中、互联互通、信息共享、应用集成、业务协同、安全可靠。

新建和改建铁路建设项目应同期建设配套的信息系统，并同步交付使用。

国铁集团及铁路局集团公司信息化管理部门负责信息化建设与管理，信息技术部门负责信息系统运行维护工作；站、段根据需要设置信息技术部门或专职人员负责信息系统运行维护工作。

2. 铁路信息网络构成

铁路信息网络由国铁集团、铁路局集团公司、站段三级局域网及其互联的广域网构成。国铁集团、铁路局集团公司局域网分为安全生产网、内部服务网和外部服务网，站段局域网分为安全生产网、内部服务网。直接关系铁路运输生产的信息系统应部署在安全生产网中，为铁路内部提供一般性服务的信息系统应部署在内部服务网中，为社会提供公共服务的应用系统应部署在外部服务网中。

安全生产网与内部服务网间实行逻辑隔离。安全生产网、内部服务网与外部服务网间实行安全隔离。禁止安全生产网和内部服务网直接与互联网连接，禁止外部服务网用户和设备直接访问安全生产网、内部服务网资源。

除国家有特殊要求外，不单独组建铁路业务专网。

3. 信息系统数据

应保证信息系统数据的安全、真实、准确、完整、有效，建立数据保存、备份、查询和销毁制度。

应确定合理的数据保存周期。重要数据的备份应异地存放。有保密要求的数据必须采取保密措施。应保护业务活动中收集、使用和产生的公民个人电子信息。

（四）车站设备

1. 站场设备

旅客列车始发终到站、客运枢纽站和上水站，应在到发线间设置列车上水设施和节水装置。根据需要在始发终到站及客运枢纽站设置动车组、客车地面排污设施和移动卸污设备。地面排污设施应防止泄漏和污染，排污能力满足动车组、客车停留时间的要求。

2. 客运设备

旅客站台应为高站台，应设置安全标线和停车位置标，两端应设置防护栅栏，防护栅栏不得侵限，并悬挂禁行标志。

无列车通过或列车通过速度不大于 80 千米/时时，站台边缘距线路中心线的距离为 1750 毫米，安全标线距站台边缘 1000 毫米。列车通过速度大于 80 千米/时时，站台边缘距线路中心线的距离为 1800 毫米，安全标线距站台边缘 1500 毫米，必要时在距站台边缘 1200 毫米处设置安全防护设施，有 200 千米/时及以上列车通过的须设置屏蔽门、安全门等防护设施；列车通过最高速度不得超过 250 千米/时。

应加强站台限界的日常管理，与站台限界有关的侧线线路几何尺寸偏差管理值应按正线管理。

（五）动车组设备

为保证动车组良好的技术状态，应有进行检修和整备作业的动车段、动车所等维修机构。

动车段、动车所应具备动车组运用检修、行车安全设备检修、客运整备能力及相应的存车条件；承担动车组三、四、五级修程的动车段还应具备动车组相应修程的检修能力。动车组日常运用的上水、保洁、排污等整备作业一般应在动车所完成。不在动车所停留的动车组，需进行上水、保洁、排污等整备作业时，其停留地点根据需要应具备相应的条件。

1. 动车组识别标记

动车组应有识别的标记：路徽、配属局段简称、车型、车号、定员、自重、载重、全长、最高运行速度、制造厂名和日期、定期修理日期、修程和处所。动车组应有"电化区段　严禁攀登"的标识。

动车组应具有列车运行安全监控功能，对重要的运行部件和功能系统进行实时监测、报警和记录，并能及时向动车段、动车所传输。

动车组须配备机车综合无线通信设备（CIR）、列控车载设备、车载自动过电分相装置等，满足相应速度等级运行需要。

2. 动车组列车制动初速度

动车组列车制动初速度为 200 千米/时时，紧急制动距离限值为 2000 米；制动初速度为 250 千米/时时，紧急制动距离限值为 3200 米；制动初速度为 300 千米/时时，紧急制动距离限值为 3800 米；制动初速度为 350 千米/时时，紧急制动距离限值为 6500 米。

二、高速铁路行车组织

（一）行车组织原则

铁路行车组织工作，必须贯彻安全生产的方针，坚持高度集中、统一领导的原则。运输、机务、车辆、工务、电务、供电、信息、房建等部门要发扬协作精神，主动配合，紧密联系，协同动作，不断提高效率，挖掘运输潜力，完成和超额完成运输任务。列车运行图是铁路行车组织工作的基础。所有与列车运行有关的铁路各部门，必须按列车运行图的要求，组织本部门的工作，以保证列车按运行图运行。

1. 旅客列车编成

动车组列车为自走行固定编组列车。

2. 行车工作

行车工作必须坚持集中领导、统一指挥、逐级负责的原则。

局集团公司与局集团公司间由国铁集团，局集团公司管内各区段间由铁路局集团公司，一个调度区段内由本区段列车调度员统一指挥。

高速铁路列车调度台原则上应独立设置。高速铁路与普速铁路间联络线的行车调度指挥原则上纳入高速铁路调度指挥。

集控站由该区段列车调度员直接指挥；转为车站控制时，根据列车调度员指示，由车站值班员指挥。非集控站由车站值班员统一指挥。

列车和单机由司机负责指挥。列车或单机在车站时，所有乘务人员应按列车调度员（车站控制时为车站值班员）的指挥进行工作。

司机等相关人员应直接向列车调度员报告有关行车工作；在非集控站及转为车站控制的集控站，应向车站值班员报告。

3. 高速铁路行车时刻

高速铁路的行车时刻，均以北京时间为标准，从零时起计算，实行 24 小时制。

铁路地面固定设备的系统时钟，当具备条件时，应接入铁路时间同步网；不具备条件时，可独立设置卫星授时设备。

铁路行车房舍内和办理行车工作的有关人员均应备有钟表。钟表的时刻应与调度所的时钟校对。

调度所的时钟及各系统的时钟须定期校准。钟表的配置、校对、检查、修理及时钟校准办法，由铁路局集团公司规定。

4. 列车运行方向及编定车次

列车运行，原则上以开往北京方向为上行，反之为下行。

各线的列车运行方向，以国铁集团的规定为准，但枢纽地区的列车运行方向，由铁路局集团公司规定。

列车须按规定编定车次。上行列车编为双数，下行列车编为单数。在个别区间，使用直通车次时，可与规定方向不符。

（二）列车乘务工作

1. 动车组列车司机工作

动车组列车司机在列车运行中，应做到：开车前司机要选定机车综合无线通信设备通信模式和运行线路，机车综合无线通信设备、GSM-R 手持终端按规定注册列车车次，并确认正确。装备列车运行监控装置的动车组列车还应按规定输入监控装置有关数据；遵守列车运行图规定的运行时刻和各项允许及限制速度。彻底瞭望，确认信号，认真执行呼唤应答制度，严格按信号显示要求行车，确保列车安全正点。遇有信号显示不明或危及行车和人身安全时，应立即采取减速或停车措施；机车信号、机车综合无线通信设备、列车运行监控装置、列控车载设备必须全程运转，严禁擅自关机、隔离；起动稳，加速快，精心操纵，停车准确，按规定鸣笛；注意操纵台各种仪表及车载信息监控装置的显示；正常情况在列车运行方向最前端司机室操纵，非操纵端司机室门、窗及各操纵开关、手柄均应置于断开或锁闭位。关闭非操纵端司机室机车综合无线通信设备电源；动车组列车停车后，必须使列车保持制动状态。更换动车组司机（同向换乘除外）或司机室操纵端、使用紧急制动停车、重联或解编后再开车前，必须进行相关试验；等会列车时，不准关闭辅助电源装置，并应按规定显示列车标志；向列车有关乘务人员传达列车调度员的有关命令、指示；将列车运行中发生的问题及使用紧急制动装置的情况，及时报告列车调度员。

2. 动车组列车随车机械师工作

随车机械师应按技术作业过程的规定检查动车组；在列车运行途中，应监控动车组设备技术状态，及时处理车辆故障，经处置确认无法正常运行时，通知司机选择维持运行或停车。随车机械师应配备 GSM-R 手持终端和无线对讲设备及响墩、火炬、短路铜线、信号旗（灯）等防护用品（只在仅运行动车组列车的线路上运行时可不配备响墩、火炬）。在值乘中还应做到：列车发生紧急制动停车后，联系司机，检查车辆技术状态，可继续运行时通知司机开车；向司机通报使用紧急制动装置的情况，并协助司机处理有关行车事宜。

旅客列车还应有客运乘务组。

（三）调度指挥工作

有关行车人员必须执行列车调度员命令、口头指示，服从调度指挥。

1. 列车按运输性质的分类和运行等级

（1）按运输性质分类：
① 旅客列车（动车组列车，特快、快速、普通旅客列车）；
② 路用列车。
（2）列车运行等级顺序
① 动车组列车；
② 特快旅客列车；
③ 快速旅客列车；
④ 普通旅客列车；
⑤ 路用列车。

开往事故现场救援、抢修、抢救的列车，应优先办理。特殊指定的列车的等级，应在指定时确定。

2. 调度命令

国铁集团、铁路局集团公司调度在组织指挥日常运输工作中，应及时正确发布与运输有关的调度命令，下级调度以及行车有关单位、人员必须执行。

指挥列车运行的命令（运行揭示调度命令除外）和口头指示，只能由列车调度员发布。

（四）接发列车

1. 动车组列车开关车门

动车组列车由列车长确认旅客上下完毕后，通知司机关闭车门；列车进站停车时，司机按动车组停车位置标停车，确认列车停稳、对准停车位置后开启车门。按钮不在司机操作台上的，由列车长通知随车机械师关闭车门；列车到站停稳后，由随车机械师开启车门。如自动开关门装置故障或特殊情况需单独开关车门时，由司机通知列车工作人员手动开关车门。

2. 动车组列车起动

动车组列车在车站出发，动车组列车司机在确认行车凭证和开车时间，车门关闭后，即可起动列车。

3. 接发列车原则

接发列车应在正线或到发线上办理，并应遵守下列原则：

（1）旅客列车应接入规定线路。

（2）动车组列车在车站办理客运业务时，须固定股道、固定站台、固定停车位置。动车组列车遇特殊情况需变更办理客运业务的固定股道时，须经调度所值班主任（值班副主任）准许。

（3）通过列车原则上应在正线办理。原规定为通过的旅客列车由正线变更为到发线接车及动车组列车遇特殊情况必须变更基本进路时，须经列车调度员准许，并预告司机；如来不及预告时，应使列车在站外停车后，开放信号机，再接入站内。

（4）动车组列车按列控车载设备方式行车时，禁止在未设置列控信息的股道及进路上接发。

（五）调车工作

车站、动车段（所）的调车工作，应按列车运行图、车站或动车段（所）的技术作业过程及调车作业计划进行。参加调车作业有关人员应做到：及时办理动车组出入段（所）、转线及车底取送等作业，保证按列车运行图的规定时刻发车，不影响接车；充分运用一切技术设备，采用先进工作方法，用最少的时间完成调车任务；认真执行作业标准，保证调车有关人员的人身安全及行车安全。

（1）动车组进行调车作业时，原则上采用自走行方式，凭地面信号机的显示运行。

（2）动车组禁止连挂其他机车车辆（救援机车、附挂回送过渡车以及动车组无动力调车时的调车机车、公铁两用牵引车除外）调车。

（3）动车组调车作业时，司机应在运行方向的前端操作，前方进路的确认由司机负责。在不得已情况下必须在后端操作时，应指派随车机械师或其他胜任人员站在动车组运行方向的前端指挥，发现危及行车或人身安全时，应立即使用紧急停车按钮（紧急制动装置）或通知司机停车。

三、信号显示

（一）基本要求

信号是指示列车运行及调车作业的命令，有关行车人员必须严格执行。

1. 铁路信号分类

铁路信号分为视觉信号和听觉信号。

视觉信号的基本颜色：

红色——停车；

黄色——注意或减低速度；

绿色——按规定速度运行。

听觉信号：号角、口笛等发出的声响和机车、动车组、自轮运转特种设备等的鸣笛声。

2. 视觉信号

视觉信号分为昼间、夜间及昼夜通用信号。在昼间遇降雾、暴风雨雪及其他情况，致使停车信号显示距离不足1000米，注意或减速信号显示距离不足400米，调车信号及调车手信号显示距离不足200米时，应使用夜间信号。

隧道内只采用夜间或昼夜通用信号。

铁路沿线及站内，禁止设置妨碍确认信号的红、黄、绿色的装饰彩布、标语和灯光。如已装有妨碍确认信号灯光的设备时，应拆除或采取遮光措施。

在规定的信号显示距离内，不得种植影响信号显示的树木。对影响信号显示的树木，其处理办法由铁路局集团公司规定。

3. 手信号

列车运行时，有关人员应遵守下列手信号的显示：

（1）停车信号：要求列车停车。

昼间——展开的红色信号旗；夜间——红色灯光。

昼间无红色信号旗时，两臂高举头上向两侧急剧摇动；夜间无红色灯光时，用白色灯光上下急剧摇动。

（2）减速信号：要求列车降低到要求的速度。

昼间——展开的黄色信号旗；夜间——黄色灯光。

昼间无黄色信号旗时，用绿色信号旗下压数次；夜间无黄色灯光时，用白色或绿色灯光下压数次。

4. 听觉信号

听觉信号，长声为3秒，短声为1秒，音响间隔为1秒。重复鸣示时，须间隔5秒以上。

机车、动车组、自轮运转特种设备作业中提示注意、相互联系等应使用通信设备方式。遇联系不通或危及行车人身安全时，应采用鸣笛方式。机车、动车组、自轮运转特种设备鸣笛鸣示方式见表2-1-1。

表 2-1-1　机车、动车组、自轮运转特种设备鸣笛鸣示方式

名称	鸣示方式	使用时机
起动注意信号	一长声 —	① 列车起动或机车车辆前进时（双机牵引或使用补机时，本务机车鸣笛后，补机应回答，本务机车再鸣笛一长声后起动）； ② 接近鸣笛标、桥梁、隧道、行人、施工地点或天气不良时； ③ 电力机车、动车组、轨道车等在检修及整备中，准备降下或升起受电弓时
退行信号	二长声 — —	列车、机车车辆、单机开始退行时
召集信号	三长声 — — —	要求防护人员撤回时
牵引信号	一长一短声 — ·	途中本务机车要求补机牵引运行时（补机应以同样信号回答）
惰行信号	一长二短声 — · ·	本务机车要求补机惰力推进或要求补机断开主断路器时（补机应以同样信号回答）
途中降弓信号	一短一长声 · —	① 电力机车双机牵引中，本务机车司机要求补机降下受电弓时（补机须以同样信号回答）； ② 电力机车司机在途中发现降弓手信号时，应鸣此信号回示
途中升弓信号	一短二长声 · — —	① 电力机车双机牵引中，本务机车司机要求补机升起受电弓时（补机须以同样信号回答）； ② 电力机车司机在途中发现升弓手信号时，应鸣此信号回示
呼唤信号	二短一长声 · · —	机车要求出入段时
警报信号	一长三短声 — · · ·	发现线路有危及行车安全的不良处所时

【任务拓展】

动车组列车标志

动车组列车应根据其种类及运行的线路和方向，在头部和尾部分别显示不同的列车标志。列车标志的显示方式，昼间与夜间相同，其显示方式如下。

（1）列车在双线区段正、反方向运行时，前端显示白色灯光（图 2-1-1，并可根据需要切换近光、远光），尾部向后显示两个红色灯光（图 2-1-2）。

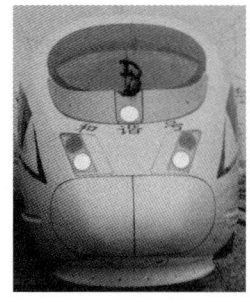　　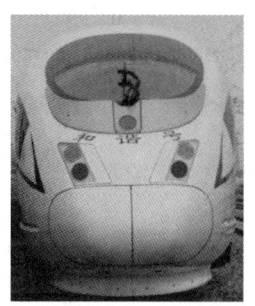

图 2-1-1　动车组列车标志（一）　　图 2-1-2　动车组列车标志（二）

（2）列车在站内或区间停留时，如两端司机台均未激活，则两端分别向前和向后显示两个红色灯光（图2-1-2）；如一端司机台激活（则为前端），其前端与尾部标志同第（1）条。

任务二 《铁路运输调度规则》(高速铁路部分)

【能力目标】

能严格遵守和执行《铁路运输调度规则》(高速铁路部分)的基本规则和工作标准，按要求进行高速铁路旅客运输行车指挥工作。

【知识目标】

掌握《铁路运输调度规则》(高速铁路部分)的基本内容。

【相关知识】

铁路运输具有高度集中的特点，各工作环节必须紧密联系、协同配合。铁路运输组织工作，必须贯彻安全生产的方针，坚持集中领导、统一指挥、逐级负责的原则。

铁路运输调度部门是铁路日常运输组织的指挥中枢，分别代表各级领导组织指挥日常运输工作。铁路运输调度担负着保障运输安全、组织客货运输、保证国家重点运输、提高客货服务质量的重要责任，对完成铁路运输生产经营任务，提高铁路运输企业效益起着重要作用。各级调度人员必须精心组织，科学调度，努力增运增收、节支降耗。凡与行车组织有关的日常生产活动都必须在运输调度的统一组织指挥下进行。

《铁路运输调度规则》高速铁路部分，适用于运营速度为200千米/时及以上的铁路和运营速度为200千米/时以下仅运行动车组列车的铁路。《铁路运输调度规则》是铁路各级运输调度管理的基本规则和工作标准，各级运输调度和运输有关人员必须严格遵守和执行。

一、铁路运输调度组织机构

国铁集团铁路运输调度工作实行分级管理、集中统一指挥。铁路运输调度指挥体系主要由国铁集团、铁路局集团公司、运输站段三级组成。

（一）铁路运输调度指挥体系

（1）国铁集团设运输调度指挥中心（以下简称调度中心），铁路局集团公司设调度所，运输站段宜设生产调度指挥中心（以下简称指挥中心），指挥中心可与运输站段既有生产指挥机构合设或合署办公。

（2）铁路局集团公司施工管理办公室（以下简称施工办）设在调度所。

（3）专业运输公司设生产（运输）调度部，下属分公司可设运营调度部。专业运输公司为中铁集装箱运输有限责任公司、中铁特货物流股份有限公司、中铁快运股份有限公司（以下简称快运公司）。

（二）调度岗位设置

（1）国铁集团高铁调度设计划、行车、动车调度台，根据工作量有关调度台可合并设置，涉及高铁的其他工种调度工作由相关普速铁路调度台兼任。

（2）铁路局集团公司高铁调度设值班副主任、计划、列车、客服、动车、供电、施工调度台，涉及高铁的其他工种调度台由铁路局集团公司根据需要设置或由相关普速铁路调度台兼任。

（3）根据各工种调度台工作量情况，有关调度台可合并设置，具体由铁路局集团公司确定。各工种调度可根据需要设置主任调度员岗位。

（4）运输站段指挥中心调度设主任（值班主任）、生产、专业调度等调度岗位（或在既有生产指挥机构内设调度岗位）。

（三）调度日常运输组织指挥工作

（1）国铁集团、铁路局集团公司（专业运输公司）、运输站段调度分别代表国铁集团、铁路局集团公司（专业运输公司）、运输站段负责日常运输组织指挥工作。国铁集团值班主任、铁路局集团公司值班主任、运输站段指挥中心值班主任分别领导一班调度工作。在日常运输组织工作中，下级有关部门和人员必须服从上级调度的指挥，执行上级调度指令。

（2）国铁集团调度统一指挥各铁路局集团公司和专业运输公司完成运输生产经营任务；铁路局集团公司调度统一指挥铁路局集团公司管内运输生产单位完成运输生产经营任务；运输站段调度组织（督促）、协调本站段有关作业人员完成运输生产任务。

各级调度应根据调度岗位的作业特点合理确定班制。国铁集团、铁路局集团公司主要工种调度全路统一实行四班制（国铁集团有特殊要求的除外）。

二、高速铁路运输调度职责范围

（一）国铁集团高铁调度主要职责范围

（1）按规定对铁路局集团公司调度安全指挥进行监督管理和监督检查指导工作。维护调度纪律，检查铁路局集团公司、专业运输公司调度执行国铁集团调度命令和规章制度的情况，对违令、违章造成不良后果的单位和人员进行通报批评并提出处理意见。

（2）负责全路高铁日常旅客运输组织工作。组织铁路局集团公司及时输送旅客，经济合理地使用机车车辆，充分利用运输能力，挖掘运输潜力，提高运输效率和效益。

（3）检查铁路局集团公司高铁调度日计划执行情况。

（4）监督、检查、指导铁路局集团公司按列车运行图行车，及时协调处理铁路局集团公司间高铁运输工作中出现的问题。

（5）掌握铁路局集团公司动车组配属、转属、借用、调动、运用及检修情况。

（6）掌握动车组列车的运行情况，收集、分析晚点原因，组织有关铁路局集团公司及相关单位（人员）采取措施，恢复运行秩序。

（7）了解旅客列车票额利用情况；处理跨铁路局集团公司（以下简称跨局）动车组列车的临时加开、停运、变更径路、途中折返、变更编组、变更客运业务停站等工作；根据需要安排跨局试运行列车开行及动车组回送等；落实专运、中央大型会议及重点任务的乘车计划，并掌握运行情况。

（8）组织和掌握军运、特运工作，安排新兵和退役士兵运输，重点掌握与其有关的动车组列车始发、运行情况。

（9）掌握高铁快运运输情况，及时协调处理铁路局集团公司间高铁快运工作中出现的问题。

（10）负责国铁集团抢险救灾物资、人员运输组织工作，跟踪掌握输送情况。

（11）负责审核、审批国铁集团管理的施工计划，组织各铁路局集团公司兑现施工计划。

（12）掌握各铁路局集团公司调度工作情况，检查各铁路局集团公司日常运输工作完成情况。

（13）检查、通报安全情况，及时收取、掌握铁路交通事故、设备故障、自然灾害等突发事件信息，按规定进行应急处置，通报信息、组织救援、调整运输。负责跨局调动救援列车、救援队。

（14）负责国铁集团高铁日常运输工作完成情况和调度安全监督检查情况的分析工作，及时总结、推广调度工作先进经验。

（15）负责检查指导铁路局集团公司高铁调度基础管理和技术培训工作，规范调度管理，推进标准化规范化建设，加强队伍建设。

（16）负责高铁调度信息化需求管理，积极采用、推广先进技术和设备，组织调度信息系统开发和应用，负责调度信息系统运用管理，促进调度指挥工作现代化。

（二）铁路局集团公司高铁调度主要职责范围

（1）在国铁集团调度的集中统一指挥下，负责铁路局集团公司管内高铁运输组织和调度指挥工作。

（2）严格执行各项规章制度、安全管理制度和安全卡控措施，遵守和维护调度纪律，及时处理影响行车安全的有关情况，保证调度指挥安全。

（3）负责铁路局集团公司管内高铁日常旅客运输组织工作。组织铁路局集团公司管内各运输生产单位密切配合、协同动作，经济合理地使用机车车辆，充分利用运输能力，挖掘运输潜力，压缩运输成本，提高运输效率和效益，完成运输生产经营任务。

（4）负责编制和下达铁路局集团公司高铁调度日计划，并组织有关运输站段落实，提高计划兑现率。对运输站段落实日计划情况，提出评价考核建议。

（5）负责组织铁路局集团公司管内各运输站段按列车运行图行车，及时协调处理铁路局集团公司管内高铁运输工作中出现的问题。遇晚点时，积极采取措施，组织有关单位（人员）恢复运行秩序，做好正晚点分析并上报国铁集团。

（6）掌握管内动车组配属、转属、借用、调动、运用及检修情况。

（7）掌握铁路局集团公司票额利用、旅客列车开行及运行情况，重点掌握重点旅客列车的运行情况及旅客列车超员情况；处理动车组列车的临时加开、停运、变更径路、途中折返、变更编组、变更客运业务停站等工作；落实专运及重点任务，并掌握运行情况。根据需要组织和落实试运行列车开行及动车组回送等工作。

（8）组织完成铁路局集团公司管内军运、特运工作，组织落实新兵和退役士兵运输任务，重点掌握与其有关的动车组列车始发、换乘接续及运行情况。

（9）掌握高铁快运运输情况，及时协调处理铁路局集团公司管内高铁快运工作中出现的问题。

（10）负责铁路局集团公司管内抢险救灾物资、人员运输组织工作，跟踪掌握输送情况。

（11）负责组织编制、下达年度轮廓施工计划、月度施工计划和施工日计划，审核、下达高速铁路维修日计划，汇总、下发邻近营业线施工安全监督计划；组织专题研究集中修施工和对运输影响较大的施工；发布运行揭示调度命令和施工、维修作业的调度命令，协调组织施工、维修计划兑现；指导相关单位天窗修；进行施工分析、考核等。

（12）向国铁集团调度报告铁路局集团公司调度工作情况，检查铁路局集团公司管内各运输站段运输工作完成情况。

（13）及时收取、上报铁路交通事故、设备故障、自然灾害等突发事件信息，按规定进行应急处置，通报信息、组织救援、调整运输。负责调动救援列车、救援队或向国铁集团调度申请跨局调动救援列车、救援队。

（14）负责指导运输站段高铁调度业务工作，检查各运输站段执行调度命令和有关规章制度的情况；对违令、违章的单位和人员进行通报批评并提出处理意见。

（15）负责铁路局集团公司高铁日常运输工作完成情况和调度安全工作情况的分析工作，及时总结、推广调度工作先进经验。

（16）负责铁路局集团公司高铁调度基础管理和技术培训，规范高铁调度管理、加强队伍建设和调度所安全生产标准化建设，指导运输站段调度日常运输生产工作。

（17）负责铁路局集团公司调度信息化需求管理，组织调度信息系统实施应用，负责调度信息系统运用管理，积极采用、推广先进技术和设备，促进调度指挥工作现代化。

（三）专业运输公司调度主要职责范围

（1）在国铁集团调度的集中统一指挥下，负责本公司的运输生产组织和调度指挥工作，并与铁路局集团公司（运输站段）开展日常运输生产组织协调工作。

（2）严格执行各项规章制度，遵守和维护调度纪律，及时处理影响运输的有关情况。

（3）组织各分（子）公司协同合作，负责专业运输有关组织，挖掘运输潜力，提高运输效率和效益。

（4）负责掌握本公司生产组织需求，及时向国铁集团调度报告运输生产组织情况及发生的问题，按规定进行应急处置，接到上级调度要求了解涉及运输安全、生产信息时，应组织做好落实和汇报工作。

（5）负责向国铁集团调度申请重点物资运输等有关装运需求的调度命令，接收、转发国铁集团和铁路局集团公司发布的相关调度命令，收集动车组列车装载高铁快运集装件的信息，掌握重点物资运输等有关调度命令下达、执行情况，并及时督促相关分（子）公司落实；负责组织有关列车的运行计划落实、盯控等工作。

（6）掌握本公司运输生产动态等情况，完成有关列车开行、能力利用等指标的统计、分析工作。

（7）负责检查各分（子）公司执行有关规章制度情况，对违令、违章的单位和人员进行通报批评并提出处理意见。

（8）负责本公司调度基础管理和技术培训，规范调度管理、加强队伍建设。

（9）负责本公司生产调度信息化需求管理，积极采用、推广先进技术和设备，促进调度指挥工作信息化、现代化，组织调度信息系统应用实施，负责调度信息系统运用管理。

（四）运输站段调度主要职责范围

（1）严格执行各项规章制度，遵守和维护调度纪律，服从调度集中统一指挥。

（2）按作业计划、技术作业过程和时间标准组织生产，提高作业效率，高质量组织完成日常运输生产任务。及时、准确向调度所相关专业调度提供编制日计划的资料，并根据运输生产实际提出合理化建议。

（3）严格执行上级调度命令，负责有关调度命令申请、接收、核对、传达等工作（规章已明确指定流程要求的除外），确保调度命令及时准确传达至相关部门（人员），遇特殊情况及时向上级调度报告。

（4）做好信息通报工作，收集、传递应急处置和安全生产信息，及时主动向上级调度报告运输组织作业进度及发生的问题和情况，接到上级调度要求了解涉及运输安全、生产信息时，应组织做好落实和汇报工作。

铁路局集团公司（运输站段）结合专业特点和生产组织情况，可对运输站段调度职责进行补充完善。

三、铁路运输调度工作制度

调度所应健全完善各项基本管理制度，明确管理责任，抓好规章制度执行及安全生产的检查、监控、分析、考核工作。

（一）调度所基本管理制度

调度所管理制度应包括安全、生产、施工、教育、技术、基础管理等基本管理制度，并将基本管理制度纳入《调度所管理工作细则》。

1. 调度所安全管理制度

调度所安全管理制度应包括安全例会制度以及安全生产责任制、安全信息管理、安全风险分级管控和隐患排查治理制度、安全监督检查、安全分析、应急响应补充规定、红线管理等内容。

2. 调度所生产管理制度

调度所生产管理制度应包括日计划、3~4小时列车运行调整计划编制和实施，临时旅客列车开行组织、重点物资运输管理、十八点统计管理、工作联系、生产分析等内容。

3. 调度所施工管理制度

调度所施工管理制度应包括施工组织协调、施工计划、运行揭示调度命令、施工调度命令的编制、审批和下达，施工期间运输组织和施工分析等内容。

4. 调度所教育管理制度

调度所教育管理制度应包括培训、考试、职业技能竞赛、持证上岗等内容。

5. 调度所技术管理制度

调度所技术管理制度应包括规章文电管理、技术资料管理、调度命令管理、新图实施管理、调度指挥系统管理、信息化管理、网络安全管理等内容。

6. 调度所基础管理制度

调度所基础管理制度应包括会议、考勤、值班、卫生、保密、文明生产、安全保卫、公文、办公设备、图表台账管理和班组建设及岗位竞赛评比、工作质量检查考核、业绩考核、现场调研等内容。

专业运输公司生产（运输）调度部门根据铁路运输调度规则，结合本公司实际制定公司调度管理制度。

（二）铁路运输调度汇报及布置重点工作制度

（1）铁路局集团公司分管运输副总经理（总调度长）每日6：30—7：30间、调度所分管生产副主任每日22：00—23：00间分别向国铁集团调度中心分管生产副主任报告运输生产情况；铁路局集团公司高铁值班副主任每日6：30前向国铁集团高铁行车调度员汇报第一班运输安全和计划任务完成情况；国铁集团高铁行车调度员向铁路局集团公司高铁值班副主任提出运输生产要求和布置第二班工作重点。

（2）国铁集团逢双日召开全路运输生产电视电话会议，由各铁路局集团公司分管运输副总经理（总调度长）汇报运输安全和运输生产情况，国铁集团向铁路局集团公司提出运输生产要求和布置工作重点。

（3）铁路局集团公司每日召开全局运输生产电视电话会议，由各运输站段分管生产的副站（段）长汇报全日运输安全和运输生产情况，铁路局集团公司向运输站段提出运输生产要求和布置工作重点。

（三）铁路运输调度交接班会制度

各级高铁调度应建立交接班会等制度，保持高铁调度工作的连续性。国铁集团、铁路局集团公司调度交接班会，分别由国铁集团值班主任、铁路局集团公司值班主任（高铁值班副主任）负责主持，有关调度人员参加。

1. 接班会

开接班会时传达有关命令、指示和重点事项，通报上一班安全、运输生产情况，布置安全注意事项，研究本班完成运输生产经营任务的具体措施。

2. 交班会

开交班会时各工种调度分别汇报本班安全、运输生产经营任务完成情况，分析存在的问题，总结经验教训。

各工种调度交接班时，交班内容和待办事项必须清楚、完整，不得遗漏。交接班会应充分利用信息化手段，提高交接班质量。

（四）铁路运输调度工作报告制度

铁路运输调度建立工作报告制度，加强各级调度间工作联系，加强与安全监察、专业部门之间的信息沟通，准确掌握工作进度和安全信息，及时处理发生的问题。

1. 基层单位（作业人员）向铁路局集团公司调度报告

（1）司机等相关人员应直接向列车调度员报告有关行车工作；在非集控站及转为车站控制的集控站，应向车站值班员报告，对重点事项和安全信息，车站值班员及时报告列车调度员。

（2）当施工、维修作业不能按计划结束时，作业负责人应提前30分向列车调度员（在调度所登记时）或车站值班员（在车站登记时）汇报。车站值班员应立即向列车调度员汇报。

（3）发生影响旅客服务的突发情况时，车站由车务段（直属站）调度或中间站站长，列车由客运段调度或列车长及时向客服调度员汇报；发现或得到影响列车运行的信息时，车站值班员（车务应急值守人员）应立即向列车调度员报告。

（4）客运段调度员及时向客服调度员汇报客运乘务计划落实及变化情况。

（5）动车（车辆）段调度员及时向动车调度员汇报车底运用、备用、检修、乘务计划落实及变化情况。

（6）机务（机辆）段调度员及时向机车调度员（动车司机调度员）汇报乘务计划落实及变化情况、高铁热备机车及乘务员动态。

（7）安全情况和重要事项应随时报告。

2. 铁路局集团公司调度向国铁集团调度报告

（1）每日9：00（21：00）前，值班副主任向国铁集团调度报告接班后的铁路局集团公司管内运输情况及重点事项。

（2）铁路局集团公司各工种调度及时向国铁集团相关工种调度报告各项规定的内容。

（3）安全情况和重要事项应随时报告。

当上级调度向下级调度和运输生产单位了解有关运输情况时，有关人员应及时汇报。铁路局集团公司调度接到铁路交通事故、行车设备故障等安全信息后，应按规定填写"铁路交通事故（设备故障）概况表"（安监报1），及时报国铁集团调度，并通过铁路安全监督管理信息系统及时报送铁路局集团公司安全监察部门。铁路局集团公司客服调度接到客运突发事件报告后，应及时填写"客运突发事件概况表"报国铁集团调度。

（五）客运工作情况报告制度

为准确掌握客运工作情况，及时处理发生的问题，客运段调度、车务段（直属站）调度、铁路局集团公司客服调度必须严格执行报告制度。除按规定上报的有关资料外，凡发生下列情况之一时，必须逐级向上级客运调度报告：

（1）发生自然灾害或发生事故中断行车，客服调度应了解情况，及时上报相关客运事项。

（2）发生旅客或路内客运职工伤亡，由于站车设备损坏或其他原因造成人员伤亡。

（3）车站或旅客列车发生火情、火灾。

（4）旅客列车因事故造成甩车或长时间修理造成列车晚点。

（5）售票系统发生故障不能正常售票。

（6）上访人员乘车或发生群体性拦截旅客列车。

（7）站、车之间发生纠纷或其他原因影响旅客列车晚点。

（8）站、车发生意外情况，工作人员不能正常作业。

（9）因特殊原因，临时造成旅客、行李和高铁快运集装件积压，不能及时输送。

（10）因误售车票出现旅客误乘、漏乘。

（11）因错、漏传调度命令，错挂或漏挂车辆，造成旅客不能正常乘车。

（12）站、车发生旅客食物中毒、重大疫情、病毒传染源等影响公共安全的事项。

（13）其他需要及时上报的有关客运工作事项。

（六）运输调度领导值班制度

铁路局集团公司建立运输调度领导值班制度。值班人员为铁路局集团公司总调度长或调度所主任（副主任）、书记。值班时间为工作日18：00至次日8：00、非工作日8：00至次日8：00。

值班要求包括下列内容：

（1）对重点运输任务，按等级认真盯控，确保安全正点。

（2）对Ⅰ、Ⅱ级施工，按日计划组织实施，并组织监控，对临时发生的问题采取果断措施及时处置。

（3）遇恶劣天气，提前预想，对设备运行、运输组织造成影响时，立即组织应急处置，保证运输安全。

（4）遇旅客列车大面积晚点或运输不畅时，应详细了解、掌握情况，采取有效措施，尽快恢复列车运行秩序。

（5）发生铁路交通事故或行车设备故障时，及时组织处理，减少对运输秩序的影响。

加强铁路局集团公司间的协作，保证分界站畅通。铁路局集团公司间分界站会议由相邻铁路局集团公司根据运输生产需要协商召开，原则上每年不少于一次，必要时由国铁集团组织，研究改进高铁调度指挥工作，制定、修改分界站协议。

（七）运输调度深入现场制度

（1）为提高调度人员组织指挥水平，加强各级调度之间、调度与运输站段有关人员的工作联系，各级调度人员每季度深入现场应不少于一次，熟悉设备、人员、作业组织等情况，交换工作意见，解决日常运输及安全生产中存在的问题。深入现场前应有计划，返回后应有报告。

（2）深入现场活动可采取添（登）乘机车（动车组）、列车，召开座谈会、联劳会、同班会、跟班作业、专题调研等形式。

（3）国铁集团、铁路局集团公司应按规定为高铁调度人员办理机车（动车组司机室）添（登）乘证。高铁调度人员持证添（登）乘机车（动车组）、列车，并准许在乘务员公寓食宿。

四、高速铁路运输组织工作

（一）高铁调度日计划

高铁调度日计划由铁路局集团公司调度所主任（副主任）负责组织编制。高铁调度日计划是一日内的运输工作计划，包括列车开行计划和施工、维修计划。高铁调度日计划起止时间为0：00至24：00。

1. 高铁调度日计划的编制原则

高铁调度日计划的编制原则包括：坚持安全生产的原则；贯彻国家运输政策，保证重点运输的原则；按列车运行图行车的原则；按施工、维修计划安排施工、维修，坚持运输与施工、维修兼顾的原则；经济合理地使用机车车辆和其他运输设备，提高运输效率和效益的原则。

2. 高铁调度日计划编制的主要依据

高铁调度日计划编制的主要依据包括：列车运行图、有关技术作业时间标准；有关文件、电报、调度命令；动车组运用（车型、组数）、检修计划及回送、试运行、调向申请等；分界站协议；月度施工计划（批复文电）及主管业务部室提报的施工计划、路用列车开行和设备维修作业计划申请。

3. 列车开行计划的编制和下达

（1）列车开行计划的主要内容。

列车开行计划主要内容包括：列车开行车次；临时定点列车始发站、终到站、运行径路、沿途客运业务办理站及其到（发）时分、动车组（吸污、上水）股道运用计划；开行动车组列车所对应的车组（型号、车组号）、动车组车底运用方案及路用列车开行计划；重点事项。

（2）列车开行计划编制流程。

① 计划调度员每日10：00前根据列车运行图及相关文件、电报、调度命令确定次日动车组列车开行方案，转交动车调度员和相关机务（机辆）段、动车（车辆）段、客运段。

② 动车调度员15：00前将动车组车底运用方案、热备车及重点事项，转交计划调度员。

③ 施工调度员15：00前将路用列车运行方案，转交计划调度员。

④ 计划调度员16：00前与相关调度所交换列车开行计划。

⑤ 17：30前形成次日列车开行计划。

列车开行计划经调度所主任（副主任）审核批准后，报国铁集团调度中心，并于18：00前以调度命令下达有关单位、调度台。

4. 施工计划的编制和下达

（1）施工计划内容。

施工计划内容包括：施工计划编号、等级、项目；施工日期、作业内容、地点（含线别、区间、车站、股道、道岔、行别、里程）和时间；施工限速（含施工邻线限速）、影响范围、行车方式变化及设备变化；施工单位（含配合单位）、施工负责人；施工作业车进出施工地段方案；区间及站内装卸路料计划。

（2）施工日计划编制和下达流程。

① 施工单位于施工前3日将施工日计划申请报铁路局集团公司主管业务部室（建设项目施工日计划申请应先报项目管理机构预审，再报主管业务部室），主管业务部室审核（盖章）后，于施工前2日9：00前向施工办提报施工日计划申请，其中铁路局集团公司所管设备越过局间分界站延伸至相邻铁路局集团公司调度管辖区段（以下简称延伸段）的施工日计划申请向调度管辖区段铁路局集团公司施工办提报。

② 施工办应将主管业务部室提报的施工日计划申请与月度施工计划（批复文电）进行核对，并将Ⅰ级施工、高速铁路和繁忙干线国铁集团管理的施工计划申请于施工前2日15：00前报国铁集团调度中心，调度中心根据国铁集团月度施工计划和批准的施工文电进行审核后，于施工前2日18：00前反馈至相关铁路局集团公司施工办，施工办据此编制施工日计划。

③ 纳入月度施工计划的施工项目原则上不准停止施工。因专特运等需停止施工时，应经铁路局集团公司分管运输副总经理（总调度长）批准，原则上于前1日14：00前以调度命令

通知有关单位。已批准的国铁集团管理的施工计划需要停止施工的，应经国铁集团调度中心主任（副主任）批准。

④ 编制的施工日计划经施工办主任（副主任）审批后，纳入调度日计划。

⑤ 施工办于施工前 1 日 12：00 前（0：00 至 4：00 执行的施工日计划于前 1 日 8：00 前）将施工日计划下达有关机务（机辆）段、动车（车辆）段和车务段（直属站），传（交）主管业务部室和相关计划调度台、列车调度台、供电调度台。主管业务部室负责通知施工单位、配合单位，车务段（直属站）负责通知相关车站。其中涉及邻局的车务段（直属站）和相关调度台时，传（交）邻局施工办并由其负责转达。施工日计划不作为机务部门行车依据。

⑥ Ⅰ级施工、高速铁路和繁忙干线国铁集团管理的施工日计划，施工办于施工前 1 日 15：00 前报国铁集团调度中心。

⑦ 施工日计划下达后，不得随意取消施工日计划（项目）。因特殊原因临时取消时，应经铁路局集团公司分管运输副总经理（总调度长）批准（Ⅰ级施工、高速铁路和繁忙干线国铁集团管理的施工计划还应经国铁集团调度中心主任或副主任批准）并采取行车安全措施后，以调度命令办理取消（含取消或重新发布运行揭示调度命令）。

⑧ 施工日计划下达后，施工开始前，施工单位因自身原因取消施工时，不发布取消施工的调度命令。涉及运行揭示调度命令的施工取消时，施工单位应登记行车条件，铁路局集团公司调度所根据登记发布调度命令。

5. 维修计划的编制和下达

（1）维修计划内容。

维修计划包括作业项目、地点、时间、作业单位、配合作业单位、作业负责人、影响范围、路用列车进出区间方案等。

（2）维修计划编制流程。

① 设备管理单位于维修作业前 3 日向本铁路局集团公司主管业务部室提报计划申请，其中延伸段的维修作业计划申请，设备管理单位于维修作业前 4 日向本铁路局集团公司主管业务部室提报；本铁路局集团公司主管业务部室与局内相关业务部室沟通协调后，于维修作业前 3 日向调度管辖区段铁路局集团公司主管业务部室提报计划申请，由调度管辖区段铁路局集团公司主管业务部室编制维修计划并向施工办提报实施。

铁路局集团公司主管业务部室根据设备管理单位的提报，与其他主管业务部室沟通协调后编制本专业维修计划，于维修作业前 2 日 9：00 前报铁路局集团公司施工办，施工办负责审核维修日计划。

② 施工办于维修作业前 1 日 12：00 前将维修日计划下达本局有关车务段（直属站），传（交）主管业务部室和有关计划调度台、列车调度台、供电调度台，其中涉及邻局的车务段（直属站）和相关调度台，传（交）邻局施工办并由其负责转达。主管业务部室负责通知作业单位、配合单位，车务段（直属站）负责通知相关车站。

③ 维修日计划下达后，不得随意取消维修日计划（项目）。因特殊原因临时取消时，应经铁路局集团公司分管运输副总经理（总调度长）批准，以调度命令办理取消。施工单位因

自身原因取消维修时，不发布取消维修的调度命令。

④ 维修日计划下达后，因特殊原因需临时增加维修作业时，在不与其他施工及维修作业产生冲突的情况下，由设备管理单位报调度管辖铁路局集团公司主管业务部室审核同意后，报调度管辖区段铁路局集团公司施工办实施。铁路局集团公司所管设备越过局间分界站延伸至邻局调度指挥区段时，由调度管辖铁路局集团公司业务部室审核同意后，报铁路局集团公司施工办实施。

（二）日常运输组织

1. 动车组列车临时加开、停运、变更径路、途中折返、定员（含席别，下同）变化、反编组运行或变更客运业务停站的有关规定

（1）高铁调度日计划尚未下达时。

① 铁路局集团公司主办业务部室商相关业务部室确定方案，使用外局动车组时，还需征得支配局车辆部门同意，开行跨局临时定点列车还应征得有关局运输、机务、客运部门同意。遇临时停运或定员减少，列车开行前不足 3 日时，应经铁路局集团公司分管运输副总经理（总调度长）同意。

② 铁路局集团公司管内且使用本局动车组时，铁路局集团公司以调度命令调整，必要时以文电调整。

③ 跨局或使用外局动车组时，因施工原因产生的调整，由铁路局集团公司以文电申请，国铁集团调度中心以文电公布；列车运行图内列车（高峰线、施工原因调整和已纳入春、暑运方案除外）调整跨度 1 个月以上时，由铁路局集团公司以文电申请，国铁集团业务部门以文电公布；其他情况，由铁路局集团公司客运部或铁路局集团公司计划调度员向国铁集团计划调度员提出申请，经国铁集团调度与客运部门协商一致后，以调度命令调整。

④ 铁路局集团公司计划调度员向有关单位发布或转发调度命令，并抄送铁路局集团公司客运部（客票管理所）、统计和节能环保所、铁路客户服务中心、快运公司及相关调度台。

（2）高铁调度日计划下达后，遇突发情况时。

① 铁路局集团公司管内且使用本局动车组时，铁路局集团公司以调度命令调整。

② 跨局或使用外局动车组时，铁路局集团公司计划调度员向国铁集团计划调度员提出申请，以调度命令调整。

③ 铁路局集团公司计划调度员向有关单位发布或转发调度命令，并抄送铁路局集团公司客运部（客票管理所）、统计和节能环保所、铁路客户服务中心、快运公司及相关调度台。

2. 变更车底（车型、定员均不变）或根据有关文电（调度命令）确定车底

（1）动车（车辆）段根据有关文电、调度命令或检修运用需要向动车组所在铁路局集团公司动车调度员提出申请，使用外局动车组时应提前与支配段联系确认车底和随车机械师情况。

（2）铁路局集团公司管内且使用本局动车组时，经铁路局集团公司动车调度员审核后，

计划调度员纳入高铁调度日计划，来不及纳入高铁调度日计划时，由计划调度员发布调度命令。

（3）跨局且使用本局动车组时，经铁路局集团公司动车调度员审核后，高铁调度日计划尚未下达时，铁路局集团公司动车调度员通报有关局动车调度员，有关局计划调度员纳入高铁调度日计划。高铁调度日计划下达后，铁路局集团公司动车调度员向国铁集团动车调度员提出申请。国铁集团动车调度员发布调度命令，铁路局集团公司计划调度员转发该调度命令。

（4）当使用外局动车组时，铁路局集团公司动车调度员与客服调度员审核后，由铁路局集团公司计划调度员向国铁集团计划调度员提出申请。国铁集团计划调度员发布调度命令，铁路局集团公司计划调度员纳入高铁调度日计划，来不及纳入高铁调度日计划时，由计划调度员发布调度命令。

3．变更车底（车型变化、定员不变）

（1）动车（车辆）段根据检修运用需要向动车组所在铁路局集团公司动车调度员提出申请，使用外局动车组时应提前与支配段联系确认车底和随车机械师情况。

（2）铁路局集团公司管内且使用本局动车组时，经铁路局集团公司动车调度员与机车调度员（动车司机调度员）审核后，计划调度员纳入高铁调度日计划，来不及纳入高铁调度日计划时，由计划调度员发布调度命令。

（3）跨局时，铁路局集团公司动车调度员与机车调度员（动车司机调度员）共同审核后，由铁路局集团公司计划调度员向国铁集团计划调度员提出申请。国铁集团计划调度员发布调度命令，铁路局集团公司计划调度员纳入高铁调度日计划，来不及纳入高铁调度日计划时，由计划调度员发布调度命令。

（4）使用外局动车组时，经铁路局集团公司动车调度员与机车调度员（动车司机调度员）、客服调度员共同审核后，由铁路局集团公司计划调度员向国铁集团计划调度员提出申请。国铁集团计划调度员发布调度命令，铁路局集团公司计划调度员纳入高铁调度日计划，来不及纳入高铁调度日计划时，由计划调度员发布调度命令。

4．动车组回送

（1）动车组回送应固定运行径路，铁路局集团公司管内由铁路局集团公司公布，跨局由国铁集团公布。遇特殊情况需经非固定运行径路或运行条件有特定要求时（有关规章文电已明确时除外），铁路局集团公司管内由铁路局集团公司、跨局由国铁集团以文电形式明确。

（2）动车组回送申请单位应根据有关文电、检修计划、运用交路调整、试验方案等，于回送前1日的14：00前（因故障等临时产生的回送不受该时间限制）向始发站所在铁路局集团公司动车调度员申请。

（3）铁路局集团公司管内回送时，经铁路局集团公司动车调度员与机车调度员（动车司机调度员）审核、值班副主任批准后，计划调度员纳入高铁调度日计划；因故障产生的临时回送来不及纳入高铁调度日计划时，由计划调度员发布调度命令，列车调度员按规定发布相关调度命令。

（4）跨局回送时，经铁路局集团公司动车调度员与机车调度员（动车司机调度员）审核、值班副主任同意后，铁路局集团公司计划调度员向国铁集团计划调度员提出申请。国铁集团计划调度员与国铁集团机车调度员协商后发布调度命令，铁路局集团公司计划调度员纳入高铁调度日计划；来不及纳入高铁调度日计划时，由计划调度员发布调度命令，列车调度员按规定发布相关调度命令。

5. 试运行列车的开行

（1）动车（车辆）段根据有关文电、试运行方案等，于试运行前1日的12：00前向铁路局集团公司动车调度员提出申请（影响列车运行标尺及铁路局集团公司规定需发布文电的其他情形，还应有铁路局集团公司有关文电）。

（2）铁路局集团公司管内开行时，经铁路局集团公司动车调度员与机车调度员（动车司机调度员）审核、值班副主任批准后，计划调度员纳入高铁调度日计划；调度日计划下达后，因特殊原因确需临时开行时，由申请部门报铁路局集团公司分管运输副总经理（总调度长）批准。

（3）跨局开行时，经铁路局集团公司动车调度员与机车调度员（动车司机调度员）审核、值班副主任同意后，由铁路局集团公司计划调度员向国铁集团计划调度员提出申请。国铁集团计划调度员发布调度命令，铁路局集团公司计划调度员纳入高铁调度日计划。

6. 遇特殊情况，需临时调整高速综合检测列车运行时

（1）国铁集团高速综合检测列车主管业务部门确定运行调整方案，向国铁集团计划调度员提出书面申请。

（2）国铁集团计划调度员根据提报的申请，经值班主任批准后，发布高速综合检测列车运行调整（3日内）的调度命令。

（3）国铁集团高速综合检测列车主管业务部门应及时发布高速综合检测列车后续运行调整的电报。

7. 接到动车组列车需进行应急上水或吸污作业的报告时

铁路局集团公司客服调度员接到动车组列车需进行应急上水或吸污作业的报告时，经调度所值班主任（值班副主任）准许，及时向有关站段发布应急上水或吸污作业的调度命令，并抄送有关列车调度台，通知列车长，列车长转报司机、随车机械师。不具备作业条件或来不及安排时，值班主任（值班副主任）立即报国铁集团调度，并由客服调度员通知列车长。

8. 列车不能按列车运行图运行时

列车调度员应按列车运行图指挥列车运行，当列车不能按列车运行图运行时，除特殊情况外，应按《铁路技术管理规程》（高速铁路部分）规定的列车运行等级顺序（单机应根据用途按指定条件运行）和先跨局后管内的原则进行调整。

9. 列车运行调整

（1）列车运行调整计划。

列车调度员应及时编制和下达3~4小时列车运行调整计划，并及时与相邻调度台交换。其主要内容包括：车站列车到、发时分和列车会让计划（采用计算机下达的为实时调整计划）；列车在中间站作业计划；施工、维修计划及天窗时间安排；重点注意事项。

（2）列车运行调整采取的方法。

列车调度员进行列车运行调整时，一般可采取的方法包括：组织列车按允许速度运行；选择合理的会让站；组织列车在车站进行平行作业；组织列车反方向行车。

10. 列车开行计划落实

（1）为实现列车开行计划，维护良好的运输秩序，要求组织有关运输生产单位按各项作业时间标准完成作业；组织晚点旅客列车恢复正点。

（2）直属客运站、车务段调度掌握有关旅客列车开行及运行、站延晚点情况。遇旅客运输异常、突发情况时，协调指挥旅客换乘、继乘、疏散、高铁快运集装件临时换乘或接卸等应急处置工作；协调有关部门完成重点运输工作。

（3）客运段调度应协调组织落实客运乘务计划和旅客列车加开、停运、折返、更换车底、客运乘务员食宿安排、旅客换乘等相关客运工作，参与重点运输任务落实工作；掌握本段旅客列车正晚点情况，加强与出乘班组沟通，动态掌握旅客列车突发情况，并协调指导客运乘务组妥善处置；向调度所报告乘务计划落实和在途乘务人员、乘务工作有关情况。

（4）机务（机辆）段调度应向铁路局集团公司机车调度员（动车司机调度员）提报动车组司机分布动态，并及时反馈机班按计划兑现情况。

（5）动车（车辆）段调度应向铁路局集团公司动车调度员提报动车组运用和检修情况、动车组车底运用方案、编制的动车组运用和扣修日计划、相关调度命令申请和重点事项；参与编制动车组高级修建议计划，组织落实高级检修动车组跨局回送计划，编制动车组在段高级检修生产计划，组织动车组回送，掌握动车组在厂（段）检修进度和检修计划调整情况；掌握动车组故障及修复情况并上报调查处理情况，提出动车组试运行、在外段的临时检修和回送需求。

【任务拓展】

调度命令

国铁集团、铁路局集团公司调度应及时正确发布与运输有关的调度命令，下级调度以及有关人员必须坚决执行。列车调度员是一个调度区段行车的统一指挥者，有关行车人员必须执行列车调度员的命令、指示，服从调度指挥。

一、发布调度命令的基本规定

（1）调度命令发布前，应详细了解现场情况，听取有关人员的意见，命令内容、受令处所必须正确、完整、清晰。

（2）使用计算机、传真机、调度命令无线传送系统发布调度命令时，必须严格遵守"一拟写、二审核（按规定需监控人审核的）、三签发（按规定需领导、值班主任或值班副主任签发的）、四发布、五确认签收"的发布程序。命令接受人员确认无误后应及时反馈回执。

使用 FZK-CTC 调度集中系统发布调度命令如图 2-2-1 所示。

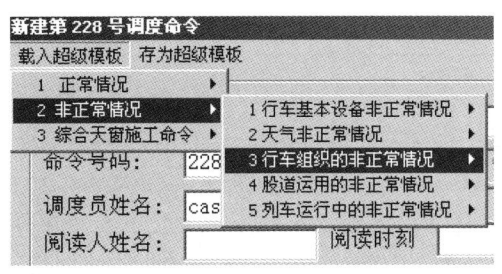

图 2-2-1　发布调度命令

（3）使用电话发布调度命令时，必须严格遵守"一拟写、二审核（按规定需监控人审核的）、三签发（按规定需领导、值班主任或值班副主任签发的）、四发布、五复诵核对、六下达命令号码和时间"的发布程序。使用电话发收调度命令时，应填记"调度命令登记簿"（列车调度员使用调度命令系统记录时除外），指定受令人员中一人复诵，并记明发收人员姓名及时刻。

（4）列车调度员应使用调度命令无线传送系统向司机发布书面调度命令，司机应及时签认接收，不再与列车调度员核对，有疑问时，应立即询问列车调度员。调度命令无线传送系统故障时，原则上使用语音记录装置良好的列车无线调度通信设备发布（不适于使用语音记录装置良好的列车无线调度通信设备发布的调度命令项目由各铁路局集团公司规定），司机接到命令后，应与列车调度员核对。由车站交付的调度命令，车站值班员可使用调度命令无线传送系统或按规定使用语音记录装置良好的列车无线调度通信设备向司机转达。

二、调度命令号码

调度命令号码的编制应按不同工种分别规定。铁路局集团公司调度所行车调度命令按日循环，运行揭示调度命令及其他工种调度命令按月循环；国铁集团调度各工种的调度命令按月循环。

调度命令日期的划分，以 0：00 为界。调度命令循环号码的起止时间，以 0：00 区分。各级调度命令应保管 1 年。

国铁集团高铁调度命令号码分为：

（1）计划调度命令号码：6001~6999。

（2）行车调度命令号码：7001~7999。

（3）动车调度命令号码：8001~8999。

（4）备用命令号码：9001~9999。

铁路局集团公司与国铁集团调度命令号码不得重复，具体由铁路局集团公司规定。

行车调度命令模板如图 2-2-2 所示，运行揭示调度命令模板如图 2-2-3 所示。

自接令时(＿＿＿时＿＿＿分)起至另有命令时(＿＿＿时＿＿＿分)止，＿＿＿站至＿＿＿站间＿＿＿行线＿＿＿km＿＿＿m至＿＿＿km＿＿＿m处限速＿＿＿km/h。＿＿＿次列车运行至＿＿＿站至＿＿＿站间＿＿＿行线＿＿＿km＿＿＿m至＿＿＿km＿＿＿m处限速＿＿＿km/h。

图 2-2-2　站内或区间临时限速调度命令模板

因＿＿＿月＿＿＿日＿＿＿时＿＿＿分至＿＿＿月＿＿＿日＿＿＿时＿＿＿分，＿＿＿线＿＿＿站（含、＿＿＿道、＿＿＿号道岔）至＿＿＿站（含、＿＿＿道、＿＿＿号道岔）间＿＿＿行线封锁，＿＿＿km＿＿＿m至＿＿＿km＿＿＿m处施工。

开通后线＿＿＿站（含、＿＿＿道、＿＿＿号道岔）至＿＿＿站（含、＿＿＿道、＿＿＿号道岔）间＿＿＿行线＿＿＿km＿＿＿m至＿＿＿km＿＿＿m处第1列限速＿＿＿km/h，第2列限速＿＿＿km/h，第3列限速＿＿＿km/h，(……)；＿＿＿月＿＿＿日＿＿＿时＿＿＿分至＿＿＿月＿＿＿日时＿＿＿分限速＿＿＿km/h运行。其中开通后第1、2、3……列限速由列车调度员发布调度命令。

设备变化：……。

图 2-2-3　封锁施工限速运行揭示调度命令模板

【复习思考题】

1. 车站客运设备有哪些？
2. 动车组识别标记有哪些？
3. 列车乘务组如何组成？
4. 列车的运行等级顺序包括哪些内容？
5. 铁路局集团公司高铁调度包括哪些岗位？
6. 铁路局集团公司客服调度的主要职责是什么？
7. 运输站段调度的主要职责是什么？

项目三 高速铁路客运规章运用

项目描述

规程属于规章,指规则加流程,是贯穿工作程序的标准、要求和规定。《中国国家铁路集团有限公司铁路旅客运输规程》是旅客运输方面的相关流程和规则,属于铁路部门规章。本项目包括《铁路旅客运输规程》(交通运输部令 2022 年第 37 号)、《铁路旅客车票实名制管理办法》(交通运输部令 2022 年第 39 号)、《中国国家铁路集团有限公司铁路旅客运输规程》(铁客〔2022〕173 号)和《广深港高速铁路跨境旅客运输组织规则》(铁客〔2022〕169 号)。

本项目能弘扬劳动精神、奋斗精神、奉献精神、创造精神、勤俭节约精神,培育时代新风新貌,培养学生爱岗敬业、精益求精的工匠精神。

任务一 《铁路旅客运输规程》

【能力目标】

能按照《铁路旅客运输规程》的要求进行高速铁路旅客运输组织。

【知识目标】

掌握《铁路旅客运输规程》的基本内容。

【相关知识】

为了维护铁路旅客运输正常秩序,规范旅客和铁路运输企业的行为,保护旅客和铁路运输企业的合法权益,完善公平公正的旅客运输市场环境,根据《中华人民共和国民法典》《中华人民共和国消费者权益保护法》《中华人民共和国铁路法》《铁路安全管理条例》等法律、行政法规,制定《铁路旅客运输规程》。《铁路旅客运输规程》适用于中华人民共和国境内的铁路旅客运输。

铁路运输企业应当根据法律、行政法规和《铁路旅客运输规程》制定旅客运输相关办法，包括购票、退票、改签、旅客乘车、随身携带物品和托运行李相关规定等事项，并在实施前向社会公布。

一、铁路旅客运输规程一般规定

（1）车票是铁路旅客运输合同的凭证，可以采用纸质形式或者电子数据形式，一般应当载明发站、到站、车次、车厢号、席别、席位号、票价、开车时间等主要信息。铁路运输企业与旅客另有约定的，按照其约定。

（2）铁路运输企业应当提供方便快捷的票务服务，为旅客提供良好的旅行环境和服务设施，文明礼貌地为旅客服务，在约定期限或者合理期限内将旅客安全运输到车票载明的到站。

（3）旅客应当遵守法律、行政法规、规章和有关铁路运输安全规定，配合铁路工作人员的引导，爱护铁路设备设施，不得扰乱铁路运输秩序。

（4）旅客享有自主选择旅客运输服务和公平交易的权利。铁路运输企业不得限定、强制旅客使用某项服务或者搭售商品。

（5）铁路运输企业应当公布车站运营时间、停止检票时间、服务项目及收费标准、旅客禁止或者限制携带物品目录等信息。

二、车票销售

（1）铁路运输企业应当按照《中华人民共和国反恐怖主义法》《铁路安全管理条例》《铁路旅客车票实名制管理办法》等规定，实施车票实名制管理。

（2）购票人应当向铁路运输企业提供乘车人真实有效的联系方式。铁路运输企业对车票销售过程中知悉的旅客信息，应当予以保密，不得泄露、出售或者非法向他人提供。

（3）铁路运输企业应当公平销售车票，保留人工售票服务。鼓励铁路运输企业为旅客提供互联网、自动售票机等多种售票渠道，为旅客购票、取票、退票、改签等提供便利。鼓励铁路运输企业开办定期票、计次票、联程票、乘车卡等业务，为旅客提供多元化的服务。

（4）除需要乘坐火车通勤上学的学生和铁路运输企业同意在旅途中监护的儿童外，实行车票实名制情况下未满14周岁或者未实行车票实名制情况下身高不足1.5米的儿童，应当随同成年人旅客旅行。实行车票实名制的，年满6周岁且未满14周岁的儿童应当购买儿童优惠票；年满14周岁的儿童，应当购买全价票。每一名持票成年人旅客可以免费携带一名未满6周岁且不单独占用席位的儿童乘车；超过一名时，超过人数应当购买儿童优惠票。未实行车票实名制的，身高1.2米且不足1.5米的儿童应当购买儿童优惠票；身高达到1.5米的儿童，应当购买全价票。每一名持票成年人旅客可以免费携带一名身高未达到1.2米且不单独占用席位的儿童乘车；超过一名时，超过人数应当购买儿童优惠票。儿童优惠票的车次、席别应当与同行成年人所持车票相同，到站不得远于成年人车票的到站。按上述规定享受免费乘车的儿童单独占用席位时，应当购买儿童优惠票。

（5）旅客携带免费乘车儿童时，应当提前告知铁路运输企业，铁路运输企业应当为免费乘车儿童出具乘车凭证。实行车票实名制的，免费乘车儿童检票和乘车时需要提供有效身份证件。

（6）在全日制高等学校（含国务院教育行政部门、省级人民政府审批设置的实施高等学历教育的民办学校），承担研究生教育任务的科学研究机构，军事院校，普通中、小学和中等职业学校（含有实施学历教育资格的公办、民办中等专业学校、职业高中、技工学校）就读的学生、研究生，凭学生证（中、小学生凭盖有学校公章的书面证明）每学年可以购买家庭居住地至院校（实习地点）所在地之间四次单程的学生优惠票。新生凭录取通知书、毕业生凭盖有院校公章的学校书面证明当年可以购买一次学生优惠票。学生优惠票限于使用普通旅客列车硬席或者动车组列车二等座。学生证应当附有国务院教育行政部门认可的优惠乘车凭证，优惠乘车凭证需要载明学生照片、姓名、有效身份证件号码、优惠乘车区间、院校公章等信息。学生证优惠乘车区间的记录、变更需要加盖院校公章。华侨学生、港澳台学生的优惠乘车区间为口岸车站至学校所在地车站。

（7）持中华人民共和国残疾军人证、中华人民共和国伤残人民警察证、国家综合性消防救援队伍残疾人员证的人员凭证可以购买优待票。

（8）旅客丢失实名制车票后，可以向铁路运输企业申请办理车票挂失补办手续，铁路运输企业不得重复收取票款和其他不合理费用。旅客丢失非实名制车票应当另行购票乘车。

三、乘车

（1）铁路运输企业应当按照《中华人民共和国反恐怖主义法》《铁路安全管理条例》《铁路旅客运输安全检查管理办法》等规定，对旅客及其随身携带物品进行安全检查。旅客随身携带物品应当遵守国家禁止或者限制运输的相关规定。

（2）铁路运输企业应当明确旅客随身携带物品的相关规定，至少包括下列内容：
① 随身携带物品总重量限额。
② 每件物品的重量及尺寸限定。
③ 免费携带物品的重量。
④ 超限携带物品计费标准。
⑤ 特殊携带物品的相关规定。
⑥ 因铁路运输企业责任导致携带物品损坏、丢失的赔偿标准或者所适用的国家有关规定。

（3）铁路运输企业应当在车站、旅客列车等公共场所设置安全标志、导向系统和信息服务系统等设备设施。

（4）铁路运输企业应当按照有效车票记载的时间、车次、车厢号、席别和席位号运输旅客；旅客应当按照有效车票载明的时间、车次、车厢号、席别和席位号乘车。

（5）铁路运输企业应当按照《中华人民共和国军人地位和权益保障法》《军人抚恤优待条例》等规定，为现役军人、残疾军人、烈士、因公牺牲军人和病故军人的遗属，消防救援人员，以及与其随同出行的家属提供优先购票、优先乘车等服务。

（6）铁路运输企业应当为老幼病残孕旅客提供优先购票、优先乘车等服务，为老年人和其他需要帮助的旅客提供必要的人工服务。视力残疾旅客可以携带导盲犬进站乘车。

（7）铁路运输企业应当提供齐全、干净、整洁的服务备品。车站、旅客列车等公共场所应当内外整洁、空气清新。

（8）铁路运输企业应当提供符合食品安全标准的餐饮服务，不得销售不符合食品安全标准的食品和不合格产品。车站内和列车上提供的商品及服务应当做到明码标价、质价相符、信息描述规范。

（9）旅客应当接受铁路运输企业对乘车相关凭证进行的必要核验。购买优惠票、优待票的旅客需要凭相应证件乘车。

（10）铁路运输企业发现下列情形之一的，应当补收票款：

① 主动补票或者经车站、旅客列车同意上车补票的。

② 应当购买儿童优惠票而未买票乘车的。

③ 应当购买全价票而使用儿童优惠票乘车的。

需要收取手续费的，按照有关铁路旅客运输杂费的规定办理。

（11）未经铁路运输企业同意，有下列情形之一的，铁路运输企业应当补收票款，可以加收50%已乘区间应补票款：

① 无票乘车未主动补票的。

② 在车票到站不下车，且继续乘车的。

③ 持低等级席位的车票乘坐高等级席位的。

④ 持不符合减价条件的优惠、优待车票乘车的。

需要收取手续费的，按照有关铁路旅客运输杂费的规定办理。

（12）铁路运输企业发现变造、伪造车票或者证件乘车，霸座或者其他扰乱秩序的行为，应当及时报告公安机关。

（13）对下列旅客，铁路运输企业可以拒绝运输：

① 有铁路运输企业应当补收票款，可以加收50%已乘区间应补票款，即上述第（11）条的情形之一，拒不支付应补票款、加收票款的。

② 不接受安全检查的。

③ 购买实名制车票但不接受身份信息核验，或者车票所记载身份信息与所持身份证件或者真实身份不符的。

④ 按照《中华人民共和国传染病防治法》等传染病防治的法律、行政法规和国家有关规定，应当实施隔离管理的。

⑤ 扰乱车站、列车秩序，严重精神障碍和醉酒等有可能危及列车安全或者其他旅客以及铁路运输企业工作人员人身安全的。

⑥ 国家规定的其他情况。

旅客不听从铁路运输企业工作人员劝阻，坚持携带或者夹带危险物品或者违禁物品的，铁路运输企业应当拒绝运输。对涉嫌违反治安管理的行为应当及时报告公安机关。

四、车票改签与退票

（1）因旅客自身原因不能按车票记载的时间、车次、车厢号、席别和席位号乘车，或者按照本规程规定被拒绝运输时，旅客要求办理退票或者改签的，应当按照铁路运输企业和旅客的约定办理。

（2）因铁路运输企业原因或者自然灾害等其他不能正常运输情形导致旅客不能按车票记载的时间、车次、车厢号、席别和席位号乘车时，铁路运输企业应当按照旅客的要求办理退票或者改由其他车次或者席位运送旅客。重新安排的席位票价高于原票价时，超过部分不予补收；低于原票价时，应当退还票价差额。对前述规定的情形，铁路运输企业不得收取退票费。

（3）旅客办理退票、申请退款后，铁路运输企业应当在7个工作日内办理完成退款手续，上述时间不含金融机构处理时间和旅客自身原因导致的时间延误。

五、行李运输

（1）行李票是铁路行李运输合同的凭证，应当载明车票票号、发站、到站、包装、件数、重量、费用、承运时间及旅客的姓名、地址、联系电话等主要信息。铁路运输企业与旅客另有约定的，按照其约定。

（2）旅客凭有效车票、身份证件可以在行李办理站间托运行李，行李票和车票的发到城市应当保持一致。

（3）铁路运输企业应当明确旅客托运行李的相关规定，至少包括下列内容：

① 托运行李总重量限额。
② 每件行李的重量及尺寸限定。
③ 超限行李计费方式。
④ 是否提供声明价值服务，或者为旅客办理行李声明价值的相关约定。
⑤ 特殊行李运输的相关规定。
⑥ 行李损坏、丢失、延误的赔偿标准或者所适用的国家有关规定。

（4）铁路运输企业应当按照《中华人民共和国反恐怖主义法》《铁路安全管理条例》《铁路旅客运输安全检查管理办法》等规定，对旅客托运的行李进行安全检查。旅客托运行李应当遵守国家禁止运输或者限制运输的相关规定，不得夹带货币、珍贵文物、金银珠宝、档案材料、证书证件等贵重物品。铁路运输企业在承运行李时或者运输过程中，发现行李中装有不得作为行李运输的任何物品，应当拒绝承运或者终止运输，并通知旅客处理。

（5）行李的包装应当完整牢固、适合运输，包装材料和方式符合国家规定的包装标准和条件。

（6）行李应当随旅客所乘列车或者就近列车运送，如遇特殊情况的，铁路运输企业应当向旅客作出说明。

（7）铁路运输企业应当为旅客办理行李托运变更手续提供便利条件。

（8）铁路运输企业应当及时通知旅客领取到达的行李。行李从运到日起，铁路运输企业应当至少免费保管3日；逾期到达的行李应当至少免费保管10日。因行李损失或者不可抗力等原因应当适当增加免费保管日数。对前述规定的时限，铁路运输企业与旅客另有约定的，按照其约定。

（9）在行李运输过程中，行李发生损坏、丢失或者延误，旅客要求出具行李运输损失凭证的，铁路运输企业应当及时提供。

六、应急处置

（1）铁路运输企业应当针对自然灾害、恶劣天气、设备设施故障以及安全事故等对旅客出行产生重大影响的情形，依法制定相应的应急预案，配备必要的应急物品，并定期组织演练。

（2）线路中断、列车不能继续运行时，铁路运输企业应当妥善安排受阻旅客，并及时公告铁路旅客运输相关业务停办、恢复等信息。因线路中断影响旅行，旅客要求出具证明的，铁路运输企业应当及时提供。

（3）线路中断后，铁路运输企业应当妥善保管承运的行李，并及时通知旅客，与旅客协商处理方案。

（4）发生旅客急病、分娩、遇险时，铁路运输企业应当积极采取救助措施并做好记录。公安机关开展调查、侦查时，铁路运输企业应当配合公安机关开展工作，协助收集相关证据、调查事件发生原因。

（5）铁路运输企业对运输过程中旅客的人身伤亡和财产损失，依法承担民事责任。

七、旅客投诉与建议

（1）旅客有权就铁路旅客运输服务质量问题向铁路运输企业投诉，也可以向铁路监管部门投诉。铁路运输企业应当建立旅客运输投诉处理机制，设立电话、网络、信件等投诉渠道并对外公布，配备必要的投诉处理人员并保证投诉渠道畅通，运行良好。

（2）铁路运输企业应当在收到旅客投诉后3个工作日内答复受理情况，10个工作日内告知实质性处理结果；不予受理的，应当说明理由。铁路运输企业应当记录旅客的投诉情况及处理结果，投诉记录至少保存3年。

（3）铁路运输企业应当认真研究旅客提出的服务改进意见建议，必要时主动沟通并作出答复。铁路营业站及营业线的启用、封闭和业务范围的变更，铁路运输企业应当公告。

【任务拓展】

优待票与优惠票

一、优待票与优惠票的相同点
（1）都是针对特定的人群。

（2）购买车票都享受优惠票价。

二、优待票与优惠票的区别

（1）享受的待遇不同。优惠票仅仅是票价享受优惠，如儿童优惠票、学生优惠票；优待票不但票价享受优惠，还可以享受优先购票、安检、候车，可使用优先通道（窗口）。

（2）票价享受的优惠比例不同。儿童优惠票仅享受硬座、软座及动车组列车一等座、二等座、商务座公布票价50%优惠，不享受卧铺优惠；学生优惠票仅限使用普通旅客列车硬座（优惠50%）、硬卧（硬座席别优惠50%、卧铺票价部分不优惠）和动车组列车二等座（优惠75%）；优待票享受所有席别50%的优惠。

任务二 《铁路旅客车票实名制管理办法》

【能力目标】

能按照《铁路旅客车票实名制管理办法》的要求进行高速铁路旅客运输车票实名购买和实名查验工作。

【知识目标】

掌握《铁路旅客车票实名制管理办法》的基本内容。

【相关知识】

一、《铁路旅客车票实名制管理办法》总则

为了保障铁路旅客生命财产安全，维护旅客运输秩序，根据《中华人民共和国反恐怖主义法》《铁路安全管理条例》等法律、行政法规，制定《铁路旅客车票实名制管理办法》。在中华人民共和国境内实施铁路旅客车票（以下简称车票）实名购买、查验活动，适用本办法。

国家铁路局负责全国铁路旅客车票实名制管理的监督管理工作。地区铁路监督管理局负责辖区内铁路旅客车票实名制管理的监督管理工作。国家铁路局和地区铁路监督管理局统称铁路监管部门。车票实名购买和实名查验统称车票实名制管理。

1. 车票实名购买

车票实名购买，是指购票人凭乘车人的有效身份证件购买车票，铁路运输企业凭乘车人的有效身份证件销售车票，并记录旅客身份信息和购票信息的行为。

2. 车票实名查验

车票实名查验，是指铁路运输企业对实行车票实名购买的车票记载的身份信息与乘车人及其有效身份证件进行一致性核对，并记录旅客乘车信息的行为。

二、车票实名制管理基本要求

（1）铁路旅客列车和车站应当实行车票实名制管理。不属于长途客运的公益性"慢火车"、市域（郊）列车、城际列车和相关车站根据实际情况暂不实行车票实名制管理的，铁路运输企业应当提前向社会公布并说明理由。

（2）铁路运输企业应当依法开展车票实名制管理工作，在企业网站、车站服务场所内公告车票实名制管理规定，完善作业程序，落实作业标准。

（3）铁路运输企业应当为车票实名制管理提供必要的场地、作业条件，以及车票查验、身份证件识读等设备；积极推进管理和技术创新，通过互联网、电话、自动售票机、人工售票窗口等方式提供实名售票服务，逐步配备自助检票、查验等设备，为旅客实名购票、乘车提供便利。

（4）铁路运输企业应当加强车票实名制管理相关人员的培训，确保人员具备必要的专业知识，掌握车票实名制管理技能。

（5）铁路运输企业应当加强对售票、检票、验票等车票实名制管理相关设施设备、系统的管理，完善系统功能，确保设施设备、系统安全稳定运行，满足车票实名制管理工作需求。

（6）铁路运输企业应当结合车票实名制管理实际，针对客流高峰、设备系统故障等特殊情况制定有效的应急预案或者应急处置措施，定期实施应急演练。

三、车票实名购买

购买车票以及办理补票、取票、改签、退票等业务时，应当提供乘车人真实有效的身份证件或者身份证件信息。铁路运输企业应当对外公告在人工售票窗口、互联网、电话等渠道办理各项业务所需的身份证件或者身份证件信息。

不能提供有效身份证件或者身份证件信息的，铁路运输企业应当拒绝办理上述业务。

1. 人工售票窗口可以使用的有效身份证件

在人工售票窗口可以使用的有效身份证件包括：中华人民共和国居民身份证（含中华人民共和国临时居民身份证）、居民户口簿，中华人民共和国护照，中华人民共和国出入境通行证，中华人民共和国旅行证，新生儿出生医学证明，军官证、警官证、文职干部证、义务兵证、士官证、文职人员证、海员证，以及公安机关出具的临时乘车身份证明；中华人民共和国港澳居民居住证、中华人民共和国台湾居民居住证，港澳居民来往内地通行证、往来港澳通行证，大陆居民往来台湾通行证、台湾居民来往大陆通行证；外国人永久居留身份证，外国人护照，外国人出入境证。

外国人因证件到期、遗失、损毁等原因正在办理证件补换发的，可以使用公安机关出具的外国人签证证件受理回执、护照报失证明，或者各国驻华使领馆签发的临时性国际旅行证件，该临时性国际旅行证件应当附具公安机关签发的有效签证或者停留证件。

2. 互联网、电话可以使用的有效身份证件

通过互联网、电话可以使用的有效身份证件包括：中华人民共和国居民身份证（含中华人民共和国临时居民身份证），中华人民共和国护照；中华人民共和国港澳居民居住证，中华人民共和国台湾居民居住证，港澳居民来往内地通行证，台湾居民来往大陆通行证；外国人永久居留身份证，外国人护照。

3. 自动售票机可以使用的有效身份证件

通过自动售票机可以使用的有效身份证件包括：中华人民共和国居民身份证，中华人民共和国港澳居民居住证，中华人民共和国台湾居民居住证，外国人永久居留身份证。

铁路运输企业应当为购票旅客出具实名制车票，车票应当载明旅客身份识别信息。旅客持有纸质车票的，应当妥善保管，保持票面整洁，便于接受实名查验。旅客遗失实名制车票的，铁路运输企业经核实旅客身份信息及购票信息后，应当免费为旅客挂失补办车票。铁路运输企业应当为无法出示有效身份证件的旅客提供咨询服务，为公安机关办理临时乘车身份证明提供场所及必要办公条件。鼓励铁路运输企业配合有关部门通过互联网、自助办证设备等方式为旅客办理临时乘车身份证明提供便利。

四、车票实名查验

（1）旅客应当配合铁路运输企业实施车票实名查验，在检票、验票、乘车时出示车票和本人购票时使用的有效身份证件。

（2）铁路运输企业应当对车票记载的身份信息、乘车人及其购票时使用的有效身份证件进行核对，对拒不提供本人购票时使用的有效身份证件或者经车票实名查验相关信息不一致的，应当拒绝其进站乘车。

（3）铁路运输企业应当根据旅客发送量确定车站实名查验通道的开放数量。车站应当设有人工实名查验通道，为老年人、证件无法自动识读、需要使用无障碍通道和其他需要帮助的旅客提供必要的服务。

（4）鼓励铁路运输企业采用先进设备和技术，积极开展有效身份证件线上核验，推广使用自助实名查验设备，为旅客提供无接触式查验服务，提高通行效率。

（5）铁路运输企业应当采取有效措施，确保经车票实名查验的旅客与未经车票实名查验的旅客分区隔离。旅客临时离开经车票实名查验的活动区域，返回时应当重新接受实名查验。

（6）对已经在车站查验车票、身份信息的旅客，铁路运输企业可以在旅客列车上进行必要的实名查验。旅客在乘降所登乘实施实名制管理的旅客列车时，铁路运输企业应当在

旅客列车上进行车票实名制管理。旅客应当接受铁路运输企业在旅客列车上进行的车票实名制管理。

（7）铁路运输企业及其工作人员对实施车票实名制管理所获得的旅客身份、购票、乘车等个人信息应当严格保密，不得非法收集、使用、加工、传输、买卖、提供或者公开。

（8）铁路运输企业应当依照法律、行政法规规定，建立健全信息安全保障制度，采取必要防护措施，防止旅客个人信息泄露、篡改、丢失。发生或者可能发生旅客个人信息泄露、篡改、丢失等情况时，铁路运输企业应当立即采取补救措施。

五、监督管理

（1）铁路监管部门应当认真妥善处理有关车票实名制管理的投诉举报，对铁路运输企业落实车票实名制管理制度情况加强监督检查，并依法处理监督检查过程中发现的违法违规行为。

（2）铁路运输企业应当积极配合铁路监管部门依法依规履行监督检查职责，不得拒绝、阻挠。

六、法律责任

（1）在实行车票实名制管理过程中，发生殴打、辱骂车票实名制管理人员，冲闯、堵塞实名查验通道、相关场地，破坏、损毁、占用相关设施设备、系统等扰乱车票实名制管理工作秩序、妨碍车票实名制管理人员正常工作行为的，铁路运输企业应当予以制止；发生涉嫌违反治安管理行为或者犯罪行为的，及时报告公安机关。

（2）铁路运输企业未建立健全信息安全保障制度，采取必要防护措施，造成旅客个人信息泄露、篡改、丢失以及铁路运输企业工作人员非法处理旅客个人信息的，由铁路监管部门责令改正，交由有关部门处理。

（3）铁路运输企业未对旅客身份进行查验，或者对身份不明、拒绝身份查验的旅客提供进站乘车服务的，由铁路监管部门依照《中华人民共和国反恐怖主义法》第八十六条规定处理。

（4）铁路监管部门对车票实名制管理依法开展监督管理等安全防范工作。铁路运输企业及其工作人员拒不配合的，由铁路监管部门依照《中华人民共和国反恐怖主义法》第九十一条规定处理。

（5）铁路运输企业未提供车票实名制管理必要的场地、作业条件，以及车票查验和身份证件识读等设备的，由铁路监管部门责令改正；逾期未改正的，处 1 万元以下罚款。

（6）铁路运输企业及其工作人员违反本办法其他有关车票实名制管理规定的，铁路监管部门应当责令改正。

（7）铁路监管部门的工作人员对实名制管理情况实施监督检查、处理投诉举报时，应当恪尽职守，廉洁自律，秉公执法。对失职、渎职、滥用职权、玩忽职守的，依法给予处分；构成犯罪的，依法追究刑事责任。

【任务拓展】

《中华人民共和国反恐怖主义法》有关条款

第八十六条 电信、互联网、金融业务经营者、服务提供者未按规定对客户身份进行查验，或者对身份不明、拒绝身份查验的客户提供服务的，主管部门应当责令改正；拒不改正的，处二十万元以上五十万元以下罚款，并对其直接负责的主管人员和其他直接责任人员处十万元以下罚款；情节严重的，处五十万元以上罚款，并对其直接负责的主管人员和其他直接责任人员，处十万元以上五十万元以下罚款。

住宿、长途客运、机动车租赁等业务经营者、服务提供者有前款规定情形的，由主管部门处十万元以上五十万元以下罚款，并对其直接负责的主管人员和其他直接责任人员处十万元以下罚款。

第九十一条 拒不配合有关部门开展反恐怖主义安全防范、情报信息、调查、应对处置工作的，由主管部门处二千元以下罚款；造成严重后果的，处五日以上十五日以下拘留，可以并处一万元以下罚款。

单位有前款规定行为的，由主管部门处五万元以下罚款；造成严重后果的，处十万元以下罚款；并对其直接负责的主管人员和其他直接责任人员依照前款规定处罚。

任务三 《中国国家铁路集团有限公司铁路旅客运输规程》

【能力目标】

能按照《中国国家铁路集团有限公司铁路旅客运输规程》的要求组织高速铁路旅客运输。

【知识目标】

掌握《中国国家铁路集团有限公司铁路旅客运输规程》的基本内容。

【相关知识】

为维护铁路旅客运输正常秩序，保护铁路旅客运输合同各方当事人的合法权益，依据《中华人民共和国民法典》《中华人民共和国铁路法》《铁路安全管理条例》等法律、行政法规和《铁路旅客运输规程》《铁路旅客车票实名制管理办法》等有关规定，制定《中国国家铁路集团有限公司铁路旅客运输规程》。《中国国家铁路集团有限公司铁路旅客运输规程》适用于中国国家铁路集团有限公司（以下简称国铁集团）所属铁路运输企业和控股合资铁路公司在境内的铁路旅客运输。

一、《中国国家铁路集团有限公司铁路旅客运输规程》相关术语定义

（1）旅客：持有铁路有效乘车凭证的人。

（2）儿童：符合购买铁路儿童优惠票条件和免费乘车条件的未成年人。

（3）车票实名制管理：车票实名购买和实名查验统称为车票实名制管理。车票实名购买，是指购票人凭乘车人的有效身份证件购买车票，铁路运输企业凭乘车人的有效身份证件销售车票，并记录旅客身份信息和购票信息的行为；车票实名查验，是指铁路运输企业对实行车票实名购买的车票记载的身份信息与乘车人及其有效身份证件进行一致性核对，并记录旅客乘车信息的行为。

（4）联程车票：旅客分段购买的，出发地至目的地间可联程接续的多段车票；前段车票到站与后段车票发站应为同一或同城铁路客运营业站（以下简称车站）。

（5）铁路车票销售代理人：与铁路运输企业签有代售合同，办理铁路车票销售经营业务的独立法人组织。

（6）席位：车票载明的车厢，以及座位或铺位位置。

（7）席别：旅客列车席位的类别，包括硬座、软座、二等座、一等座、特等座、商务座、硬卧、软卧、高级软卧、二等卧、一等卧等。

（8）改签：旅客变更乘车日期、时间、车次、席位、席别和到站时需办理的签证手续。

（9）客运记录：在旅客或行李运输过程中因特殊情况，铁路运输企业与旅客之间需记载某种事项或车站与列车之间办理业务交接的纸质或电子凭证。

（10）时间：以北京时间为准，从零时起计算，实行 24 小时制。

以上、以下、以前、以后、以内、以外均含本数，超过、未满、不足均不含本数。

二、旅客运输

（一）旅客运输合同

（1）铁路旅客运输合同是明确铁路运输企业与旅客之间权利义务关系的协议。

（2）铁路旅客运输合同从售出车票时起成立，至按车票规定运输结束旅客出站时止，为合同履行完毕。旅客运输的运送期间自检票起至到站出站时止计算。旅客自行中途下车，出站时铁路旅客运输合同履行终止。

（二）车票

车票是铁路旅客运输合同的凭证，可以采用电子数据形式或者纸质形式。本规程车票是以电子数据形式体现的铁路旅客运输合同的凭证，并实施车票实名制管理。

车票（特殊票种除外）主要信息应包含：

（1）发站和到站站名。

（2）车厢号、席位号、席别。

（3）票价。

(4)车次。

(5)乘车日期和开车时间。

(6)有效期。

(7)旅客身份证件信息。

车票票价为旅客购票时的适用票价。铁路运输企业调整票价时,已售出的车票不再补收或退还票价差额。

除有效期有其他规定的车票外,车票当日当次有效。旅客自行中途上车、下车的,未乘区间的票款不予退还。

(三)售票与购票

1. 车票的购买方式

车票应通过铁路运输企业提供的车站售票窗口、自动售票机、中国铁路12306网站(含铁路12306移动端,以下简称12306网站)、订票电话或铁路车票销售代理人的售票处购买。旅客应按约定支付运输费用,购票后应核对票、款,妥善保管车票信息及购票时所使用的有效身份证件。

铁路运输企业开办定期票、计次票、乘车卡等多种业务时,具体售票、改签、退票、检票和行李托运等业务规则由开办业务的铁路运输企业另行规定。

2. 购票可以使用的有效身份证件

(1)车站售票窗口、铁路车票销售代理人的售票处购票或列车上购票、补票。

通过车站售票窗口、铁路车票销售代理人的售票处购票或列车上购票、补票时,可以使用的有效身份证件包括:中华人民共和国居民身份证(含中华人民共和国临时居民身份证),居民户口簿,中华人民共和国护照,中华人民共和国出入境通行证,中华人民共和国旅行证,新生儿出生医学证明,军官证、警官证、文职干部证、义务兵证、士官证、文职人员证、海员证,以及公安机关出具的临时乘车身份证明;中华人民共和国港澳居民居住证,中华人民共和国台湾居民居住证,港澳居民来往内地通行证,往来港澳通行证,大陆居民往来台湾通行证,台湾居民来往大陆通行证;外国人永久居留身份证,外国人护照,外国人出入境证,公安机关出具的外国人签证证件受理回执、护照报失证明,各国驻华使领馆签发的临时性国际旅行证件(应当附具公安机关签发的有效签证或者停留证件)。

(2)通过12306网站、订票电话购票。

通过12306网站、订票电话购票时,可以使用的有效身份证件包括:中华人民共和国居民身份证(含中华人民共和国临时居民身份证),中华人民共和国护照;中华人民共和国港澳居民居住证,中华人民共和国台湾居民居住证,港澳居民来往内地通行证,台湾居民来往大陆通行证;外国人永久居留身份证,外国人护照。

(3)通过自动售票机购票。

通过自动售票机购票时,可以使用的有效身份证件包括:中华人民共和国居民身份证,中华人民共和国港澳居民居住证，中华人民共和国台湾居民居住证，外国人永久居留身份证。

（4）实名制车票售票。

旅客应向铁路运输企业提供真实有效的联系方式。发售实名制车票时，铁路运输企业可以记录、保存并在铁路服务过程中使用旅客信息、联系方式，按国家规定承担相应的保密义务。

（5）行程信息提示和报销凭证。

铁路运输企业发售车票时，根据旅客需要提供载有车票主要信息的"行程信息提示"。通过12306网站购票的，"行程信息提示"可通过网站自行打印或下载。如需报销凭证的，应在开车前或乘车日期之日起180日以内，凭购票时所使用的有效身份证件到车站售票窗口、自动售票机换取。

"行程信息提示"和报销凭证不能作为乘车凭证使用。"行程信息提示"和报销凭证如图3-3-1所示。

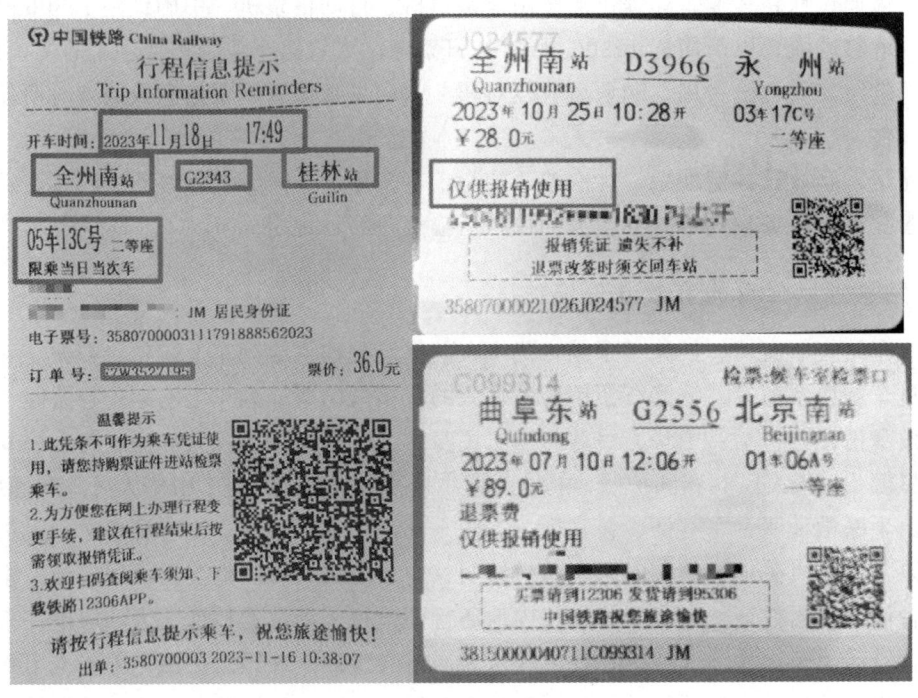

图 3-3-1　"行程信息提示"和报销凭证

（四）售票条件

车票最远发售至本次列车终到站。铁路运输企业另有规定的票种除外。在无人售票的乘降所上车的人员，可在列车内购票。

1. 儿童优惠票售票条件

除需要乘坐旅客列车通勤上学的学生和铁路运输企业同意在旅途中监护的儿童外，未满14周岁的儿童应当随同成年人旅客旅行。

（1）随同成年人乘车的儿童，年满 6 周岁且未满 14 周岁的应当购买儿童优惠票；年满 14 周岁，应当购买全价票。每一名持票成年人旅客可免费携带一名未满 6 周岁且不单独占用席位的儿童乘车，超过一名时，超过人数应当购买儿童优惠票。儿童年龄按乘车日期计算。

（2）旅客携带免费乘车儿童时，应当在购票时向铁路运输企业提前申明，购票申明时使用的免费乘车儿童有效身份证件为其乘车凭证。

（3）免费乘车的儿童单独使用席位时应购买儿童优惠票。

（4）儿童优惠票的乘车日期、车次及席别应与同行成年人所持车票相同，到站不得远于成年人车票的到站。

2. 学生优惠票售票条件

（1）在全日制高等学校（含国务院教育行政部门、省级人民政府审批设置的实施高等学历教育的民办学校），承担研究生教育任务的科学研究机构，军事院校，普通中、小学和中等职业学校（含有实施学历教育资格的公办及民办中等专业学校、职业高中、技工学校），国务院或国务院宗教事务局批准的正式宗教院校就读的学生、研究生，家庭居住地和学校所在地不在同一城市时，凭附有标注减价优惠区间和火车票学生优惠卡的学生证（中、小学生凭加盖学校公章的书面证明），优惠区间应加盖院校公章，每学年（10月1日至次年9月30日）可购买家庭居住地至院校（实习地点）所在地之间四次单程的学生优惠票。新生凭录取通知书、毕业生凭盖有院校公章的学校书面证明当年可购买一次学生优惠票。学生优惠票限于使用普通旅客列车硬座、硬卧和动车组列车二等座。

（2）学生每学年乘车前应到车站指定售票窗口或自动售票机办理一次本人居民身份证件与火车票学生优惠卡的优惠资质核验手续。未办理或未通过优惠资质核验购买学生优惠票乘车时，列车应先办理补收票价差额手续，开具客运记录。旅客到站后可凭车补车票、学生证和购票时所使用的有效身份证件（列车如开具纸质客运记录，还应携带纸质客运记录），30 日以内到车站售票窗口办理资质核验和退票手续。车站核实学生所购学生优惠票符合有关规定后，为其办理资质核验，扣减学生火车票优惠卡次数，退还车补车票票款，不收退票费。

（3）华侨学生和港澳台学生可购买学校所在地车站至口岸城市车站间的学生优惠票。铁路运输企业另有规定的除外。

（4）火车票学生优惠卡内需载明学生姓名、有效身份证件号码、优惠乘车区间、入学日期、优惠乘车次数等信息。应有而没有"火车票学生优惠卡"，"火车票学生优惠卡"所载信息不全、不能识别或者与学生证记载不一致的，不发售学生优惠票。

（5）学生证的减价优惠区间更改时，应重新加盖院校公章，并修改火车票学生优惠卡内相关信息。

（6）学生优惠票按近径路发售。在减价优惠区间内购买联程车票时，扣减一次优惠乘车次数。超过减价优惠区间的，不发售学生优惠票。

（7）优惠乘车次数按学年使用有效，当学年不能使用下一学年的次数，当学年未使用的不能留作下学年使用。

3. 优待票售票条件

持中华人民共和国残疾军人证、中华人民共和国伤残人民警察证、国家综合性消防救援队伍残疾人员证的人员凭证可以购买优待票。

（五）车票查验和安全检查

车站在开车前提前停止检票，并应当在本站营业场所公告提前停止检票时间。旅客可通过乘车站营业场所公告查询。铁路稽查人员凭稽查证件、佩戴稽查标识可以在车内验票。

1. 车票实名制查验

（1）铁路运输企业按照国家有关规定对旅客所持车票和有效身份证件进行车票实名制查验。车站对进、出站的旅客和人员应当检票，列车对乘车旅客应验票。对应当持证购买的优惠票、优待票，铁路运输企业还需核验旅客相应证件。

（2）旅客检票后在车票发站开车前取消旅行，需办理改签、退票手续的，应在开车前主动向车站声明。

（3）旅客应配合铁路运输企业实施的车票实名制查验工作，携带免费乘车儿童还应提供其购票申明时使用的儿童有效身份证件。

2. 旅客及其携带品安全检查

铁路运输企业应当依照法律、行政法规和有关规定，对旅客及其携带品进行安全检查。旅客携带品应当遵守国家禁止或者限制运输的相关规定。

（六）旅客乘车条件

（1）旅客的乘车凭证是购票时使用的有效身份证件；随行免费乘车儿童的乘车凭证是其申明时所使用的儿童有效身份证件。

（2）旅客应当按有效车票载明的日期、时间、车次、车厢号、席位号和席别乘车。

（3）持低票价席别车票的旅客不能在高票价席别的车厢（区域）滞留。

（4）视力残疾旅客可以携带取得导盲犬工作证（载有导盲犬使用者信息，盖有公安部门或残疾人联合会公章，或带有国际导盲犬联盟标识"IGDF"），用于辅助视力残疾人工作、生活的导盲犬进站乘车。旅客进站、乘车时，需主动出示残疾人证、导盲犬工作证、动物健康免疫证明等证件，携带的导盲犬接受安全检查。

（七）变更处理

1. 改签

在铁路运输企业有运输能力的前提下，旅客可办理一次改签。必要时，铁路运输企业可以临时调整改签办法。

（1）改签时间。

开车前 48 小时以上，可免费改签预售期内的列车；开车前不足 48 小时，可免费改签车票载明的乘车日期以前的列车；开车前不足 48 小时，可改签车票载明的乘车日期之后预售期内列车，核收改签费；开车后，在当日 24 时之前，可免费改签当日其他列车；开车后，在当日 24 时之前，可改签车票载明的乘车日期之后预售期内列车，核收改签费；办理变更到站的改签时，应在开车前 48 小时以上，原车票已托运行李的，还应办理行李变更或取消业务。

（2）车站售票窗口、12306 网站和自动售票机办理改签。

旅客可在车站售票窗口、12306 网站和具备改签功能的自动售票机办理改签。凭各种有效身份证件购买的车票均可在车站售票窗口办理改签，但已打印报销凭证的和使用现金支付方式购买的车票，仅可在车站售票窗口办理改签；凭 12306 网站购票证件且使用电子支付方式购买的车票，可通过 12306 网站办理改签；在具备改签功能的自动售票机办理改签时，应按系统提示办理。

在车站售票窗口办理改签时，乘车人须出具购票时使用有效身份证件；他人代办时应出具代办人有效身份证件及乘车人购票时使用的有效身份证件。

旅客办理已打印报销凭证的车票改签时，须交回报销凭证。报销凭证无法交回或不可识别、不完整时，铁路运输企业不予办理改签。

旅客办理改签时，改签后的车票票价高于原票价时，核收票价差额；改签后的车票票价低于原票价时，退还票价差额，核收票价差额的退票费。

（3）铁路责任改签。

因铁路运输企业责任使旅客不能按车票载明的日期、时间、车次、车厢号、席位号、席别乘车时，站、车应妥善安排。重新安排的席位票价高于原票价时，超过部分不予补收；低于原票价时，应当退还票价差额，不收退票费。

2. 列车办理变更

旅客在列车上办理席位变更时，变更后的票价高于原票价时，核收票价差额；变更后的票价低于原票价时，票价差额部分不予退还。

旅客要求越过车票到站继续乘车时，须在原车票到站前提出，在有运输能力的情况下列车可予以办理，核收越站区间的票款。

（八）误售、误购、误乘的处理

1. 误售、误购的处理

在车站售票窗口发生旅客车票误售、误购时，旅客当场提出的，车站换发新票，需退还票价差额时，不收退票费。

铁路运输企业责任导致的误售应为旅客免费办理退票或换发新票。

2. 误乘、误降的处理

发生误乘、误降时,旅客应向站车工作人员提出。列车长应编制客运记录交前方停车站。车站对本站发现或列车移交的误乘、误降旅客,应指定最近列车免费送回至车票到站或原票乘车站。如误乘旅客提出乘坐本趟列车直接去原票到站时,所乘列车票价高于原票价时,核收票价差额;所乘列车票价低于原票价时,票价差额部分不予退还。

3. 免费送回处理

在免费送回区间,旅客不得中途下车。如中途下车,对往返乘车的免费区间,按返程所乘列车等级分别核收往返区间的票款。免费送回区间,旅客应按照铁路运输企业指定的席别乘坐,旅客如提出乘坐高票价席别时,应重新支付高票价席别票款。

（九）丢失乘车凭证的处理

旅客购买车票后,丢失购票身份证件的,按以下方式处理:

（1）旅客在乘车前丢失证件的,应到该有效身份证件的发证机构办理临时身份证明,凭临时身份证明进出站乘车。

（2）旅客在列车上、出站前丢失证件的,须先办理补票手续,凭后补车票检票出站。在列车上办理时,列车核验席位使用正常的,开具客运记录;在车站办理时,车站核验车票无出站检票记录的,开具客运记录。旅客应在乘车日期之日起 30 日以内,凭该有效身份证件发证机构办理的临时身份证明和后补车票（如开具纸质客运记录,还应携带纸质客运记录）,到列车的经停站退票窗口办理后补车票与原票乘车区间一致部分的退票手续。办理退票手续时,如核查丢失证件所购原票有出站记录的,后补车票不予退票;无出站记录的,办理退票时,不收退票费。

（十）不符合乘车条件的处理

1. 按规定补票,并加收已乘区间应补票价 50% 的票款

有下列行为时,铁路运输企业按规定补票,并加收已乘区间应补票价 50% 的票款:

（1）无票乘车且未主动补票时,补收自乘车站（不能判明时自始发站）起至到站止的车票票款。持失效车票乘车或在车票到站后不下车继续乘车的,按无票处理。

（2）持用变造、伪造或涂改的乘车凭证乘车时,除按无票处理外并送交公安部门处理。

（3）票、证、人不一致的,按无票处理。

（4）持用低票价席别车票乘坐高票价席别时,补收所乘区间的票价差额。

（5）旅客持优惠票、优待票,没有规定的减价凭证或不符合减价条件时,按照全价票价补收票价差额。

2. 补收票款

有下列情况时应当补收票款:

（1）应购买儿童优惠票而未买票的儿童，补收儿童优惠票票款。

（2）应购买全价票而购买儿童优惠票乘车的未成年人，应补收儿童优惠票票价与全价票价的差额。

（3）主动补票或者经站、车同意上车补票的。

（十一）拒绝运输和运输合同的终止

对无票乘车而又拒绝补票的人，列车长可责令其下车并应编制客运记录交前方三等以上车站或县、市所在地车站处理（其到站近于上述车站时应交到站处理）。车站对列车移交或本站发现的上述人员应追补应收和加收的票款。

对下列旅客，站、车均可拒绝其进站、上车或责令其下车；对责令其下车的，其未使用至到站的票款不予退还，运输合同即行终止。

（1）有按规定需要补票，并加收已乘区间应补票价50%的票款情况之一，拒不支付应补票款和加收票款的。

（2）不接受安全检查的，坚持携带或者夹带禁止、限制物品的。

（3）不接受车票实名制查验的。

（4）在站、车内寻衅滋事、扰乱公共秩序，患有烈性传染病、严重精神障碍和醉酒等有可能危及列车安全或者其他旅客以及铁路站车工作人员人身安全的。

（5）国家规定的其他情况。

（十二）退票

旅客要求退票时，须在车票载明的日期、车次开车时间前办理。已办理行李托运的车票退票时，应先办理取消行李托运业务。退票核收退票费，应退票款按购票时的支付方式退还。

旅客在12306网站、自动售票机退票后，可在办理之日起180日以内到车站售票窗口凭购票时使用的有效身份证件领取退票费报销凭证。

1. 不办理退票情况

下列情况不办理退票：

（1）车票发站开车后。

（2）开车后改签的车票。

（3）加收的票款。

（4）车补车票（因未通过或未办理学生资质核验和丢失购票时使用的有效身份证件，而办理的补票除外）。

2. 办理退票处所

（1）旅客可在车站售票窗口、12306网站和具备退票功能的自动售票机办理退票。

（2）凭各种有效身份证件购买的车票均可在车站售票窗口办理退票；凭12306网站购票

证件购买的车票可在 12306 网站办理退票；在具备退票功能的自动售票机办理退票时，应按系统提示办理。

（3）旅客使用 12306 网站购票证件，通过现金方式购买或已打印报销凭证的车票，可通过 12306 网站先行办理退票，自网上办理退票成功之日起 180 日以内，凭乘车人有效身份证件到车站指定窗口办理退款手续。

3. 车站售票窗口办理退票

（1）在车站售票窗口办理退票时，乘车人本人办理的，需出具购票时所使用的有效身份证件。

（2）代乘车人办理的，需出具代办人的有效身份证件和乘车人购票时所使用的有效身份证件。

旅客办理已打印报销凭证的车票退票或退款手续时，须交回报销凭证。报销凭证无法交回或不可识别、不完整时，铁路运输企业不办理退票或退款。

4. 旅客旅行途中因伤、病不能继续旅行办理退票

旅客旅行途中因伤、病不能继续旅行时，经站、车核实，可在下车后 30 日以内到下车站办理退票，退还已收票价与已乘区间票价差额，核收退票费；同行人同样办理。

5. 铁路运输企业责任或自然灾害等其他不能正常运输导致旅客退票

因铁路运输企业责任或自然灾害等其他不能正常运输情形导致旅客退票时按下列规定办理，不收退票费：

（1）在车票发站，退还全部票款。

（2）在中途站，退还未乘区间票款。

（3）在到站，退还车票未使用部分票款。

（4）列车因空调设备故障在运行过程中不能修复时，应退还未使用区间的空调费用。

6. 因列车晚点和列车停运导致旅客退票

（1）因列车晚点导致旅客退票时，应在车票发站列车实际开车前办理，退还全部票款，不收退票费。旅客已购联程车票，可一并办理退票，不收退票费。旅客分别办理联程车票退票的，按本规程相关规定处理。

（2）因列车停运导致旅客退票时，旅客可自列车停运信息公布时起至车票乘车日期后 30 日以内办理退票手续，不收退票费。停运列车停运信息公布前购买的联程车票，可在联程车票开车前一并办理退票，不收退票费。旅客分别办理联程车票退票的，按本规程相关规定处理。

必要时，铁路运输企业可以临时调整退票办法。

（十三）携带品

旅客携带品由自己负责看管。旅客需妥善放置携带品，不得影响公共空间使用和安全。

1. 免费携带品的重量和规格

（1）每人免费携带品的重量和规格是：儿童 10 千克，外交人员 35 千克，其他旅客 20 千克。每件物品外部尺寸长、宽、高之和不超过 160 厘米，杆状物品不超过 200 厘米；但乘坐动车组列车均不超过 130 厘米。每件重量不超过 20 千克。平衡车、滑行器等轮式代步工具须使用硬质包装物妥善包装。

（2）依靠辅助器具才能行动的老、幼、病、残、孕等特殊重点旅客旅行时代步的折叠式轮椅，以及随行婴儿使用的折叠婴儿车，可免费携带并不计入上述范围。

（3）旅客携带品应当遵守国家禁止或者限制运输的相关规定。

（4）为保障车站、旅客列车等公共场所内外整洁、空气清新，妨碍公共卫生的物品，能够损坏或污染车辆的物品，以及活动物（导盲犬和作为食品且经封闭箱体包装的鱼、虾、蟹、贝、软体类水产动物除外）不得随身携带乘车。

2. 旅客违规携带的物品处理

旅客违规携带的物品按下列规定处理：

（1）在乘车站禁止进站上车。

（2）在车内或下车站，对超过免费重量的物品，其超重部分应自上车站至下车站补收行李运费。对不可分拆的整件超重、超大物品、活动物，按该件全部重量补收上车站至下车站行李运费。

（3）发现危险品或禁止、限制运输的物品，妨碍公共卫生的物品，损坏或污染车辆的物品，按该件全部重量加倍补收上车站至下车站行李运费。危险品交前方停车站处理；涉嫌违法犯罪的送交公安部门处理。对有必要就地销毁的危险品应按有关规定处理。

（4）如旅客超重、超大的物品价值低于运费时，可按物品价值的 50% 核收运费。

（5）补收运费时，不得超过本次列车的始发站和终到站。不能判明上车站时，自始发站起计算。

（十四）旅客遗失物品的处理

1. 列车发现旅客遗失物品的处理

发现旅客遗失物品应积极寻找失主。如旅客已经下车，应编制客运记录，注明品名、件数等移交下车站。不能判明时，移交列车前方站或终到站。

2. 车站处理旅客遗失物品

车站应设失物招领处，对本站发现或列车移交的旅客遗失物品，要及时登记、妥善保管，并在 12306 网站或车站进行公告。失主来领取时，应查验有效身份证件，核对时间、地点、车次、品名、件数、重量，确认无误后，由失主签收。

铁路运输企业可依据相关法律、行政法规和有关规定对保管的遗失物品核收保管费。

鲜活易腐物品和食品不负责保管。

无人认领的遗失物品按国家有关规定处理。

三、行李运输

(一)行李运输合同

铁路行李运输合同是指铁路运输企业与旅客之间明确行李运输权利义务关系的协议。

行李运输合同的凭证是行李票。行李票可采用纸质票、电子票等形式。

行李票主要信息应包含：

(1)承运日期、发站、到站和经由。

(2)乘坐车次、人数、车票号。

(3)旅客姓名、电话、地址。

(4)包装种类、件数、重量。

(5)声明价格。

(6)运费。

(7)运到期限、承运站站名戳及经办人员名章。

(8)铁路运输企业名称。

行李运输合同自铁路运输企业接收行李并填发行李票时起成立，到行李运至到站交付给旅客止履行完毕。

(二)行李的范围

行李是旅客凭车票托运的一定限度的旅行必需品。

行李中不得夹带的物品：

(1)货币：含各币种的纸币和金属辅币。

(2)有价票证：银行卡、储值卡等。

(3)文物。

(4)金银珠宝。

(5)档案材料：指人事、技术档案，组织关系，户口簿或户籍关系，各种证件、证书、合同、契约等。

(6)易碎品、流质物品和骨灰。

(7)妨碍公共卫生和安全的物品。

(8)危险品，铁路运输企业不能判明理化性质的物品按危险品处理。

(9)国家禁止、限制运输物品。

行李每件的最大重量为50千克，外部尺寸长、宽、高之和最大不超过200厘米，最小不小于60厘米。行李一般随旅客所乘列车运送或提前运送。行动不便旅客在旅行中使用的轮椅可按行李托运。

(三)行李的托运与承运

(1)旅客凭有效车票和有效身份证件可在乘车区间行李办理站间托运一次行李，办理时需出示车票报销凭证。每张车票允许托运行李的重量为 50 千克（行李中有轮椅为 75 千克），超出部分按 2 倍的行李运费计费。

（2）行李托运实行实名制，办理行李托运时，铁路运输企业应核验旅客车票和有效身份证件的一致性，他人代办时还应出示代办人的有效身份证件。铁路运输企业应当依照法律、行政法规和有关规定，对旅客托运的行李进行安全检查。对不配合安全检查的，铁路运输企业有权拒绝承运。

（3）旅客应按约定缴纳运输费用，完整、准确填写托运单。

（四）保价运输

（1）行李分为保价运输和不保价运输，旅客可自主选择。

（2）按保价运输时，可分件声明价格，也可按一批全部件数声明价格。按一批办理时，不得只保其中一部分。

（3）按保价运输的行李核收保价费。保价的行李发生运输变更时，保价费不补不退。旅客在承运后发送前取消托运或因铁路运输企业责任造成的取消托运时，保价费全部退还。行李发生损失并办理赔偿的，保价费不退。

（4）铁路运输企业对按保价运输的行李可以检查其声明价格与实际价格是否相符；如拒绝检查，铁路运输企业可以拒绝按保价运输承运。

（五）包装

行李的包装应当完整牢固，适合运输。其包装的材料和方法应符合国家或铁路运输企业规定的包装要求。包装不符合要求时，旅客应按照相关规定改善包装。旅客拒绝改善包装的，铁路运输企业可以拒绝承运。

（六）运到期限

（1）行李的运到期限以运价里程计算。从承运日起，行李 600 千米以内为 3 日，超过 600 千米时，每增加 600 千米增加 1 日，不足 600 千米也按 1 日计算。由于不可抗力等非铁路运输企业责任发生的停留时间加算在运到期限内。

（2）行李超过规定的运到期限运到时，铁路运输企业应按逾期日数及所收运费的百分比向旅客支付违约金。行李变更运输时，逾期运到违约金不予支付。旅客要求支付违约金时，凭行李票在行李到达日起 10 日以内提出。

（3）旅客要求将逾期运到的行李运至新到站时，可分别按下述办理：

① 行李逾期到达或逾期尚未到达，旅客需继续旅行，凭新购车票及原行李票号要求转运至新到站时，铁路运输企业开具新行李票，免费转运。

② 行李未到，当时又未超过运到期限，旅客需继续旅行并凭行李票票号及新购车票办理转运新到站的手续，交付运费之后，发现行李逾期到达原到站，由新到站凭原到站开具的客运记录退还已收转运区间运费，保价费不退。

③ 逾期行李办理免费转运的，不再支付违约金。

④ 行李超过运到期限 30 日仍未到达时，旅客可以认为行李已灭失而向铁路运输企业提出赔偿。

（七）到达保管、通知和查询

（1）行李运到后从通知之日起，铁路运输企业免费保管 3 日，逾期到达的行李免费保管 10 日。因铁路运输企业责任和不可抗力等原因导致旅客行李延迟到达时，按延迟日数增加免费保管日数。超过免费保管期限时，按日核收保管费。

（2）行李到达后，铁路运输企业应当及时通知旅客，最晚不得超过到达次日 12 点。旅客询问逾期行李是否到达时，铁路运输企业应及时予以查找。

（八）装卸、交付

（1）将行李从行包房的收货地点至装上行李车，或从行李车卸下至规定的交付地点，各为一次作业。由发站收取装卸费。

（2）旅客凭本人购票时使用的有效身份证件领取行李。他人代领时凭旅客购票时使用的有效身份证件和代领人有效身份证件领取。

（3）旅客领取行李时，如发现有短少或异状应在领取时及时提出。铁路运输企业应当认真检查、检斤复磅，必要时可会同公安人员开包检查。检查发现有损失时，应编制行包记录交旅客作为要求赔偿的依据。

（九）变更运输

旅客在办理行李托运手续后，可按如下规定办理一次行李变更手续；办理行李变更的到站、中止站必须是行李办理站。

（1）在发站装运前取消托运时，退还全部运费，核收保管费。

（2）在发站装运后取消托运时，行李由到站运回发站，已收运费不退，补收到站至发站间行李运费。

（3）旅客办理车票变更到站后，在装运前办理行李到站变更时，补收或退还已收运费与发站至新到站行李运费的差额。

（4）旅客办理车票变更到站后，在装运后办理行李到站变更时，已收运费不退，另补收原到站至新到站的行李运费。

（5）旅客中止旅行后，要求将行李运回旅行中止站时，补收原到站至中止站间的行李运费。

办理变更运输后产生的杂费按实际产生的核收。如应退运费低于已产生的杂费时，则不补收杂费也不退还运费。但因误售误购车票时，如果旅客还托运了行李，补收或退还已收运费与发站至正当到站间的行李运费差额。

旅客办理变更到站或退票后，未同时办理行李变更手续时，由到站另行收取两倍行李运费。

（十）品名不符的处理

将国家禁止、限制运输的物品或危险品夹带运输时，在发站取消托运，在中途站停止运送（在列车上发现危险品交前方停车站），均通知有关部门和旅客处理，已收运费不退，按该件全部重量另行加倍补收行李运费，核收保管费。

（十一）无法交付行李的处理

（1）对无法交付的行李，铁路运输企业应登记造册，妥善保管。国家法律、行政法规规定不能买卖的物品应及时交有关部门处理。

（2）行李从运到日起，90 日以内仍无人领取时，铁路运输企业应进行公布。公布 90 日以后仍无人领取时，铁路运输企业可以变卖。

四、特殊情况的处理

（一）列车运行中断对旅客的安排

（1）运行中断，列车不能继续运行时，应妥善安排被阻旅客，及时告知相关出行信息。

（2）运行中断，旅客可以按照铁路运输企业的安排返回发站、中途站退票或绕道旅行，退票按照本规程相关规定办理。

（3）铁路运输企业组织原列车绕道运输时，旅客原票不补不退，但中途下车铁路旅客运输合同即履行终止。

（4）由于运行中断影响旅行，旅客要求出具证明时，车站应开具文字证明。

（二）运行中断对行李的安排

（1）对发站已承运的行李应妥善保管，铁路运输企业组织绕道运输时，运费不补不退。

（2）旅客在中途站（行李办理站）要求领取时，应退还未运送部分的运费。不足起码运费按起码运费退还。对要求运回发站取消托运的，退还全部运费。

（3）旅客在发站或中途站办理退票，而托运的行李已运至到站，要求将行李运回发站或中途站，运费不补不退。如要求将行李仍运至到站时，需另行支付全程或终止旅行站至到站两倍行李运费。

（三）赔偿责任和免责范围

1. 铁路运送期间旅客发生急病、分娩、遇险时

（1）在铁路运送期间旅客发生急病、分娩、遇险时，铁路运输企业应当尽力采取救助措施并做好记录。

（2）铁路运输企业应当对铁路运送期间发生的旅客人身损害承担赔偿责任；旅客自身健

康原因造成的或者铁路运输企业证明伤亡是旅客故意、重大过失造成的，铁路运输企业不承担赔偿责任。

（3）在铁路运送期间因第三人原因造成旅客人身损害的，由第三人承担赔偿责任。铁路运输企业有过错的，应当在能够防止或者制止损害的范围内承担相应的补充赔偿责任。铁路运输企业承担补充赔偿责任后，有权向第三人追偿。

2．铁路运送期间发生旅客携带品毁损、灭失时

在铁路运送期间发生旅客携带品毁损、灭失时，铁路运输企业过错造成的，应当承担赔偿责任。

旅客证明其确已携带进站乘车，且能够确定携带品价格的，按下列规定赔偿：

（1）旅客出具发票（或者其他有效证明）证明购买价格时，以扣除物品合理折旧、损耗后的净值予以赔偿。

（2）以处理单位所在地价格评估机构确定的物品价格予以赔偿。

3．行李损失赔偿

铁路运输企业应当对承运的行李自接受承运时起到交付时止发生的灭失、短少、污染或者损坏，承担赔偿责任。

（1）铁路运输企业不承担责任的行李损失。

因下列原因造成的行李损失，铁路运输企业不承担责任：不可抗力；物品本身的自然属性或合理损耗；包装方法或容器不良，从外部观察不能发现时；旅客违反铁路规章或其他自身的过错。

（2）行李损失赔偿标准。

按保价运输办理的行李全部灭失时按实际损失赔偿，但最高不超过声明价格。部分损失时，按损失部分所占的比例赔偿。分件保价的行李按所灭失该件的实际损失赔偿，最高不超过该件的声明价格。

未按保价运输的行李按实际损失赔偿，但最高连同包装重量每千克不超过 15 元。如由于铁路运输企业故意或重大过失造成的，不受上述赔偿限额的限制，按实际损失赔偿。

行李全部或部分灭失时，退还全部运费。

（四）事故赔偿、索赔时效及纠纷处理

（1）发生旅客人身损害事故时，旅客可向事故发生站或处理站要求赔偿。

（2）旅客在车站发现携带品损失时，应当在离开车站前向发生站声明；在列车上发现时，应当在下车前声明，由列车长开具客运记录交到站处理。旅客要求赔偿时，应当按照本规程相关规定，提交携带品内容、价格、携带进站乘车等有关证明。

（3）发生行李损失时，车站应会同有关人员编制行包记录交旅客作为要求赔偿的依据。损失赔偿一般应在到站办理，特殊情况也可由发站办理。

发生行李损失，旅客要求赔偿时，应在规定的期限内提出并应附下列材料：旅客有效身份证件、行李票；行包记录；证明物品内容和价格的凭证。

（4）丢失的旅客行李找到后，铁路运输企业应迅速通知旅客领取，撤销赔偿手续，收回赔款。如旅客不同意领取时，按无法交付物品处理。如发现有欺诈行为不肯退回赔款时，可通过法律等手段追索。

（5）铁路运输企业与旅客因合同纠纷产生索赔或互相间要求办理退补费用的有效期为三年。有效期从下列日期起计算：身体损害和随身携带品损失时，为发生事故的次日；行李全部损失时为运到期限终了的次日，部分损失时为交付的次日；全批未到的为运到期限期满后的第31日；给铁路造成损失时，为发生事故的次日；多收或少收运输费用时，为核收该项费用的次日。责任方自接到赔偿要求书的次日起，一般应于30日以内向赔偿要求人做出答复，应当赔偿的，尽快办理赔偿。多收或少收时应于30日以内退补完毕。

五、附则

（1）本规程是旅客运输合同组成部分，旅客和铁路运输企业应当共同遵照执行。

（2）委托国铁集团及所属运输企业管理所辖线路的非控股铁路运输企业办理境内旅客运输时，以及地方铁路运输企业与国铁集团办理境内旅客过轨运输时，均应按照约定执行本办法。

（3）车站的启用、封闭和营业范围的变更，于实施前通过车站营业场所或12306网站公布。

（4）车站有关营业处所应有营业时间、列车时刻和旅客旅行须知等内容，票价、运价和杂费按规定执行明码标价。相关规定遇有变动，须于实施前公布。

（5）中国铁路客户服务中心为国铁集团设立的全国统一客服中心，受理旅客投诉、建议和咨询等业务，服务网站为12306网站，服务电话为12306，服务邮箱为kyfw@12306.cn。

【任务拓展】

铁路有效乘车凭证种类

铁路有效乘车凭证包括以下5种：

（1）纸质乘车凭证，是指纸质车票。

（2）有效身份证件，是指购买电子客票时使用的有效身份证件。

（3）铁路乘车卡，是指内装磁介质或者集成电路芯片、通过自动检票机（闸机）记录旅客乘车信息的乘车凭证。例如，中铁银通卡、广深铁路牡丹信用卡等。

（4）乘车证，是指铁路运输企业统一印发的乘车凭证，使用人员为铁路职工和符合相关规定可以使用铁路乘车证的人员。

（5）虚拟乘车证，是指经铁路运输企业认可的，通过电子数据形式体现的乘车凭证，如铁路e卡通。旅客通过使用铁路12306手机客户端内的"铁路e卡通"应用，可以直接自助扫码乘车。铁路e卡通不配发实体卡片，全部是在手机上操作完成。

任务四　《广深港高速铁路跨境旅客运输组织规则》

【能力目标】

能按照《广深港高速铁路跨境旅客运输组织规则》的要求做好高速铁路旅客运输工作。

【知识目标】

掌握《广深港高速铁路跨境旅客运输组织规则》的基本内容。

【相关知识】

一、《广深港高速铁路跨境旅客运输组织规则》总则

为确保广深港高速铁路跨境旅客运输正常秩序，保护铁路旅客运输合同各方当事人的合法权益，依据内地及香港有关法律规定，制定《广深港高速铁路跨境旅客运输组织规则》。

（一）《广深港高速铁路跨境旅客运输组织规则》适用范围

（1）《广深港高速铁路跨境旅客运输组织规则》适用于中国国家铁路集团有限公司（以下简称国铁集团）管理的各客运站与香港西九龙站间的高速铁路跨境旅客运输，对于内地参与广深港高速铁路跨境旅客运输的铁路运输企业、香港铁路有限公司（以下简称港铁公司）和跨境旅客均具有约束力。

（2）国铁集团和港铁公司应根据本规则，各自制订旅客须知，并通过有关营业处所、网站等渠道向旅客公告。遇有变动须在实施前公告，旅客也可通过客户服务电话（内地86-所在城市区号-12306，香港852-21200888）咨询。

（3）本规则内所用货币为人民币，另有规定者除外。如使用港币支付，汇率按上个历月21日（如为内地法定假日，按之前最近一个工作日）中国人民银行公布的银行间外汇市场人民币兑港元汇率中间价执行。

（二）下列用语在《广深港高速铁路跨境旅客运输组织规则》内的定义

（1）铁路运输企业：内地参与广深港高速铁路跨境旅客运输的铁路运输企业、港铁公司。

（2）跨境旅客：持发站或到站为香港西九龙站车票的旅客（含同行的免费乘车儿童）。

（3）跨境高速铁路列车：国铁集团管理的各客运站与香港西九龙站之间开行的高速铁路列车。

（4）广深港线路：广州南站至香港西九龙站间的高铁线路。

（5）客运记录：在旅客运输过程中因某些特殊情况，铁路运输企业与旅客之间需记载某种事项或列车与车站之间办理业务交接的文字记录凭证。

（6）12306网站：国铁集团的售票及服务网站，网址为www.12306.cn（含"中国铁路12306"手机客户端）。

（7）车票：铁路旅客运输合同的基本凭证，本规则所称车票是以电子数据形式体现的电子客票。

（8）联程车票：旅客分段购买的，出发地至目的地间可联程接续的多张车票；前段车票到站与后段车票发站应为同一或同城车站。

（9）行程信息提示：载有电子客票信息的提示凭条，购票后可在车站自动售（取）票机、指定售票窗口或12306网站打印，不作为乘车凭证使用。

（10）电子客票报销凭证：旅客购买或改签电子客票后自行换取的具有发票属性的有价票据，不作为乘车凭证使用，仅供报销使用（以下简称报销凭证）。报销凭证仅可换取一次，不能重复领取。

（11）旅客须知：铁路运输企业向旅客公布的注意事项。

（12）实名制：旅客在购买车票、办理改签、退票、补票、换取报销凭证等手续和乘车时，均须提供乘车人有效身份证件，铁路运输企业可将部分信息记入车票中，并进行查验的一项制度。

（13）席位：车票载明的车厢，以及座位或铺位位置。

（14）席别：不同等级的席位。

（15）发站：车票上所记载的出发站。

（16）到站：车票上所记载的到达站。

（17）改签：旅客变更乘车日期、车次、席别时需办理的手续。

（18）现金支付：指购票或改签时使用人民币现金、港币现金、八达通等方式支付票款。在港铁公司代售点购票或改签时，无论使用何种支付方式，均视为现金支付。

（19）八达通：由香港的八达通卡有限公司运营的电子付款系统。

（20）儿童票：供年满6周岁且未满14周岁的儿童购买的减价（特惠）车票，年满14周岁的未成年人应购买成年人车票。儿童年龄按乘车日期计算。

（21）学生票：供符合相关资格的在内地上学的香港学生购买的减价（特惠）车票。

（22）火车票学生优惠卡：由中华人民共和国教育部及国铁集团监制，供符合相关资格的学生购买学生票使用的优惠卡，须贴在有效的学生证上。卡内需载明学生姓名、有效身份证号码、优惠乘车区间、入学日期、优惠乘车次数等信息。

（23）残疾军人票：供持有中华人民共和国有关部门颁发的中华人民共和国残疾军人证、中华人民共和国伤残人民警察证、国家综合性消防救援队伍残疾人员证人员购买的减价（特惠）车票。

（24）成年人：年满18周岁的人士。

（25）香港铁路附例：港铁公司根据《香港铁路条例》第34条订立的附例。

二、旅客运输

(一)车票的发售

跨境旅客的车票最远只发售到本次列车的终到站。旅客购票时,应向铁路运输企业提供真实有效的联系方式,并须即时核对车票信息和票款。铁路运输企业可推行多种优惠票,优惠票的使用及票务规则另行公布。

1. 车票形式

对跨境旅客发售的车票为电子客票。

2. 售票方式

车票可通过 12306 网站、车站售票窗口、代售点、自动售(取)票机等方式购买。

3. 车票预售期

车票预售期为 15 天(含当天)。调整预售期时,铁路运输企业提前公告。通过 12306 网站购票应不晚于开车前 30 分钟,惟发站为香港西九龙站的车票则应不晚于开车前 45 分钟。其他售票方式的截售时间按相关售票方式安排。

4. 换取报销凭证

旅客购票后,可于开车前或乘车日期之日起 180 日内,凭购票时所使用的有效身份证件原件到车站指定售票窗口、自动售(取)票机换取报销凭证。旅客在香港西九龙站或港铁公司代售点购票的,仅限在香港西九龙站换取报销凭证。

(二)儿童票售票条件

(1)每一名持票成年人旅客可免费携带一名未满 6 周岁且不单独占用席位的儿童乘车,超过一名时,超过人数应购买儿童票。免费乘车的儿童单独使用席位时,应购买儿童票。

(2)成年人旅客携带免费乘车儿童乘车,应当在购票时向铁路运输企业提前申明,购票申明时使用的免费乘车儿童有效身份证件为其乘车凭证。

(3)免费乘车儿童及符合儿童票使用条件的儿童应随同成年人乘车。

(4)儿童票的乘车日期、车次及席别应与同行成年人所持车票相同,其到站不得远于成年人车票的到站。

(5)儿童票按照相应座席公布票价的 50% 计算。

(三)学生票售票条件

(1)在内地大专院校就读的学生、研究生,凭附有加盖院校公章的减价优待证的学生证和火车票学生优惠卡(新生凭录取通知书,毕业生凭学校书面证明可购买一次学生票),可购买家庭至学校所在地（实习地点）的跨境学生票。

（2）每学年（10月1日至次年9月30日）仅限购买四次单程学生票，当学年未使用的次数不能留作下学年使用。

（3）学生票应以近径路或换乘次数少的列车发售。在学生证优惠乘车区间内购买联程车票时，扣减一次乘车次数。

（4）符合减价优待条件的学生无票乘车时，除按不符合乘车条件的处理外，同时应在学生证附页的"减价优待证"上登记盖章，作为登记一次乘车次数。

（5）学生票只发售二等座车票，按照二等座公布票价的75%计算。

（6）应有而没有"火车票学生优惠卡"，"火车票学生优惠卡"所载信息不全、不能识别或者与学生证记载不一致的，超过减价优惠乘车区间的，不发售学生优惠票。

（7）学生证的减价优惠区间更改时，应重新加盖院校公章，并修改火车票学生优惠卡内相关信息。

（四）残疾军人票

残疾军人票按照相应席别公布票价的50%计算。

（五）旅客乘车条件

（1）旅客的乘车凭证是购票时使用的有效身份证件，随行免费乘车儿童乘车凭证是其购票申明时所使用的儿童有效身份证件；车票当日当次有效，旅客应按照有效车票载明的日期、车次、车厢号、席位号乘坐；旅客提前或延后乘车应在规定时间内办理改签，未改签乘车按无票处理；中途下车未乘区间失效。

（2）持减价（特惠）车票的旅客，应持减价（优惠／特惠）凭证乘车。

（3）符合购买学生票条件的旅客，每学年乘车前应到车站指定自动售（取）票机或售票窗口办理一次本人身份证件与火车票学生优惠卡的资质核验手续。

（4）旅客应妥善保管购票时所使用的有效身份证件和购票信息。

（5）旅客进出站、乘车时应接受站车工作人员检（验）票。

（6）旅客进站时要接受车站的安全检查。

（7）旅客应爱护铁路设备设施，听从铁路工作人员指挥，维护公共秩序和运输安全。

（六）拒绝运输

对有下列行为的旅客，站、车均可拒绝其上车或责令其下车，并有权登记其身份信息：

（1）按照有关法律法规规定不适宜乘车的。

（2）铁路运输企业认为威胁到公共健康和安全的。

（3）违反相关法律法规，扰乱站车公共秩序或骚扰他人的。

（4）违规乘车且拒绝补票的。

（5）不接受安全检查，坚持携带或夹带禁止、限制物品的。

（6）不接受车票实名制查验的。

旅客如已购买车票，在发站退还票价核收退票费；在中途站未使用至到站的票价不予退还，运输合同即行终止。情节严重的送交执法部门处理。

（七）跨境车票改签

（1）在车票预售期内且有运输能力的前提下，旅客仅可办理一次改签手续，不办理发到站变更。

（2）办理改签应不晚于车票指定的日期、车次开车前 30 分钟，但发站为香港西九龙站的车票应不晚于 45 分钟。

（3）办理改签时，改签后的车票票价高于原车票票价时，补收差额；低于原车票票价时，退还差额。

（4）使用非现金支付方式购票且未换取报销凭证的，可自行登录 12306 网站或在车站指定售票窗口办理。使用现金支付方式购票或已换取报销凭证的，应在车站指定售票窗口办理。通过港铁公司代售点购票且未换取报销凭证的，还可在原代售点办理改签。

（5）改签后的车票不得退票。

（6）已换取报销凭证的，改签时须交回报销凭证。改签后，可换取新票的报销凭证。

（八）跨境车票退票

（1）办理退票应不晚于车票指定的日期、车次开车前 30 分钟，但发站为香港西九龙站的车票应不晚于 45 分钟。

（2）使用非现金支付方式购票且未换取报销凭证的，可自行登录 12306 网站或在车站指定售票窗口办理，车票退票款按原支付方式退回。使用现金支付方式购票或已换取报销凭证的，应在车站指定售票窗口办理退票；也可先行登录 12306 网站办理退票手续，并自办理之日起 180 日内，持购票时所使用的乘车人身份证件原件，到车站指定窗口办理退款手续。通过港铁公司代售点购票且未换取报销凭证的，还可在原代售点办理退票。

（3）已换取报销凭证的，退票时须交回报销凭证。

（4）退票费核收标准：在车票开车时间前 48 小时内办理退票的，按车票票价的 50%计算；在车票开车时间前 48 小时至第 7 天的，按车票票价的 30%计算；在车票开车时间前 8 天及以上的，按车票票价的 5%计算。退票费按元计算，不足一元的部分舍去免收。

（九）列车设备条件变化的处理

因列车换型等铁路责任或自然灾害导致旅客持高等级席位乘坐低等级席位时，由列车长编制客运记录交旅客下车站，退还票价差额。

（十）旅客因伤、病中途下车的处理

旅客开始旅行后不能退票。但旅客伤、病要求中途下车时，由列车长编制客运记录交旅客下车站，退还已收票价与已乘区间票价差额，并收取应退票款50%的退票费。同行人同样办理。

（十一）误售、误购、误乘、误降的处理

（1）在车站售票窗口发生旅客车票误售、误购时，旅客当场提出的，车站换发新票，需退还票价差额时，不收退票费。铁路运输企业责任导致的误售应为旅客免费办理退票或换发新票。

（2）发生误乘、误降时，旅客应向站车工作人员提出。列车长应编制客运记录交前方停车站。车站应开具客运记录指定最近列车免费送至正当到站。免费送回区段，旅客只可乘坐二等座车厢，不得中途下车。如中途下车，对往返乘车的免费区间，按返程列车等级席别核收票价。旅客如在香港西九龙站到站后超过10分钟声称误乘、误降，均按无票处理。

（十二）车内变更

（1）旅客在车内要求变更席别时，变更后的席别票价高于原票价时，核收票价差额；低于原票价时，票价差额不予退还。

（2）旅客没有在到达其有效车票上所记载的到站前提出越过原到站继续乘车的，按无票处理；到站前提出的按以下规定办理：

① 列车不办理至香港西九龙站的越站；旅客自行越站乘车至香港西九龙站，由香港西九龙站按无票处理。

② 香港西九龙站出发的旅客，其越站区间涉及广深港线路的，补收自车票发站至正当到站应收票价与已收票价的差额；越站区间未涉及广深港线路的，补收越站区间票价。

（十三）不符合乘车条件的处理

旅客有下列行为时，铁路运输企业按以下规定办理并有权登记其身份信息：

（1）无票、持用无效车票乘车时，补收自乘车站（不能判明时自始发站）起至到站止车票票价，加收已乘区间应补票价50%的票款。

（2）应买儿童票的旅客如未买票，补收儿童票价：年满14周岁的未成年人持儿童票乘车时，应补收儿童票与成年人票票价差额。成年人持儿童票乘车按无票处理。

（3）持用低等级车票乘坐高等级席别时，除按规定补收所乘区间的票价差额外，还须加收已乘区间应补票价50%的票款。

（4）持减价（特惠）车票乘车但不符合减价（特惠）车票使用条件的，补收应收票价与减价（特惠）票价差额，加收已乘区间应补票价50%的票款。

（5）在香港西九龙站发现上述（1）至（4）情形的，按《香港铁路附例》收取附加费，广深港线路各站至香港西九龙站的车票，附加费为1500港元；其他线路各站至香港西九龙站的车票，附加费为3000港元；不能判明时按其他线路各站至香港西九龙站计算。

遇旅客违规乘车且拒绝支付按本规则可征收款项时，列车工作人员应编制客运记录并将旅客交前方停车站处理。如旅客在香港西九龙站拒绝支付该款项时，港铁公司有权按《香港铁路附例》进行检控。

（十四）旅客在香港西九龙站无法完成出入境手续的处理

（1）旅客无法完成内地出境或香港入境手续时，由车站工作人员协助旅客乘坐就近列车返回内地车站，可在香港西九龙站购票或在返程列车办理补票。旅客自行在12306网站购票的，站车工作人员应予以核查、确认。

（2）旅客无法完成香港出境或内地入境手续时，未使用的车票按本规则相关规定办理。

（十五）携带品范围

（1）旅客携带品由自己负责看管，并妥善放置携带品，不得影响公共空间使用和安全。

（2）每位旅客携带品重量和体积：成年人20千克；儿童（含免费乘车儿童）10千克；外交人员35千克。每件物品外部尺寸长、宽、高之和不超过130厘米。不办理行李、包裹托运。使用行动辅助设备的老人、幼童、病人、残疾人士、孕妇等旅客旅行时代步的折叠式轮椅，以及随行婴儿使用的折叠婴儿车，可免费携带并不计入上述范围。

（3）旅客可携带导盲犬进站乘车，犬只应系上牵引链，佩戴导盲鞍，接受安全检查。旅客应出示购票时所使用的有效身份证件、残疾人证、导盲犬工作证（载有导盲犬使用者信息，盖有内地公安部门或中国残疾人联合会公章，或带有国际导盲犬联盟标识"IGDF"，或双方铁路运输企业认可并公布的证件）、动物健康免疫证明。旅客携带导盲犬须符合内地与香港进出口检疫规定和相关铁路规定，并保证其他旅客的安全和车内的清洁卫生；导盲犬的照料、喂养和所需饲料，均由携带人自理；导盲犬对铁路或第三者造成损害时，由携带人负责赔偿。

（十六）携带品超过规定范围的处理

未使用纸箱等硬质包装物妥善包装完整的自行车、带有自动力的轮式代步工具（电动轮椅除外）、平衡车禁止带入车内。除轮椅外，旅客携带的轮式交通工具不得在车站、列车内使用。旅客在站台和车上使用轮椅时，应采取人力助力形式，不得使用自动力。

（1）车上发现旅客携带的物品超重、超大时，须指定位置摆放，由列车长编制客运记录交旅客到站处理，对超过免费重量的物品，其超重部分按每千克20元核收运费，不足1千克按1千克计算。对不可分拆的整件超重、超大物品，按该件全部重量核收运费。

（2）列车发现旅客已将规定的禁止、限制携带的物品带入车内时，均交由前方停车站处理。如前方停车站为香港西九龙站，按港铁公司适用的规定处理；如前方停车站为内地车站，按国铁集团适用的规定处理。

（十七）旅客遗失物品的处理

（1）车上发现的旅客遗失物品应设法归还失主。如旅客已经下车，列车长应编制客运记录，注明品名、件数等移交下车站；不能判明时，移交列车前方停车站或终到站。

（2）香港西九龙站按港铁公司适用的规定、内地车站按国铁集团适用的规定妥善保管、正确交付旅客遗失物品，并妥善处理无人认领的旅客遗失物品。鲜活易腐物品和生鲜食品不予保管。

（3）旅客的遗失物品保管期为90天。旅客可向车站查询遗失品情况，办理认领手续。

（十八）旅客损坏车内设备或物品的处理

旅客损坏车内设备或物品应负赔偿责任，由列车长编制客运记录连同责任人交旅客到站处理，车站工作人员按照车辆所属方提供的价格向旅客核收赔偿费用。

三、实名制管理

旅客应使用有效的身份证件，否则工作人员有权拒绝办理各类业务。

（一）实名制车票有效身份证件

（1）实名制车票须凭乘车人有效身份证件购买，旅客进站、乘车时，须出示购票时所使用的有效身份证件原件。票、证、人一致方可进站、乘车。票、证、人不一致按无票处理。乘车人须接受铁路运输企业的查验，并确认出入境证件及签注有效。

（2）一张有效身份证件仅限购买一张同一乘车日期同一车次的实名制车票。

（3）实名制有效身份证件包括：中华人民共和国居民身份证、中华人民共和国港澳居民居住证、中华人民共和国台湾居民居住证、中华人民共和国外国人永久居留身份证、港澳居民来往内地通行证、中华人民共和国往来港澳通行证、台湾居民来往大陆通行证、符合中华人民共和国规定可使用的有效护照、前往港澳通行证（仅限于内地购票渠道购买内地车站至香港西九龙站车票时使用）和上述证件发证机构发放的临时身份证明。

（4）旅客本人办理退票、改签时应提供本人的有效身份证件；由他人代办退票、改签时，除乘车人的有效身份证件外，须出示代办人本人的有效身份证件。

（5）通过12306网站购票时，购票人应当提供真实准确的乘车人有效身份证件信息；换取报销凭证应当提供购票时使用的乘车人的有效身份证件原件。

（二）旅客丢失电子客票购票证件的补办流程

1. 在乘车前丢失电子客票购票证件

旅客须自行到该电子客票购票证件的发证机构办理身份证明，凭身份证明进出站、乘车。错过列车须重新购票。

2. 在列车上、出站检票前丢失电子客票购票证件

（1）丢失证件的旅客须主动向工作人员声明，并配合工作人员进行查验。旅客须办理补票手续，经列车工作人员核验席位使用正常或车站工作人员核验车票无出站检票记录的，开具客运记录交旅客。

（2）旅客应在乘车日期之日起30日内，凭客运记录、该电子客票购票证件发证机构办理的身份证明以及后补车票，到列车的经停站退票窗口由站工作人员核实旅客身份信息及乘车日期、车次等原票、后补车票信息，以及有购票记录、已购车票有效后，办理后补车票与原票乘车区间一致部分的退票手续。办理退票手续时，如核查丢失证件有出站记录的，后补车票不予退票；无出站记录的，办理退票时，不收退票费。

四、旅客人身伤害处理

（1）旅客在车站、列车上发生人身伤害时，应立即通知车站客运人员或列车乘务人员。在列车上发生旅客人身伤害时，由列车长交车站处理；旅客不同意在指定的停车站下车处理时，须填写并签署免责同意书（图3-4-1）。

　　　本人_____（身份证明文件名称：_____，证件号码：_____）特此申明，本人/本人为_____（当事人，身份证明文件名称：_____，证件号码：_____）的监护人（勾选适用者）：
　　　不接受/不接受让当事人前往_____站/车安排的_____接受救治，选择到_____受救治
　　　不接受/不接受让当事人前往_____站/车安排的_____接受救治，选择继续旅程
　　　不接受/不接受让当事人前往_____站/车安排的_____接受救治，选择终止旅程
　　　其他_____
　　　本人声明，本人清楚作出上述选择可能给本人/当事人带来的全部风险。本人确认本人签署此文件即表示：本人/及当事人同意免除铁路运输企业及其代理人因本人作出上述选择而可能导致的一切义务和责任，放弃向铁路运输企业要求任何损害赔偿或提起其他一切诉讼索赔的权利。
　　　当事人/监护人　签名：　　　　　　　　日期：

图3-4-1　免责同意书

（2）旅客可于发生人身伤害次日起一年内向铁路运输企业提出赔偿请求。铁路运输企业接到赔偿请求后应尽快答复赔偿要求人。

五、晚点及运输中断的处理

因铁路责任、自然灾害等影响铁路运营导致列车晚点，旅客在车票发站提出取消旅行的，列车实际开车前可退还全部票价，不收退票费。旅客已购联程车票，可一并办理退票，不收退票费。旅客分别办理联程车票退票的，按本规程跨境车票退票相关规定处理。

因铁路责任、自然灾害等影响铁路运营导致运输中断，列车全程停运、中途停运、中途折返、绕道运输时，在30天内按以下规定处理。

（一）在发站

（1）旅客要求退票时，退还全部票款。
（2）铁路运输企业利用其他列车或安排原列车折返发站时，退还全部票款。

（二）旅客在中途站中止旅行

旅客在中途站中止旅行时，如乘坐的是终到香港西九龙站的列车，铁路运输企业退还未乘区间票价；如乘坐的是香港西九龙站的始发列车，铁路运输企业退还已收票价与已乘区间票价的差额。但因违规加收的部分和已使用至到站的车票不退。

（三）在到站

铁路运输企业利用其他列车将旅客运送至到站时，旅客票款不予退还。但重新安排的列车等级、席别高于旅客原票列车等级、席别时，票价差额不再补收；低于旅客原票列车等级、席别时，退还变更区间票价差额。

（四）联程车票处理

旅客在停运列车车票发站开车当日（含）前购买的联程车票，可一并办理退票，不收退票费。旅客分别办理联程车票退票的，按本规程跨境车票退票相关规定处理。

【任务拓展】

旅客误乘情况处理

车站给列车移交误乘、误降旅客时，应编制客运记录与列车办理交接。旅客下错车站和坐过站都属于误降，铁路运输企业要积极将旅客运送至正当到站。

旅客误乘一般可分为以下两种情况。

一、同一站台、同一方向误乘

例如，在太原南站 2-3 站台，旅客持 G606 次（太原南 8:30 开）太原南—北京丰台二等座车票（票价 183.00 元），误乘 G62 次（太原南 8:23 开，太原南—北京丰台，二等座车票票价 197.50 元）动车组列车，太原南开车发现误乘向列车长提出后，要求乘坐本趟列车直接去北京丰台，所乘列车 G62 次二等座车票票价 197.50 元，高于原车票票价（G606 次二等座车票票价 183.00 元）。列车核收票价差额 14.50 元；如所乘列车票价低于原票价时，票价差额部分不予退还。

二、同一站台、不同方向误乘

例如，在南京站 4-5 站台，旅客持 K233 次（南京 3:28 开）南京—上海硬座车票，误乘在同一站台的 K8432 次列车（南京—徐州，南京 3:26 开），蚌埠（5:24 到）到站前发现误乘，向列车提出后，K8432 次列车长编制客运记录交蚌埠站。蚌埠站指定 K559 次（延安—上海，蚌埠 6:39 开）列车将旅客免费送回至上海站。

【复习思考题】

1. 什么是车票实名购买和车票实名查验？

2. 什么是车票？车票（特殊票种除外）包含哪些主要信息？
3. 购票可以使用的有效身份证件包括哪些？
4. 旅客乘车前和在列车上丢失证件应该如何处理？
5. 发生哪些情况时，应当补收票款？
6. 叙述旅客携带品的相关规定。
7. 发生哪些情况时不办理退票？
8. 叙述车站和列车对旅客遗失品的处理要求。

项目四 高速铁路旅客运输收入管理

项目描述

铁路运输收入,是指铁路运输企业在办理客货运输业务和辅助业务中,向旅客、托运人、收货人核收的票款、运费、杂费等运输费用的总称。铁路运输收入管理工作是指对铁路客货运输票据、运输进款资金运动和运输收入实现的全过程进行监督与管理。《铁路运输收入管理规程》是客运部门的重要规章。

通过本项目的学习,学生应培养自身严谨求实、认真细致的工作态度,掌握动车组旅客列车票价、《铁路定期票、计次票管理办法》和《铁路运输收入管理规定》等高速铁路旅客运输收入相关内容,以便更好地做好高速铁路旅客运输工作。

任务一 动车组旅客列车票价

【能力目标】

能按照动车组旅客列车公布票价和执行票价的要求进行高速铁路旅客运输票价计算。

【知识目标】

掌握动车组旅客列车票价的基本内容。

【相关知识】

车票票价是铁路旅客运输产品的销售价格。根据运输服务产品的不同,铁路旅客车票票价分为普通旅客列车票价和动车组旅客列车票价。适用票价是指在购票时有效的票价,与预订日期、乘车日期无关。

一、运价里程

旅客车票票价的运价里程,以铁路主管部门公布的《铁路客运运价里程表》为计算依据。发到站间跨及两条及以上线路时,应按规定的接算站接算;通过轮渡时,应将规定的轮渡里程加入运价里程内计算。旅客票价里程,按旅客乘车的实际径路计算。

二、动车组列车票价的制定

动车组旅客列车票价分为公布票价和执行票价,公布票价为上限票价,由铁路运输企业统筹考虑建设和运营成本、市场供求状况、合理比价关系等因素依法制定;执行票价是以铁路运输企业公布票价为上限,综合区域、季节、日期、时段和市场竞争、客流变化等因素,灵活制定的适用浮动票价。

（一）2007—2015 年动车组列车票价的制定

1. 时速 200~250 千米动车组列车票价

时速 200~250 千米动车组列车票价,根据车厢等级不同,用给定的票价率、运价里程,按不同公式计算。基准价为每人公里一等座车为 0.3366 元,二等座车为 0.2805 元,可上下浮动 10%。

2. 时速 300~350 千米动车组列车票价

时速 300~350 千米动车组列车实行试行运价。试行运价水平由相关铁路运输企业按照充分考虑社会承受能力、适当体现优质优价的原则,根据市场供求状况合理确定。具体票价由相关铁路运输企业按规定向社会公布后执行。

3. 管理权限

公布票价由国铁集团决定。折扣票价由铁路运输企业决定,并在公布前 3 日报国铁集团备案,但下列情况铁路运输企业要在公布前 10 日报铁集团备案:

（1）跨局开行的动车组列车。
（2）折扣率需低于 6 折时。
（3）铁路运输企业之间有分歧时。

公布票价的折扣率和折扣后票价由上车站所在局集团公司提出车次别、发到站的动车组列车点到点票价,商有关担当局集团公司后,按管理权限执行。

4. 公布

按列车开行日期,至少提前 7 日在车站营业场所向旅客公布点到点公布票价,不公布价率。实行打折优惠时,车站除公布票价外,另要及时公布车次别点到点票价的折扣率和折后票价。

（二）2016年后动车组列车票价的制定

2015年12月国家发展和改革委员会发布了《国家发展改革委关于改革完善高铁动车组旅客票价政策的通知》（发改价格〔2015〕3070号），自2016年1月1日起执行。

（1）对在中央管理企业全资及控股铁路上开行的设计时速200千米以上的高铁动车组列车一、二等座旅客票价，由铁路运输企业依据价格法律法规自主制定，商务座、特等座、动卧等票价，以及社会资本投资控股新建铁路客运专线旅客票价继续实行市场调节，由铁路运输企业根据市场供求和竞争状况等因素自主制定。

（2）铁路运输企业制定高铁动车组一、二等座旅客票价时，应当制定无折扣的公布票价（以下简称公布票价），同时，可根据运输市场竞争状况、服务设施条件差异、客流分布变化规律、旅客承受能力和需求特点等实行一定折扣，确定实际执行票价。公布票价和实际执行票价要按照明码标价制度规定，及时通过网络和售票窗口等渠道告知旅客。制定公布票价应当在售票前对外公告，调整公布票价应当提前30日对外公告。

三、动车组公布票价

（一）普通动车组座车公布票价

普通动车组座车公布票价的计算公式为：

$$一等座车公布票价 = 0.3366 \times (1 + 10\%) \times 运价里程$$
$$二等座车公布票价 = 0.2805 \times (1 + 10\%) \times 运价里程$$

（二）普通动车组列车特等座、商务座等席别公布票价

按不同席别占用面积和既有动车组列车票价，时速200~250千米动车组列车特等座、商务座、一等包座、观光座公布票价的计算公式为：

$$特等座公布票价 = 0.2805 \times (1 + 10\%) \times 1.8 \times 运价里程$$
$$商务座公布票价 = 0.2805 \times (1 + 10\%) \times 3 \times 运价里程$$

一等包座、观光座按商务座公布票价执行。

（三）普通动车组软卧公布票价

普通动车组软卧公布票价的计算公式为：

$$软卧上铺公布票价 = 0.3366 \times (1 + 10\%) \times 1.6 \times 运价里程$$
$$软卧下铺公布票价 = 0.3366 \times (1 + 10\%) \times 1.8 \times 运价里程$$

（四）普通动车组高级软卧公布票价

普通动车组高级软卧公布票价的计算公式为：

高级软卧上铺公布票价 = 0.3366×（1＋10%）×3.2×运价里程

高级软卧下铺公布票价 = 0.3366×（1＋10%）×3.6×运价里程

（五）时速300～350千米动车组列车票价

对时速300千米及以上动车组列车实行票价浮动。

（六）动车组列车学生票价

学生票可享受动车组列车二等座票价优惠。动车组列车学生票票价按二等座公布票价的75%计算。

当计算出的动车组学生优惠票价高于动车组折扣票价时，动车组学生优惠票价按动车组折扣票价执行。

（七）动车组列车儿童票价

按《铁路旅客运输规程》等有关规定享受减价优待的儿童、学生、伤残军人乘坐动车组时，其票价均以公布票价为基础计算。

（1）动车组软座儿童票价按公布票价的50%计算。

（2）动车组软卧儿童票价：

动车组软卧儿童票价=动车组软卧公布票价－动车组一等票价/2

依据《关于明确动车组儿童卧铺票价计算有关事项的通知》，在运价里程不足400千米时，公式中扣减的动车组一等座公布票价均按400千米处公布票价计算。

当计算出的动车组儿童优惠票价高于动车组折扣票价时，动车组儿童优惠票价按动车组折扣票价执行。

（八）动车组列车伤残军人票价

（1）动车组软座、软卧伤残军人票价按公布票价的50%计算。

（2）当计算出的动车组伤残军人优惠票价高于动车组折扣票价时，动车组伤残军人优惠票价按动车组折扣票价执行。

四、票价执行

（一）普通动车组座车票价打折

普通动车组座车票价可按公布票价打折，但应符合下列条件：

（1）根据不同区域、不同季节、不同时段的市场需求，实行不同形式的打折票价。

（2）二等座车公布票价打折后不得低于相同运价里程的新空软座票价。在短途，公布票价低于新空软座票价时，按公布票价执行。70千米及以下运价里程的动车组不进行任何形式打折优惠，一律按公布票价执行。

（3）经过相同径路、相同站间、相同时段，不同车次应执行同一票价。

（4）同一车次，各经停站的票价在里程上不能倒挂。

（5）一等座车与二等座车的比价在 1:（1.2~1.25）之间。

（6）动车组特等座、商务座、一等包座、观光座票价可按公布票价打折，但特等座折后票价不应低于一等座公布票价，商务座、一等包座、观光座折后票价不应低于特等座公布票价。

（二）动车组软卧票价打折

动车组软卧票价可按公布票价打折，但打折后不得低于相同运价里程的新空软卧票价。

（三）动车组高级软卧票价打折

动车组高级软卧票价可按公布票价打折，但打折后不得低于相同运价里程的动车组软卧票价。

12306 手机客户端显示公布票价和执行票价如图 4-1-1 所示。

图 4-1-1　12306 手机客户端显示公布票价和执行票价

【任务拓展】

《国铁集团关于明确退票改签收费有关事项的通知》

一、改签费核收

改签费按如下梯次标准核收：距票面乘车站开车前 48 小时以上改签时，或开车前不足 48 小时改签票面乘车日期及以前的列车时，以及开车后在当日 24 时之前改签当日其他列车时，均不收改签费；开车前 24 小时以上、不足 48 小时，改签票面乘车日期之后的列车时，按改签前后低票价车票票面价格的 5% 计；开车前不足 24 小时，改签票面乘车日期之后的列车时，按改签前后低票价车票票面价格的 15% 计；开车后在当日 24 时之前，改签次日及以后列车时，按改签前后低票价车票票面价格的 40% 计。

办理车票改签产生票价差额需退还或补收时，票价差额按"应收－已收"原则计算，其中："应收"指旅客改签后新车票的票面价格，"已收"指改签前原车票的票面价格。

二、退票费核收

（1）距票面乘车站开车前 8 日以上的不收退票费；开车前 48 小时以上、不足 8 日的，按票面价格 5% 计；开车前 24 小时上、不足 48 小时的，按票面价格 10% 计；开车前不足 24 小时的，按票面价格 20% 计。

（2）距票面乘车站开车前不足 8 日的车票，改签至开车前 8 日以上的列车，又在距开车前 8 日以上退票的，核收 5% 的退票费。

（3）当改签后的票价高于原票价时，应补收票价差额；低于原票价时，应退还票价差额，并对票价差额部分按梯次标准核收退票费。开车后办理车票改签产生票价差额需退还时，按开车前不足 24 小时标准对票价差额部分核收退票费。

例如，旅客票款 100.00 元，收取退票费 5%：100.00 元 × 5% = 5.00 元

退还旅客 95.00 元。

退票费报销凭证具有发票性质，可以报销。不能在自动售票机打印，需到车站售票窗口凭购票时使用的有效身份证件领取。

退票费、改签费以 5 角为单位，尾数小于 2.5 角的舍去、2.5 角以上且小于 7.5 角的计为 5 角、7.5 角以上的进为 1 元。

任务二　《铁路定期票、计次票管理办法》

【能力目标】

能按照《铁路定期票、计次票管理办法》的要求做好定期票、计次票新型票制产品的售票及查验工作。

【知识目标】

掌握《铁路定期票、计次票管理办法》的基本内容。

【相关知识】

一、《铁路定期票、计次票管理办法》总则

为规范铁路定期票、计次票的设计、销售及使用，满足旅客多样化购票出行需求，确保旅客运输组织安全有序，根据《铁路旅客运输规程》等有关规定，制定《铁路定期票、计次票管理办法》。

1.《铁路定期票、计次票管理办法》适用范围

《铁路定期票、计次票管理办法》适用于中国国家铁路集团有限公司（以下简称国铁集团）

及所属企业对在国铁全资铁路以及委托铁路局集团公司运输管理的合资铁路或地方铁路发到站间的定期票、计次票管理工作。

2. 定期票、计次票含义

《铁路定期票、计次票管理办法》所称定期票,是指有效期内可在限定乘车次数上限内乘坐指定发到站间规定列车的车票;所称计次票,是指有效期内可乘坐限定次数的指定发到站间规定列车的车票。

二、产品设计

(1)铁路局集团公司管内发到站间推行定期票、计次票产品(以下简称产品),由所属铁路局集团公司提出产品设计方案,报国铁集团审核;在跨及两个及以上铁路局集团公司发到站间推行产品,由相关铁路局集团公司共同研究提出产品设计方案,报国铁集团审核。

(2)铁路局集团公司应在深入分析和评估客流需求、运力资源、运营成本、市场竞争等情况的基础上,提报产品设计方案。设计方案应包括产品类型、适用发到站范围、适用席别、适用票种、限定乘车次数、票价基数、促销折扣、启用期限、有效期以及未乘车预约席位数量上限等内容,还可设定不可使用的日期、区段、车次等限制。

(3)产品票价基数率按发到站间各次动车组列车票价基数综合加权平均测算,其中各条线路的票价基数率由公布票价制定,铁路局集团公司在国铁集团指导下确定、公布、维护,发到站间的票价基数率由客票系统自动计算。促销折扣为短期推广折扣,由票价基数率制定,铁路局集团公司在国铁集团指导下根据市场情况确定。

三、产品销售

(1)产品在12306网站(含"铁路12306"手机客户端,下同)发售,购票人须为通过身份信息核验和人脸核验的12306用户,且只能为本人或账户下通过身份信息和手机核验的乘车人购买。

(2)购买产品时,购票人需确认同意并遵守铁路产品有关规则及条款,选择乘车区间、产品类型、席别、票种和乘车人。购票成功后,系统向购票人预留的手机号码和电子邮箱发送产品订单号及相关信息。

(3)购票人可在12306网站查询已购买的产品相关信息。乘车人可在12306网站(需为12306用户)或本人持购买产品时所使用的有效身份证件原件到产品指定发到站,查询本人可使用的产品相关信息。

(4)产品一经启用(启用期限内有检票乘车记录或未取消预约记录的,即视为产品启用),票款不予退还。产品未启用的,购票人和乘车人(需为12306用户)可在12306网站主动申请退款,购买产品后在启用期限内未启用的系统将自动退款,退款按原支付渠道全额退还。

因不可抗力或铁路责任造成产品次数不能完全使用的,购票人和乘车人(需为12306用户）可在 12306 网站申请退款，退款金额＝原购票款×（产品剩余乘车次数÷产品限定乘车次数），退款按原支付渠道退还。

（5）自产品启用之日起至有效期结束后 30 天内（含当天），可凭购买产品时所使用的乘车人有效身份证件原件，到产品指定发到站换取报销凭证。

四、产品使用

（1）产品仅限乘车人本人使用，不能转让或共用。同一乘车人可使用多张不同区间的有效产品，但仅可使用一张同一区间的有效产品。

（2）购票人和乘车人（需为 12306 用户）可在 12306 网站预约席位，乘车人也可持购买产品时所使用的有效身份证件原件到指定发到站预约席位。

（3）如行程发生变更，应在开车前取消预约，未取消预约的，视为一次乘车。开车前 48 小时内取消预约或定期票预约后未乘车超过规定次数的，未乘车可预约席位数量调整为一次。

（4）产品启用期限内有乘车记录的，有效期从首次乘车之日起计算；产品启用期限内无乘车记录，但有未取消预约记录的，有效期从启用期限次日起计算。

（5）定期票产品乘车次数达到规定上限、计次票产品无剩余乘车次数的，均视为产品有效期结束。

（6）自购买产品之日起至产品有效期结束前，乘车人可持购买产品时所使用的有效身份证件原件，在产品指定发到站通过实名制验证进站乘车。

（7）乘车人可持购买产品时所使用的有效身份证件原件（或乘车二维码），经产品指定发到站检票闸机或人工检票口检票后，乘坐指定发到站间规定列车。

已预约席位的，检票上车后乘坐预约席位；未预约席位的，检票时自动从剩余席位中分配席位，席位信息短信推送至乘车人预留手机号；无剩余席位的，不能检票乘车。

如乘车人持有多个所检车次停靠区间的不同产品，乘车人可选择相应产品的乘车二维码检票乘车，或持本人有效身份证件到人工检票口选择相应产品检票乘车。

（8）遇下列情况时，乘车人不能使用产品检票进站：

① 产品有效期结束的。

② 列车不停靠产品指定发到站的。

③ 未预约席位且列车无剩余席位的。

（9）列车工作人员查验车票，发现乘车人无进站检票记录时，确认乘车人所持产品有效的，补填本次列车的电子乘车记录；确认乘车人所持产品无效的，按规定补票。

（10）乘车人在非产品指定发到站出站时，须到出站到补窗口按规定补交实际所乘区间票款。乘车人持产品乘车时已检票的，系统取消所补车票车次的进站检票记录，恢复产品使用次数。

（11）乘车人在产品指定发到站出站时，如没有席位预约记录、进站检票记录、列车填报的乘车记录和乘车人自行填报的乘车记录之一的，乘车人须按规定补票。

五、其他事项

（1）"铁路畅行"会员购买和使用产品后可进行乘车积分累积，乘车积分=票款（元）×5。积分在产品有效期结束后 5 日内自动进入账户。

（2）产品发售票款全额计入运输收入，按产品指定发到站所属局各分列 1/2。票款按现行收入管理规定时限一次性汇缴，后续乘车存根票价计为 0，与产品发售记录关联。

（3）产品存在两个以上承运企业时，各承运企业按照产品有效期内旅客实际乘车应收票价进款占总应收票价进款比例，分别取得产品票价进款，按取得的票价进款授予积分。

旅客发送量按旅客实际乘车次数计算。

【任务拓展】

铁路运输收入报表格式及说明（车站客运主要报表）

一、电子客票整理报告（财收-4）

（1）电子客票整理报告及其附表是车站营业窗口整理售出客票与核收进款等相关情况的原始凭证汇总凭证，是运输收入进款列账的原始依据。

（2）电子客票整理报告应按售票窗口和票据号码顺序编制。本次使用票据号码应与上次报告的使用票据号码相衔接。同一窗口同时使用两组票据或因其他原因票号不衔接时，应分格填记。报告中的款额按该组票据合计数加总填记，应与"运输收入进款收支报告（财收-8）"对应项目金额相符。

（3）按照规定时间和数据格式向运输企业收入管理部门提报数据信息。纸质报表由运输企业或车站根据需要打印或报送。

（4）中铁银通卡进站闸机窗口结账时，本表"储值卡款"改为"卡进站款"。

电子客票整理报告格式如图 4-2-1 所示。

中国国家铁路集团有限公司　　　　　　　　　　　　　　　　　　　账收-4-1
_____运输企业　　**电子客票整理报告**（财收四）
_____车站　　　　　（起始日期—截止日期）

窗口号	窗口名	票符	起票号	止票号	售票张	实售张	废票张	其中乘车凭证张	票款合计	支付方式			乘车凭证款	积分张	报销凭证张
										现金	储值卡款	银行卡款			
窗口小计															
售票处合计															
总　计															

站长_____　　　　　　　　　　　　　　　　　经办人_____

图 4-2-1　电子客票整理报告

二、运输收入进款收支报告

（1）运输收入进款收支报告是车站登记和反映每日办理运输收入进款收支业务事项的一种特殊账簿，以及向运输企业收入管理部门报账的报告。

（2）车站应逐日编制本报告，真实记录和反映运输收入进款业务情况。车站应指定专人负责按日编制打印一式2份并加盖印章，1份留存，1份连同各种收支单据、凭证等报送运输企业收入管理部门，同时按照规定时间和数据格式向运输企业收入管理部门提报数据信息。

（3）运输收入进款收支报告根据"票据进款交接单（财收-22）"按日逐项登记，各项收入金额与支出金额必须与有关票据整理报告和相应凭证、单据相符，做到项目正确、账款相符、收支平衡。

（4）填报运输收入进款收支报告必须数字正确、清楚，盖章齐全。手工编制本报告的金额有错误需要改正时，按照国家统一的会计制度规定的方法更正，并由记账人员在更正处盖章，不得修改实行计算机系统编制报告的电子信息。

（5）报告中与银行相关的各项数据，必须根据每日银行的收支凭证按日填写，收支金额应与银行日记账所记金额相等，并应与当日的银行收支凭证相符（包括现金、支票、银行退回支票、银行支票退款等）。

（6）发生特殊情况需要退款时，按实退款列账，如出现当日进款不足以退款时，"应汇缴现金"科目为负数。

（7）本报告项目根据票据、凭证和单据的种类设定。

运输收入进款收支报告格式如图4-2-2所示。

中国国家铁路集团有限公司　　　　　　　　　　　　　　　　　　　　财收-8
_____运输企业　　　　　**运输收入进款收支报告**
_____站（段）
　　　　　　　　　　　　　　　　　　年　月　日　　　　　　　　　　单位：元

顺号	项目	收方	顺号	项目	支方
1	车站发售电子车票进款		101	应汇缴上级单位进款	
2	互联网发售车票进款		102	其中：现金	
3	车站银通卡乘车车票进款		103	支票	
4	车站发售代用票进款		104	支票退款	
5	车站发售区段票进款		105	银行退回支票	
6	车站电子月票进款		106	本站POS机收款	
7	车站市郊票进款		107	本站POS机退款	
8	车站其他车票进款		108	网银存入款	
9			109	列车微信支付票款	
10	行李票进款		110	列车支付宝支付票款	
11	包裹票进款		111	收回运营财务银行承兑汇票款	
12	小件运单行包快运费进款		112	站补微信或支付宝扫码补款	
13	国际联运行李票进款		113		
14	国际联运包裹票进款		114		

图4-2-2　运输收入进款收支报告

三、票据进款交接单

（1）票据进款交接单是车站客货营业窗口（包括被代管站的营业窗口）与车站收入部门、代缴站与被代缴站双方办理当天营业使用票据、进款互相交接时的凭证。

（2）客货营业窗口根据当日实际核收的现金、支票、银行卡凭证和其他各种单据，以及实际使用的各种票据的符号、起止号码、张数填制，做到项目正确、账款相符、收支平衡。

（3）发生自然灾害或其他事件等特殊情况，当日运输收入进款不足以退还旅客票款产生借款时，按实际退款列账，直接冲减应汇缴现金（可为负数）。

（4）本交接单一式2份，连同现金、支票和各种单据一并交车站收入部门列账、留存，经签认后交接双方各留1份。客货营业窗口当日使用的册页式票据和各种票据整理报告经"三检复核"后直接报运输企业收入管理部门。按照规定时间和数据格式向运输企业收入管理部门提报数据信息。

（5）票据进款交接单经签认后，作为车站收入部门编制"运输收入进款收支报告（财收-8）"及有关账簿的凭证。

（6）本表项目根据票据、凭证和单据的种类设定，运输企业或站段可根据业务确定项目。

票据进款交接单格式如图4-2-3所示。

中国国家铁路集团有限公司　　　　　　　　　　　　　　　　　财收-22
_____运输企业　　　　　票据进款交接单
_____车站_____窗口

年　月　日　　　　　　　　　　　　　　　　单位：元

票据名称及进款项目	符号	起号	止号	张数	款额	进款及支付项目	款额
车站发售电子车票进款						应汇缴上级单位进款	
互联网发售车票进款						其中：现金	
车站银通卡乘车车票进款						支票	
车站发售代用票进款						支票退款	
车站发售区段票进款						银行退回支票	
车站电子月票进款						本站POS机收款	
车站市郊票进款						车站POS机退款	
车站其他车票进款						网银存入款	
						列车微信支付票款	
行李票进款						列车支付宝支付票款	
包裹票进款						收回运营财务银行承兑汇票款	
小件运单行包快运费进款						站补微信或支付宝扫码补款	

到达票据	已交付	行李票　　批	包裹票　　批	货票　　批
	未交付	行李票　　批	包裹票　　批	货票　　批
记　　事				
	交班人：		接班人：	
窗口（处所）交出已使用票据、到达票据					
已使用票据	票据种别	符　号	起　号	止　号	张　数
到达票据	已交付	行李票　　批	包裹票　　批	货票　　批
记　　事				
	交票人：		接票人：	

图 4-2-3　票据进款交接单

任务三　《中国铁路运输收入管理规定》

【能力目标】

能按照《中国铁路运输收入管理规定》的要求做好高速铁路旅客运输收入管理工作。

【知识目标】

掌握《中国铁路运输收入管理规定》的基本内容。

【相关知识】

运输收入是指运输企业在办理客货运输业务和辅助作业中，向旅客、托运人、收货人核收的运输全程票款、运费和杂费等运输费用的总称，其资金形态统称为运输收入进款。《中国铁路运输收入管理规定》适用于国铁集团及所属企业，与国家铁路办理直通运输、参加铁路财务清算的其他铁路运输企业（以下简称运输企业）的铁路运输收入（以下简称运输收入）管理工作。铁路企业实行运输收入进款的集中管理与监督机制，构建规范统一、全面核算、高效监督的管理体系。

一、铁路运输收入管理工作的基本任务及管理体系

1. 运输收入管理工作的基本任务

运输收入管理工作的基本任务是：运输企业收入管理部门和工作人员，通过系统、规范和专业的方法，对铁路客货运输票据（以下简称客货票据）、运输收入进款资金运动和运输收入实现的全过程进行监督、核算与管理，保证运输收入的正确、及时、完整和安全，维护各运输企业的经济利益和铁路运输合同各方当事人的合法权益。

2. 铁路运输收入的专业管理体系

客货票据管理、收缴款管理、进款管理、收入审核管理、收入会计核算、收入稽查管理和信息数据管理，以及违纪追责等管理工作相互结合，形成铁路运输收入的专业管理体系。

二、收入管理部门的职责

各运输企业应设置运输收入管理部门，负责本企业运输收入管理工作。国铁集团财务部是运输收入的归口管理部门，负责履行铁路企业运输收入管理和监督职责。各运输企业收入管理部门，负责组织本辖区内运输收入监督、核算和管理工作。不具备设立收入管理部门条件的运输企业，可以委托接轨的铁路局集团公司实施监督、核算和管理工作。客货营业单位负责铁路运输费用的收缴和报账工作。运输企业收入管理部门应当根据工作量，配备负责收入审核、会计核算、收入稽查和信息技术等必需的专业管理人员。

运输企业收入管理部门具有以下职责：

（1）监督运输收入规章制度的贯彻落实和正确执行，查处侵犯铁路运输收入的行为。

（2）监督运输收入进款收缴款工作，检查和确认运输收入核收和结算的完整和及时性，管理和监督运输收入存款专户进款动态的正确性。

（3）组织客货票据管理工作，检查和确认铁路电子客货票据使用和信息数据的正确和完整，管理和监督纸质客货票据的印制、供应和安全。

（4）组织运输收入审核工作，负责客货票据、凭证和报表等原始凭证的合规性审核，编报运输收入报表，提供运输收入信息资料。

（5）组织运输收入业务核算工作，为企业之间资金结算和销项税额缴纳提供原始记账凭证和数据信息。

（6）组织运输收入会计核算工作，办理各经济主体之间资金结算，编报运输收入会计报表，提供运输收入会计信息资料。

（7）组织运输收入稽查工作，负责涉及运输收入事项的监督检查，以及在车站、列车查验旅客各种乘车凭证等。

（8）组织对运输收入清算和资金结算的正确、及时、完整、安全性进行监督检查，维护各运输企业的经济利益。

（9）负责运输收入管理信息系统的维护和运用监督，以及客货运输业务系统中涉及运输收入管理部分和基础数据正确性的监督检查。

三、运输收入监督检查

运输收入监督检查是运输企业收入管理部门的重要职责。运输企业收入管理部门采取收入审核、会计核算和实地稽查相结合的方法，对运输收入进款运动及运输收入实现的全过程进行监督检查，确保运输收入正确、及时、完整和安全。

运输企业收入管理部门开展监督检查，具有以下权限：

（1）有权对违反运输收入规章制度或侵犯运输收入的行为予以制止，对违规违纪单位所作出的错误决定要求其纠正或撤销。

（2）有权对违反运输收入规定的单位和个人，按照有关规定做出经济处理决定和提出处理建议，参加责任单位对运输收入违纪问题的分析处理会议。

（3）有权对客货运输业务信息系统，以及铁路电子支付结算系统中涉及运输收入管理部分的合规性、原始数据信息及其安全性进行监督检查。

（4）有权对客货票据、凭证和报表等原始凭证，以及电子数据信息的及时性、完整性进行监督检查。

（5）有权对运输收入核收方式、结算方式和列报科目的正确性，以及运输收入进款存缴的及时性进行监督检查。

（6）有权对客货票据的印制、请领、供应、保管和使用，以及安全情况进行监督检查。

（7）实施监督检查过程中，有权调阅与运输收入有关的各种账表凭证、文件资料（含电子数据信息和必要的技术文档），有权暂时留存能够证明违纪事实的资料。

（8）有权对铁路运输收入清算和资金结算的正确、及时和完整性进行监督检查。

（9）收入管理部门履行监督检查职责，可以提请有关部门和单位协助。

运输企业收入管理部门在实施收入审核、会计核算和收入稽查过程中，对于查出运输费用多收、少收、漏收的，或运输收入进款多缴、少缴的，或运输收入进款未按规定时间存行、汇缴的，以及资金结算差错的事项，应当填制相应通知书，要求责任单位限期处理。逾期未处理的，按照违反运输收入纪律的行为进行处理。

四、运输收入分类

运输收入分为客运收入、货运收入、铁路建设基金和代收款。

（1）客运收入是指运输企业在办理旅客运输业务和辅助作业中，使用客货票据，按规定向旅客、托运人、收货人核收的票款、运费、杂费。

（2）货运收入是指运输企业在办理货物运输业务和辅助作业中，使用客货票据，按规定向托运人、收货人核收的运费、杂费。

（3）铁路建设基金是指运输企业在办理货物运输业务过程中，使用客货票据，按规定向托运人、收货人核收的经国家批准征收的铁路建设基金。

（4）代收款是指客货营业单位核收铁路运输费用时，按规定一并核收其他费用，或使用其他企业专用票据为其代收的款项等。

五、客货票据管理

（一）客货票据范围与性质

（1）铁路办理客货运输使用的各种车票、行李票、货物运单、客货运杂费收据和定额收据，以及电子票据等统称为客货票据。客货票据分为以印刷或打印形式体现的铁路纸质票据，或以电子数据信息形式体现的铁路电子票据。

（2）客货票据是铁路收取客货运输费用的结算单据和运输企业核算运输收入的原始凭证。任何单位或个人不得篡改铁路电子票据数据信息。

（二）客货票据印制与请领

（1）纸质客货票据的格式、底纹、规格、墨色、用纸等标准由国铁集团规定（国际联运票据的样式、规格按国际铁路合作组织规章规定）。印票底纹版由国铁集团监制。

（2）纸质客货票据应在铁路印刷企业印制。铁路印刷企业应严格遵守保密和安全制度，按季将票据印制情况报国铁集团业务主管部门备案。

（3）运输企业收入管理部门负责统一向印刷企业订印。其他任何企业、单位和部门，一律不准印刷、使用与客货票据相同样式的收款票据。

（4）客货票据印刷费列运营成本。运送客货票据时，按铁路客运列车运送公文管理办法的有关规定办理。

（三）客货票据使用与管理

（1）客货票据的印制和使用应当遵守以号控票、以票控款原则。按照客货票据编码规则和票符票号顺序连续性，不得间断或缺失。任何单位和个人不得篡改电子票号。

（2）运输企业、客货营业单位、客货运输业务系统维护单位都应当设置客货票据总账、明细账，掌握客货票据动态。根据客货票据整理报告及时登账，结出票据使用数量。出现电子票号缺失或票号未连续使用时，应当分别登账，并按票据丢失事故规定计算事故金额。

（3）运输企业及客货营业单位应当设置票据库保管纸质票据。票据库必须配备安全设施，并实施票账分管制度、票据出入库和交接制度，定期清查。纸质票据未经收入管理部门批准，不准相互调拨和借用。

（4）中铁银通卡实体卡片（包括铁路 e 卡通等）相关票据，执行客货票据管理的相关规定。

六、运输费用收缴款管理

（一）运输费用核收

客货营业单位是运输费用核收的单位。在办理客货运输业务时，应当使用规定的客货票据和统一的客货运输业务信息系统计算核收运输费用。办理客货直通运输时，应当使用国铁集团规定的客货票据和统一研发和运用的客货业务信息系统计算核收运输费用。非客货营业单位不得核收铁路运输费用。

（二）运输费用核收方式

铁路运输费用核收方式分为现付、到付、后付、预付四种。

1. 现付

旅客票价、行李、货物运费以及发站发生的杂费（或发站计算核收到站杂费）实行发送核算制，由发站负责计费收款，发送运输企业审核列账。

由客运售票、货运制票单位或站点负责计费收款，收款运输企业审核列账。

12306网站售票、95306网站制票，通过客货运输业务信息系统和铁路电子支付计费和结算运输费用，由票面发站的运输企业审核列账。

2. 到付

批准按到付办理的货物运杂费、中途站和到站发生的杂费，由到站负责计费收款，到达运输企业审核列账。

3. 后付

符合后付范围的军事运输发生的票款、运费、押运人乘车费，以及国铁集团批准的按后付办理的货物运输费用，由发站负责制票，发送运输企业集中核算、列账，并按国铁集团制定的结算办法向指定单位进行结算。

4. 预付

铁路运输费用在付款人和收款人双方自愿的原则下可签订合同按预付办理。

（三）运输费用结算方式

（1）铁路运输费用结算方式分为现金结算和非现金结算两种。非现金结算包括支票、电子支付等。

（2）对企业、事业单位、机关团体和签有合同的单位发生的铁路运输费用，可以使用支票结算。对经常发到货物的单位，在不影响客货营业单位运输费用送存银行的前提下，可按日汇总结算。

（3）对符合条件的铁路签约客户，可以办理一定时期内发生铁路运输费用的汇总结算。

（4）铁路运输费用不办理异地托收。

（5）发生退款时，按原收款结算方式办理。

（四）铁路电子支付结算

（1）铁路电子支付方式结算款，通过铁路电子支付平台专户集中汇缴至国铁集团运输收入专户。结算单位列报已缴款。

（2）铁路旅客列车扫码支付方式结算款，通过企业商户账户结转到结算单位运输收入专户。结算单位列报应缴款。

（五）国际联运旅客车票的结算

（1）国际联运清算中心负责办理国际联运客运收入结算。国际联运旅客车票由售票运输企业审核列账。委托中国国际旅行社总社及其分社代售的国际联运旅客车票，由国铁集团指定的铁路局集团公司审核列账。代收的国外铁路票价、代收其他运输企业担当的国际联运列车国内段客票票价及全程卧铺票价转报国际联运清算中心办理结算。

（2）到达我国铁路旅客的客票、卧铺票和补加费收据，在旅客乘车终了时，由列车长收回报本企业收入管理部门。

（3）过境我国铁路旅客的卧铺票及补加费收据由列车长在旅客到达出境站以前收回，并编制"过境中国国际联运旅客客票统计单"随"车内补票移交报告"报本企业收入管理部门。

（六）多、少收款处理

（1）客货营业单位应当建立健全客货票据及报表的自检、互检、总检复核制度，防止发生差错。

（2）发站单位复核查出计算错误时，应当及时办理补退款手续，并发电报通知到站及本企业收入管理部门，发生的补退款，列其他收入科目。

（3）到站单位查出发站原收运输费用计算错误造成少收款时，应当发电报通知发站及其收入管理部门查询答复后办理补款，补收款列其他收入科目。

（4）收入管理部门审核客货票据查出多、少收款时，应当填发"票价订正通知书""补款通知书""退款通知书"，通知原收款客货营业单位办理退补。因特殊情况原收款客货营业单位办理补退款有困难时，可委托有关客货营业单位办理，凭有关函电证明报收入管理部门销账。

（5）发、到站补退的铁路建设基金列原科目。

（6）多、少收款超过180日无法处理时，少收款由责任者归还；责任者无力归还或少收款属单位责任的，由单位负责归还，在责任单位营业外支出科目列支。多收款转运营财务部门列营业外收入。

七、运输收入进款管理

（一）基本要求

（1）运输企业应当健全运输收入进款管理制度，实施账款分管制度。客货营业单位应当配备专职进款会计人员，负责运输收入进款的交接、保管、存缴及账表编报工作。专职进款会计人员不得直接对外办理客货运输及收付款业务。

（2）运输收入进款存放地点和开放式营业窗口，应当配置安全设备和制定防范措施。

（3）向银行送存运输收入进款时，从存款地点到送款车辆、送款途中及从送款车辆到银行，应由站长派人护送或使用机动车辆护送。旅客列车应当配备保险柜存放票据和现金，并由列车长或指定专人负责管理，确保票据和现金安全。列车乘务工作终了交款时，应当由专人护送至交款处所。

（二）运输收入进款专户管理

（1）国铁集团、运输企业及客货营业单位应在当地银行开立运输收入存款专户。当地无银行或未在当地银行开户的客货营业单位，按其收入管理部门规定日期和指定的列车将运输收入进款寄送至代缴站办理存缴，或由客货营业单位派专车取送。

（2）铁路电子支付平台管理部门开设电子支付进款资金专户，旅客列车扫码支付结算单位开设商户账号和运输收入专户。铁路电子支付结算手续费费率执行国铁集团统一的费率。

（3）各运输收入存款专户应当设置"运输收入进款银行日记账"。营业单位应当按月将银行对账凭证和单据等报收入管理部门审核确认。

（4）运输收入进款遵守专户管理的原则，专户内不得办理运输收入范围以外的其他收付款业务，不得与运输企业财务会计账户混用，不得经由个人账户办理。

（三）运输收入进款存缴管理

（1）客货营业单位运输收入进款必须在收款次日12时前送存银行，并按规定时间全部汇缴上级运输收入专户。

（2）铁路电子支付平台结算的运输收入进款，按照规定时间汇缴至国铁集团运输收入专户。旅客列车扫码支付结算单位商户账号的运输收入进款，应当在办理结账后，及时结转到本单位运输收入专户。

（3）各级运输收入会计单位，应当按规定办法办理运输收入进款的缴款。

（4）各级运输收入存款专户存款利息收入，应当在银行结息的当月列账。收入管理部门应根据每季度运输收入存款专户结息期内铁路建设基金占全部运输收入进款的比例，计算应缴铁路建设基金银行存款利息，向国铁集团全额报缴，其他存款利息列本企业利息收入。

（5）办理运输收入进款存缴业务所发生的相关费用支出由其单位列财务费用。客货营业窗口找零备用金由其单位的财务部门提供。

（四）运输收入进款结账与报账

（1）运输收入进款遵守先交款后结账原则，按日进行结账。结账时间除特殊规定外统一规定为18时，客运营业单位的售票结账时间可为交接班时间，

（2）12306网站售票结账时间为24时，旅客列车结账时间为本次乘务工作终了。当月运

输收入进款应当在当月列账。

（3）现金交接应当面清点，不准以支票套取现金。结账时出现多出款，应当在当日列账上缴，严禁保留账外现金。短少款由责任者当时赔偿，不准以运输收入进款或找零款顶数滚欠。每次值乘终了列车长办理交款手续后，再办理未使用票据的交接或保存手续。

（4）结账出现重号时，按实际票款列账。结账出现票号缺失、票号未连续使用、打印的客货票据票面金额与其电子数据信息金额不一致时，按少缴款处理。

（5）运输企业收入管理部门负责12306网站售票业务对账工作。国铁集团负责运输收入进款的应缴款、已缴款、实缴款对账工作。

（6）客货营业单位和运输企业收入部门必须按日填制"运输进款收支报告"，做到科目正确、账款相符，收支平衡。"运输进款收支报告"、收付款凭证、各种客货票据及有关运输收入报表应按规定日期分别向运输企业收入管理部门报账。

客货运输业务系统在结账后，按照规定接口格式和传输方式，在规定时间直接向本企业收入管理部门提报运输费用相应原始数据信息，做到电子数据信息与打印或纸质票据记载事项相符。任何单位和个人不得提报另行加工整理后的数据信息。

（五）运输收入进款动支范围

运输收入进款除下列规定范围外，一律不准动支：
（1）上缴运输收入进款。
（2）垫付旅客和路外人员意外伤亡、急救或埋葬费。
（3）运输企业批准垫付自然灾害急需款。
（4）垫付托运人责任的途中货车整理换装费和包装补修费。
（5）垫付保价行李、包裹、货物赔偿款。
（6）支付行李、包裹、货物运到逾期违约金。
（7）退还旅客和托运人、收货人的客货运输费用。
（8）支付代收款。

八、运输收入会计核算

铁路运输收入会计核算实行分级核算制，运输企业收入管理部门组织运输收入会计核算工作的实施。收入会计根据运输收入审核确认后的运输收入原始凭证进行会计核算，正确反映运输收入进款动态，及时办理各经济主体之间资金结算，编制和提供运输收入会计信息资料。

收入会计的原始凭证包括下列内容：
（1）运输收入会计核算采用原始凭证汇总表代替原始凭证。
（2）原始凭证包括客货票据的报告页、车站退款证明书、垫款通知书、运输收入动支凭证、现金和支票进账单，以及汇款单、银行对账单等。

(3)原始凭证汇总表包括票据整理报告、退票报告、改签报告、车内补票移交报告、运输收入进款收支报告、往来结算通知单、运输收入进款收支总表、车站银行流转额汇总表和后付运输、国际联运清算表、运输收入事故处理通知书等。

九、运输收入稽查管理

(1)收入管理部门组织实施收入稽查工作。按照本规定赋予的职责、职权和程序,以实地检查的形式,对本辖区内客货营业单位和旅客列车,以及运输企业所涉及运输收入的工作实施稽查。

(2)收入稽查工作是运输收入监督检查重要组成部分。在实施稽查工作中,有需要到辖区外涉及本辖区运输收入的问题进行调查时,应经其共同的上级主管部门批准后实施。上级部门对辖区内的监督检查,可以组织下一级运输收入管理部门进行检查;对违反运输收入纪律问题,可以直接进行检查。

(3)在稽查工作中发现属于其他企业管辖范围的收入违纪问题时,应当及时通知对方收入管理部门查处;问题较为严重的,应当报告上级收入管理部门。

(4)收入稽查工作的基本任务是依据国铁集团有关规章、规定和运输企业制定的补充规定,对管辖区域内从事铁路客货运输单位及相关单位的运输收入工作进行监督检查;对客货运输业务信息系统以及铁路电子支付结算系统中涉及运输收入管理的部分的合规性、原始数据信息和信息网络传输的安全性进行监督检查;查处各种违反铁路运输收入纪律的行为,保证铁路运输收入的正确、及时、完整和安全,维护各运输企业的经济利益和铁路运输合同各方当事人的合法权益。

(5)铁路运输收入稽查证和稽查臂章是运输收入稽查人员执行任务的凭证和标志。在执行稽查任务时,应当向被查单位的有关人员出示稽查证。查验旅客乘车凭证时应按规定着装、佩戴稽查臂章。

稽查证正面式样如图4-3-1所示,证芯式样如图4-3-2所示。

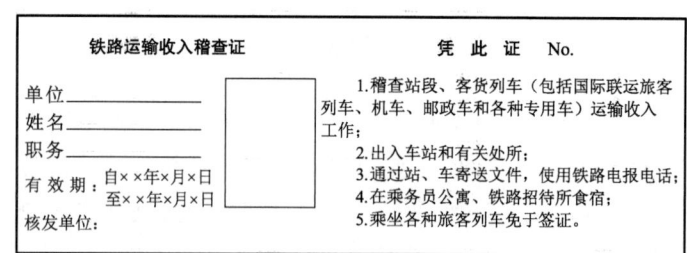

图4-3-1 稽查证正面式样　　　图4-3-2 稽查证证芯式样

稽查臂章为菱形,用绿色呢料制作,黄色丝线绣边绣字。外形边长100毫米;"稽查"二字为宋体,尺寸宽23毫米,高26毫米;"×局×号"为正楷字体,尺寸宽10毫米,高12毫米。稽查臂章式样如图4-3-3所示。

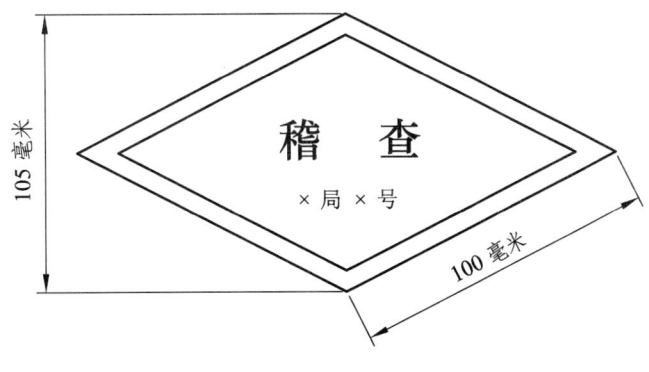

图 4-3-3 稽查臂章

稽查印章式样为圆形印章。尺寸为：外形直径为 25 毫米，外环宽 1.5 毫米；"稽查"为宋体，置图章下方；其他字体大小适当。稽查印章式样如图 4-3-4 所示。

图 4-3-4 稽查印章

十、信息系统与数据管理

（一）信息系统管理与要求

（1）客货营业单位、客货运输业务系统维护单位和铁路电子支付结算系统维护单位以及运输企业收入管理部门均应建立运输收入信息化管理制度和系统应急预案。

（2）运输收入管理信息系统和客货运输业务信息系统，以及铁路电子支付结算系统中涉及运输收入管理的部分应符合本规定要求，根据客货运和运输收入规章变化，及时进行系统和参数维护。内部控制应当刚性地、程式化地固化在系统中，做到合理授权，操作留痕迹，检查可追溯。

（3）运输企业收入管理部门应提前参与客货运输系统、铁路电子支付结算系统的研发和测试过程。

（二）数据信息提报

（1）客货营业单位负责将客货运输业务系统涉及运输费用的相关数据信息和打印的原始汇总凭证等，按规定时间和接口格式及传输方式，向本企业收入管理部门提报，其数据信息应相互记载对应业务的票据号码、办理时间、业务事由、结算方式等内容。

（2）运输收入数据信息实施归口管理，收入管理部门应当做好保密工作。

（3）运输收入管理部门负责按照规定的时间和接口格式及传输方式，提供运输收入会计和审核确认后的运输收入数据信息。

（三）票据资料传递

运输企业收入管理部门每月对核算、结账完毕客货票据和整理报告的纸质或电子数据，应均衡、分批、完整地向统计部门移交。最后一批移交时间为次月5日（遇法定节假日、双休日顺延）。统计部门使用完毕后，应当及时完整返回原移交部门。

（四）收入数据与票据保管

（1）运输企业收入管理部门应当建立完整的运输收入信息管理和数据备份制度，负责运输收入管理及有关的各种生产指标、效率指标、效益指标等数据信息的搜集、分析、预测、存储和反馈，以及数据传递工作。

（2）客货纸质票据保管期限为3年，其数据信息保管期限为5年。客货票据账及相关单据、票据整理报告等汇总原始凭证及数据信息保管5年。

十一、运输收入事故

（一）运输收入事故分类

运输收入事故包括现金事故、票据事故和坏账损失。

1. 现金事故

现金事故包括现金丢失、被盗、被抢劫。

2. 票据事故

票据事故是纸质铁路客货票据在印制、保管、发放、寄送、运输和使用过程中（含使用过的发送、到达客货票据和印刷过程中的半成品）所发生的丢失、灭失、被盗、短少，以及未连续使用或缺失客货电子票据号码，篡改、丢失铁路电子票据数据信息。

3. 坏账损失

坏账损失是因失职造成的无法收回的运输收入。

（二）运输收入事故等级

（1）一般事故：损失金额不足 100 万元。

（2）大事故：损失金额 100 万元及以上，不足 1000 万元。

（3）重大事故：损失金额 1 000 万元及以上。

（三）运输收入事故金额计算

（1）现金、银行票据和坏账损失按实际损失计算。

（2）区段票每张按剪断线最高额计算。

（3）印有固定金额的纸质票据，按票面金额计算。

（4）未印金额的纸质票据，按每组（张）1000 元计算。

（5）使用过的客货票据和到达票据的事故金额按实际损失计算，不能确定的按上述相应票据计算。

（6）上述以电子数据信息形式体现的铁路电子票据事故的金额按上述相应票据计算。

（四）运输收入事故处理

（1）发生运输收入事故时，应保护好现场并立即报告运输企业收入管理部和公安部门，及时组织破案。

（2）事故发生后，应于 5 个自然日内向本企业收入管理部门提出"运输收入事故报告表"并附责任人书面材料。重大、大事故应及时书面报告国铁集团收入管理部门。发生运输收入事故除按事故金额追款外，可视情节轻重对责任者给予企业纪律规定处理，情节严重的应追究主管领导的企业纪律责任。

（3）一般事故由营业单位处理，并报本企业收入管理部门备案。

（4）重大、大事故由运输企业处理，并报国铁集团收入管理部门备案。

【任务拓展】

铁路运输收入报表格式及说明（列车客运主要报表）

一、列车扫码结算车补进款转账凭证

（1）列车扫码结算车补进款转账凭证是客运段反映将交接完毕该班组车内扫码结算车补进款的合计金额，全部转到本单位运输收入专户的原始转账凭证，是运输收入进款列账的原始依据。

（2）列车扫码结算车补进款转账凭证由扫码支付系统将交接完毕的列车班组车内扫码结算车补进款的金额，经结账单位管理人员确认后，将合计金额全部转账到本单位运输收入专户。其转账金额应与结账系统的结账金额一致。

（3）纸质凭证一式2份，加盖印章后，1份留存，1份随"车内补票移交报告汇总表（财收-17-1）"报运输企业收入管理部门，同时按照规定时间和数据格式向运输企业收入管理部门提报数据信息。

列车扫码结算车补进款转账凭证格式如图4-3-5所示。

中国国家铁路集团有限公司　　　　　　　　　　　　　　　　　　　　　　账收-4-1
_____运输企业　　　　**列车扫码结算车补进款转账凭证**
_____客运段
　　　　　　　　　　　　　　　年　月　日　　　　　　　编号：（顺序编号）

付款项目	内容	付款项目	内容	收款项目	内容
办理地点		车队名称		收款银行地点	
企业商户简称		出乘车次		收款客运段收入专户名称	
企业商户账号		班组名称		收款客运段收入专户账号	
转账单号		转账成功时间	（年　月　日时分）	付款金额合计	（两位小数）
单位主管（签章）		经办人（签章）		办理时间（经办人填写）	（年月日）

图4-3-5　列车扫码结算车补进款转账凭证

二、车内补票移交报告

（1）车内补票移交报告是列车整理车内补票和向运输企业收入管理部门报告相关情况的专用报告，也是列车运输收入进款结账的原始依据。

（2）车内补票移交报告由客运段收入管理部门根据列车乘务终了的移动补票机信息编制，手工办理补票业务的由列车长负责填制。需上报纸质报表时，填制本报告一式2份，1份编制单位留存，1份列车长留存。

（3）车内补票移交报告应按列车班组使用的票据号码顺序编制。本次票据号码应与上次报告的票据号码相衔接。列车班组同时使用两组票据或因其他原因票号不衔接时，应分格填记。作废票据应全部上报。报告中的款额按该组票据合计数加总填记，应与"运输收入进款收支报告（财收-8）"对应项目金额相符。

（4）车内补票移交报告结账的应缴款与列车长的"车补进款交接单（财收-22-2）"的实交款相符，出现不符时，按多少缴款处理。

（5）按照规定时间和数据格式向运输企业收入管理部门提报数据信息。纸质报表由运输企业或车站根据需要打印或报送。

车内补票移交报告格式如图4-3-6所示。

中国国家铁路集团有限公司　　　　　　　　　　　　　　　　　　　　　财收-17
_____运输企业　　　　　车内补票移交报告
_____客运段
　　　　　　　　　　　　第___次次列车第___组　　　　　　　年　月　日

票据种别	符号	起号	止号	张数	其中作废	金额		进款项目	金额
							1	补收票价	
							2	补收卧铺票价	
							3	卧铺订票费	
							4	补票手续费	
							5	补超重运费	
							6	溢收款	
							7	少缴款	
							8		
							9		
							10		
							11	合　计	
							12	其中：现金	
							13	支付宝	
							14	微信	
	合计						15		

收回原票张数	缴款收据编号	补无票人数	补卧铺人数	补超重重量公斤数	补超重批数	备注

始发车次	始发站	终到站	硬座定员		软座定员	硬卧定员			软卧定员		高包定员	
			含二等	含一等	特等	上	中	下	上	下	上	下

图 4-3-6　车内补票移交报告

三、车补进款交接单

（1）车补进款交接单是列车班组在乘务终了时与本段收入部门或代缴站办理车补现金进款交接时的凭证。

（2）列车长根据当次乘务实际使用各种票据的起止号码、张数和实际核收的现金款额编制一式4份。

（3）列车长应连同现金一并交收款人。经收款签认后，交接双方各留一份。交列车长2份［1份留存，1份随"车内补票移交报告（财收-17）"报本段收入部门］，收款人留2份（1份留存，1份报收款单位收入部门）。

车补进款交接单格式如图4-3-7所示。

中国国家铁路集团有限公司　　　　　　　　　　　　　　　财收-22-2
＿＿＿＿＿＿＿＿运输企业　　　　　　　**车补进款交接单**
＿＿＿＿＿＿＿＿段

年　月　日　　　　　　　编号：

交款处所		站（段）			
车　次		交款时间			
票据种别	符　号	起　号	止　号	张　数	
金　额	小　写	十　万　千　百　十　元　角　分			
	大　写	拾　万　仟　佰　拾　元　角　分			
备　注					
列车长（签章）：		收款人（签章）：		交接日期：　年　月　日	

图4-3-7　车补进款交接单

四、列车扫码结算车补进款结账交接单

（1）列车扫码结算车补进款结账交接单是列车长与本单位收入管理部门双方办理车内扫码结算车补进款互相交接时的凭证。

（2）列车扫码结算车补进款结账交接单由扫码支付系统按照列车班组出乘至退乘结账时止，列车车内扫码结算车补的金额。其结算金额应与本列车班组车移报告相应的结算方式金额一致。

（3）列车扫码结算车补进款结账交接单打印一式2份，经签认后，1份结账人员留存，1份列车长留存。

列车扫码结算车补进款结账交接单格式如图4-3-8所示。

中国国家铁路集团有限公司　　　　　　　　　　　　　　　　　　　财收-22-2

_____运输企业　　　　　　　　**车补进款交接单**

_____段

　　　　　　　　　　　　　　　　年　月　日　　　　　　　　　编号：

项目	内容	项目	内容	项目	内容
结账交接地点		车队名称		出乘时间	（年 月 日 时 分）
企业商户简称		出乘车次		退乘结账时间	（年 月 日 时 分）
企业商户账号		班组名称		结算金额合计	（两位小数）
				大写金额	
结账人（签章）：		列车长（签章）：		交接时间：	年 月 日

图4-3-8　列车扫码结算车补进款结账交接单

【复习思考题】

1. 简述动车组票价的定价依据。
2. 叙述动车组公布票价的计算方法。
3. 叙述动车组票价执行的相关规定。
4. 铁路定期票、计次票含义是什么？
5. 铁路定期票、计次票如何使用？
6. 铁路运输收入管理的基本任务有哪些？
7. 运输收入事故如何分类？

项目五
高速铁路旅客运输服务管理

项目描述

为适应铁路旅客运输服务需求，提高铁路客运服务质量，中国国家铁路集团有限公司制定了《铁路旅客运输服务质量规范》(共8个部分),《高铁中型及以上车站服务质量规范》《动车组列车服务质量规范》是其中的两个部分。《铁路客运车站标识系统暂行技术条件》适用于铁路客运车站标识系统的设计、制作和使用等。为落实"交通强国、铁路先行"战略，进一步提升"复兴号"动车组服务水平，展示铁路新气象、新作为，需要提升"复兴号"动车组服务质量。

通过本项目的学习，学生应能增强中华文明传播力影响力，坚守中华文化立场，提炼展示中华文明的精神标识和文化精髓，展现可信、可爱、可敬的中国形象。

任务一 《高铁中型及以上车站服务质量规范》

【能力目标】

能按照《高铁中型及以上车站服务质量规范》要求为旅客提供标准化服务。

【知识目标】

掌握《高铁中型及以上车站服务质量规范》的基本要求。

【相关知识】

一、高铁中型及以上车站服务质量规范适用范围

《高铁中型及以上车站服务质量规范》对中国国家铁路集团有限公司所属铁路运输企业的高铁特大型、大型、中型车站旅客运输服务提出了质量要求。

办理动车组列车客运业务的特、一等普速车站，其动车组列车和普速列车旅客共用区域以及实行物理隔离的动车组列车旅客专用售票窗口、候车室、检票口、站台等区域的管理、作业和服务比照适用本规范。

二、术语和定义

（1）高铁中型及以上车站：办理动车组列车客运业务，建筑规模为特大型、大型、中型的高速铁路（含客运专线）车站。

（2）普速车站：办理普速旅客列车客运业务的车站。

（3）动车组列车：由若干带动力和不带动力的车辆以固定编组组成、两端设有司机室的一组列车。

（4）普速旅客列车：运送旅客或行包、邮件的非动车组列车。

（5）重点旅客：老、幼、病、残、孕旅客。特殊重点旅客是指依靠辅助器具才能行动等需特殊照顾的重点旅客。

（6）照度（平面照度）：单位面积的光通量，单位为勒克斯（lx）。

三、客运安全

（1）制度健全有效，安全管理职责明确，能满足安全生产需要。

① 有安全生产责任制、安全检查和安全质量考核、劳动安全、消防管理、食品安全、设施设备、安检查危、实名验证、结合部、现金票据安全、站台作业车辆安全、旅客人身伤害处理等管理制度和办法。

② 有旅客候车、乘降、进出站、高铁快运保管和装卸等安全防范措施。

③ 与保洁、商业、物业、广告、安检、高铁快运等结合部有安全协议。

④ 有恶劣天气、列车停运、大面积晚点、启动热备车底、突发大客流、设备故障、客票（服）系统故障、火灾爆炸、重大疫情、食物中毒、作业车辆（设备）坠入股道、旅客人身伤害等非正常情况下的应急预案。

（2）安全设备设施配备齐全到位，作用良好。

① 按规定配备危险品检查仪、安全门、危险品处置台、手持金属探测器、防爆罐等安全检查设施设备，正常启用，显示器满足查验不同危险品的需求。危险品检查仪、安全门、危险品处置台、防爆罐设在旅客进站流线、高铁快运营业场所适当位置，不影响旅客通行。危险品检查仪传输带延长端适当。

② 按规定配备消防设备、器材，定期检测维护，合格有效。

③ 应急照明系统覆盖进出站、候车、售票、站台、天桥、地道等处所，状态良好。

④ 有喇叭、手持应急照明灯具、应急车次牌、隔离设施等应急物品，定点存放。有应急食品储备或定点食品供应商联系供应机制。

⑤ 安全标志使用正确，位置恰当，便于辨识。电梯、天桥、地道口、楼梯踏步、站台

有引导、安全标志。落地玻璃前有防撞装置和警示图形标志。

⑥ 梯、天桥、楼梯悬空侧按规定设置防护装置，高度不低于1.7米。

（3）安全检查规定。

① 安检人员，有引导、值机、手检、处置。开启的危险品检查仪数量满足旅客进站需求。

② 旅客人人通过安全门和手持金属探测器检查，携带品件件过机。安检口外开设的车站小件寄存处对寄存物品进行安全检查。

③ 安检人员持证上岗，佩戴标志。

④ 检查发现和列车移交的危险物品、违禁品按规定处理。

（4）站区实行封闭式管理，旅客进出站乘降有序，站内无闲杂人员。进出站通道流线清晰，有管理措施。站台两端设置防护栅栏并有"禁止通行"或"旅客止步"标志。夜间不办理客运业务时，可关闭站区相应服务处所，但应对外公告。疏散通道、紧急出口、消防车通道等有专人管理，无堵塞。

（5）站台的作业车辆及移动小机具、小推车不影响旅客乘降，不堵塞通道，不侵入安全线；停放时在指定位置，与列车平行，有制动措施；行驶或移动时，不与本站台的列车同时移动，不侵入安全线，速度不超过10千米/时。无非作业车辆进入站台。

（6）无违规使用电源、电器。

（7）人人通过生产作业、消防、电气、电气化、卫生防疫、劳动人身等安全培训，特定岗位工作人员按规定通过相应岗位安全培训。安全培训有计划，有记载，有考核。

（8）旅客人身伤害、突发疾病或接受列车移交的伤、病人员时，及时联系医疗机构；遇旅客死亡、涉及违法犯罪以及发现弃婴、流浪乞讨人员时，及时报告（通知）公安机关。

四、设备设施

（1）基础设施设备符合设计规范，定期维护，作用良好，无违规改造和改变用途。

① 有售票处、公安制证处、候车室、补票处、高铁快运营业场所、天桥或地道、站台、风雨棚、围墙（栅栏）等基础设施，地面硬化平整，房屋、风雨棚、天桥、地道无渗漏，墙面、天花板无开裂翘起脱落，扶手、护栏、隔断、门窗牢固完好，楼梯踏步无缺损。

② 有通风、照明、广播、供水、排水、防寒、防暑、空调等设备设施。

（2）图形标志符合标准，齐全醒目，位置恰当，安装牢固，内容规范，信息准确。

① 有位置标志、导向标志、平面示意图、信息板等引导标志，指引准确。站台两端各设有一个站名牌，并利用进出站地道围栏、无障碍电梯、广告牌、垃圾箱（桶）、基本站台栅栏等站台设施，设置不少于两处便于列车内旅客以正常视角快速识别的站名标志。各站台设有出站方向标志，实行便捷换乘的有便捷换乘标志。

② 根据各服务处所和服务设备设施的功能、用途设置揭示揭挂，采取电子显示屏、公告栏等方式公布规章文电摘抄、旅客乘车安全须知、客运杂费收费标准、高铁快运办理范围等服务信息。

③ 电子显示引导系统信息显示及时，每屏信息的显示时间适当，便于旅客阅读。

④ 售票窗口、自动售（取）票机、自动检票机前设置黄色"一米线"，宽度 10 厘米。

⑤ 采用中、英文；少数民族自治地区车站可按规定增加当地通用的民族语言文字。

（3）旅服系统运行稳定可靠，自动检票、导向、广播、时钟、查询、求助、监控等旅客服务设备设施齐全，状态良好。

① 有管理平台，采用"铁路局集团公司集中控制、大站集中控制、车站独立控制"模式，有用户管理和安全保密制度。

② 售票处、候车区、站台有时钟，显示时间准确。

③ 广播覆盖各服务处所，具备无线小区广播和分区广播功能；音箱（喇叭）设备设置合理，音响效果清晰。

④ 有电子显示引导系统，满足温度环境使用要求，室外显示屏具有防雨、防湿、防寒、防晒、防尘等性能，信息显示及时，每屏信息的显示时间适当，便于旅客阅读。

• 特大、大型车站进站大厅（集散厅）设置进站显示屏，显示车次、始发站、终到站、开车时刻、候车区（检票口）、状态等发车信息。

• 候车区内设置候车引导屏，显示车次、始发站、终到站、开车时刻、检票口、状态等信息。

• 检票口处设置进站检票屏，显示车次、终到站、开车时刻、站台、状态等信息。

• 天桥、地道内设置进、出站通道屏，显示当前到发列车车次、始发站、终到站、站台、到开时刻、列车编组前后顺位等信息。

• 站台设置站台屏，显示当前车次、始发站、终到站、实际开点（终到站为到点）、列车编组前后顺位、引导提示等信息。

• 出站口外侧设置出站屏，显示到达车次、始发站、到达时刻、站台、状态等信息。

• 待机状态显示站名、安全提示、欢迎词等信息。

⑤ 售票处、候车区可有自助查询终端，内容完整、准确。

⑥ 视频监控系统覆盖车站各服务处所，具备自动录像功能。录像资料留存时间不少于 15 日，涉及旅客人身伤害、扰乱车站公共秩序等重要的视频资料为一年。

⑦ 特大、大型车站候车等场所可向旅客提供无线互联网接入服务。

⑧ 车站售票、候车场所可设置银行自助存取款机。

（4）售票设施设备满足生产需要，作用良好。

① 售票窗口配备桌椅、计算机、制票机、居民身份证阅读器、双向对讲器、窗口屏、保险柜、验钞机等售票设备及具有录像、拾音、录音功能的监控设备，发售学生票、残疾军人票的窗口配备学生优惠卡、残疾军人证的识读器，退票、改签窗口配备二维码扫描仪，电子支付窗口配备电子付款机（POS 机）。

• 在窗口正上方设置窗口屏，显示窗口号、窗口功能、工作时间或状态等信息。

• 有对外显示屏，同步显示售票员操作的售票信息。

• 设置工号牌或采用电子显示屏，显示售票人员姓名、工号、本人正面 2 英寸（宽 35 毫米×高 49 毫米）工作服彩色白底照片等信息。

② 有剩余票额信息显示屏，及时、正确显示日期、车次、始发站、终到站、开车时刻、各席别剩余票额等售票信息。

③ 配备自动售、取票机，自动售票机具备现金或银行卡支付功能。

④ 补票处邻近出站检票闸机，配备桌椅、计算机、制票机、保险柜、验钞机、学生优惠卡识读器等售票设备和衡器，有防盗、报警设施。

⑤ 有存放票据、现金的处所和设备，具备防潮、防鼠、防盗、监控和报警功能。

（5）候车区布局合理，方便旅客。

① 配备适量座椅，摆放整齐，不影响旅客通行。

② 设有问讯处（服务台、遗失物品招领处），位置适当，标志醒目，配备信息终端和存放服务资料、备品的设备。

③ 设有饮水处，配备电开水器，有加热、保温标志，水质符合国家标准要求。可开启式箱盖的电开水器加锁，箱盖与箱体无间隙。

④ 设有卫生间，厕位适量。有通风换气和洗手池、干手器等盥洗设备，正常使用，作用良好。厕位间设置挂钩。

⑤ 电梯正常启用，作用良好。安全标志醒目，遇故障、维修时有停止使用等提示，操作人员持证上岗（仅操作停止、启动、调整方向的除外）。

⑥ 省会城市（自治区首府）所在地高铁特大、大型车站为商务座旅客设置独立的贵宾候车区，其他车站提供候车区域。

⑦ 检票口设自动检票通道和人工检票通道，配备自动检票机。已检票区域与候车区有围栏，封闭良好。

（6）实施车站全封闭实名制验证的，设有相对独立的验证口、验证区域、验证通道和复位口，并配备验证设备。

（7）高铁快运营业场所外有机动车作业场地和停车位。办理窗口有桌椅、计算机、制票机、扫描枪，配有电子衡器和装卸搬运机具，电子支付窗口配备POS机。有施封钳等包装工具，有专用箱、集装袋、锁等包装材料。高铁快运作业场地分区合理，有防火、防爆、防盗、防水、防鼠设备。

（8）站台设有响铃设备，作用良好；地面标示站台安全线或安装安全门（屏蔽门），内侧铺设提示盲道；安全线内侧或安全门（屏蔽门）左侧设置上下车指示线标志，位置准确，醒目易识；设置的座椅、垃圾箱（桶）、广告灯箱等设施设备安放牢固，不影响旅客通行。

（9）给水站按规定设置水井、水栓，给水系统作用良好，水源保护、水质符合国家标准。按规定办理吸污作业的车站有吸污设备，作用良好。

（10）客运人员每人配置具备录音功能的手持电台和音视频记录仪，其他岗位按需配备，作用良好。站台客运人员手持电台具备与司机通话功能。

（11）有设备管理制度和设备登记台账。有巡视检查、维护保养记录。发生故障立即报告，及时维修，影响旅客使用时设有提示。

五、文明服务

1. 仪容整洁，上岗着装统一，干净平整

（1）头发干净整齐、颜色自然，不理奇异发型、不剃光头。男性两侧鬓角不得超过耳垂底部，后部不长于衬衣领，不遮盖眉毛、耳朵，不烫发，不留胡须；女性发不过肩，刘海长不遮眉，短发不短于7厘米。

（2）面部、双手保持清洁，指甲修剪整齐，长度不超过指尖2毫米，身体外露部位无文身。女性淡妆上岗，保持妆容美观，不浓妆艳抹，不染彩色指甲。

（3）按岗位换装统一，衣扣拉链整齐。着裙装时，丝袜统一，无破损。系领带时，衬衣束在裙子或裤子内。外露的皮带为黑色。佩戴的外露饰物款式简洁，限手表一只、戒指一枚，女性还可佩戴发夹、发箍或头花及一副直径不超过3毫米的耳钉。不歪戴帽子，不挽袖子和卷裤脚，不敞胸露怀，不赤足穿鞋，不穿尖头鞋、拖鞋、露趾鞋，鞋的颜色为深色系，鞋跟高度不超过3.5厘米，跟径不小于3.5厘米。

（4）佩戴职务标志（售票员除外），胸章牌（长方形职务标志）戴于左胸口袋上方正中，下边沿距口袋1厘米处（无口袋的戴于相应位置），包含单位、姓名、职务、工号等内容。臂章佩戴在上衣左袖肩下四指处。售票员、验证人员、安检值机人员等坐姿作业人员可不戴制帽，其他人员执行职务时应戴制帽，帽徽在制帽折沿上方正中。

2. 表情自然，态度和蔼，用语文明，举止得体，庄重大方

（1）使用普通话，表达准确，口齿清晰。服务语言表达规范、准确，使用"请、您好、谢谢、对不起、再见"等服务用语。对旅客、货主称呼恰当，统称为"旅客们""各位旅客""旅客朋友"，单独称为"先生、女士、小朋友、同志"等。

（2）旅客问讯时，面向旅客站立（售票员、封闭式问讯处工作人员办理业务时除外），目视旅客，有问必答，回答准确，解释耐心。遇有失误时，向旅客表示歉意。对旅客的配合与支持，表示感谢。

（3）坐立、行走姿态端正，步伐适中，轻重适宜。在旅客多的地方先示意后通行；与旅客走对面时，主动让路，面向旅客侧身让行，不与旅客抢行。列队出（退）勤时，按规定线路行走，步伐一致。多人行走时，两人成排，三人成列。

（4）立岗姿势规范，精神饱满。站立时，挺胸收腹，两肩平衡，身体自然挺直，双臂自然下垂，手指并拢贴于裤线上，脚跟靠拢，脚尖略向外张呈"V"字形。女性可双手四指并拢，交叉相握，右手叠放在左手之上，自然垂于腹前；左脚靠在右脚内侧，夹角为45°呈"丁"字形。

（5）迎送列车时，足靠安全线，不侵入安全线外，面向列车方向目迎目送，以列车进入站台开始，开出站台为止。办理交接时行举手礼，右手五指并拢平展，向内上方举手至帽沿右侧边沿，小臂形成45°角。

（6）清理卫生时，清扫工具不触碰旅客及携带物品。挪动旅客物品时，征得旅客同意。需要踩踏座席时，戴鞋套或使用垫布。占用洗脸间洗漱时，礼让旅客。

（7）不高声喧哗、嬉笑打闹、勾肩搭背，不在旅客面前吃食物、吸烟、剔牙齿和出现其他不文明、不礼貌的动作，不对旅客评头论足，接班前和工作中不食用异味食品。

3. 站容整洁，环境舒适

（1）干净整洁，窗明地净，物见本色。

① 地面干净无垃圾；玻璃透明无污渍；墙壁无污渍、涂鸦。电梯、扶手、护栏、座椅、台面、危险品检查仪、危险品处置台等处无积尘、污渍。卫生间通风良好，干净无异味，地面无积水，便池无积便、积垢，洗手池清洁无污垢。饮水处地面无积水，饮水机表面清洁无污渍，沥水槽无残渣。站台、天桥、地道等地面无积水、积冰、积雪，股道无杂物。

② 各服务处所设置适量的垃圾箱（桶），外皮清洁，内配的垃圾袋材质符合国家标准、厚度不小于 0.025 毫米，无破损、渗漏，每日消毒一次。垃圾车外表无明显污垢，垃圾不散落，污水不外溢。垃圾及时清运，储运密闭化，固定通道，日产日清。

③ 保洁工具定点隐蔽存放。设有供保洁作业使用的水、电设施和存放保洁机具、清扫工具的处所，不影响旅客候车、乘降。

④ 由具备资质的专业保洁企业保洁，使用专业保洁机具和清洁工具，清洗剂符合环保要求，不腐蚀、污染设备备品。保洁人员经过保洁专业知识和铁路安全知识培训合格，持证上岗。墙壁、玻璃、隔断、护栏等 2 米以下的部位每日保洁，2 米以上的部位及顶、棚等设施定期保洁。车站对保洁作业有检查，有考核。

（2）通风良好，空气质量符合国家规定。空调温度调节适宜，体感舒适，原则上保持冬季 18～20℃，夏季 26～28℃。高寒地区站房进出口处有门斗和风幕（防寒挡风门帘）。

（3）照明充足，售票处、问讯处（服务台）、高铁快运营业场所照明照度不低于 150 勒克斯，候车区照明照度不低于 100 勒克斯，站台、天桥及进出站地道照明照度不低于 50 勒克斯。

（4）各服务处所按规定开展"消毒、杀虫、灭鼠"工作，蚊、蝇、蟑螂等病媒昆虫指数及鼠密度符合国家规定。

（5）服务备品齐全完整，质地良好，符合国家环保规定。卫生间配有卫生纸、洗手液（皂）、擦手纸（干手器），坐便器配一次性坐便垫圈，及时补充。落客平台、站台设置的垃圾箱（桶）上有烟灰盒。分设照明开关，使用节能灯具，根据自然光照度及时开启或关闭照明。用水处有节水宣传揭示。

4. 广播语音清晰，音量适宜，用语规范，内容准确，播放及时

（1）通告列车运行情况、检票等信息，有禁止携带危险品进站上车、旅行安全常识、公共卫生和候车区禁止吸烟等宣传。

（2）使用普通话。少数民族自治地区车站可根据需要增加当地通用的民族语言播音。特大、大型车站使用普通话和英语双语播报客运作业信息，中型车站可增加英语播报客运作业信息。

（3）采用自动语音合成方式，日常重点内容播音录音化，可变信息尽可能集中录制，减少信息合成的频次。

5. 全面服务，重点照顾

（1）无需求无干扰。配备自动售（取）票机、自动检票机、电子显示屏等服务设备，通过广播、揭示揭挂、电子显示等方式宣传服务设备的使用方法，方便旅客自助服务。

（2）有需求有服务。售票处、候车区公布中国铁路客户服务中心客户服务电话（区号+电话号码）、铁路12306手机客户端和微信公众号二维码，直辖市、省会城市（自治区首府）和计划单列市所在地主要车站、站房规模和发送量较大的车站进站口外和候车室内设咨询服务台，受理旅客咨询、求助、投诉，专人负责，及时回应。实行首问首诉负责制，旅客问讯时，有问必答，回答准确；对旅客提出的问题不能解决时，指引到相应岗位，并做好耐心解释。接听电话时，先向旅客通报单位和工号。

（3）重点关注，优先照顾，保障重点旅客服务。

① 按规范设置无障碍设施设备。售票厅设无障碍售票窗口。特大、大型车站候车室设有重点旅客候车区和特殊重点旅客服务点（可与问讯处、服务台等合设），位置醒目、便于寻找，并配备轮椅、担架等辅助器具；地市级以上车站候车区设置相对封闭的哺乳区；在检票口附近等方便的区域设置黄色标志的重点旅客候车专座。设有无障碍厕所和无障碍电梯，正常使用。盲道畅通无障碍。

② 重点旅客优先购票、优先进站、优先检票上车。

③ 根据需求为特殊重点旅客提供帮助，有服务，有交接，有通报。

（4）尊重民族习俗和宗教信仰。少数民族地区车站可按规定在图形标志增加当地通用的民族语言文字，可根据需要增加当地通用的民族语言播音。

（5）旅客在站内遗失物品时，帮助（或广播）查找；收到旅客遗失物品及时登记、公告，登记内容完整，保管措施妥当，处置措施合法。

六、客运组织

1. 售票

（1）提供窗口、自动售（取）票机、铁路客票代售点等多种售票渠道，售票网点布局合理，管理规范。

① 售票窗口和自动售（取）票机设置、开放的数量适应客流量，日常窗口排队不超过20人。

② 办理售票、退票、改签、换票、取票、变更到站、中转签证等业务，发售学生票、残疾军人票、乘车证签证等各种车票，支持现金、银行卡等支付方式。

（2）根据车站客流及最早最晚办理客运业务列车到达时刻合理确定售票时间和停售时间，并在售票处醒目位置公布；开窗时间不晚于本站首趟列车开车前30分钟，关窗时间不早于本站最后一趟列车办理客运业务后20分钟。工作时间内暂停售票时设有提示。用餐或交接班时间实行错时暂停售票。

（3）自动售（取）票机及时补充票据、零钞和凭条。设备故障等异常状况处置及时。

（4）票据、现金妥善保管，票面完整、清晰。票据填写规范，内容准确、无涂改，按规定加盖站名戳和名章。

2. 进站、候车、检票组织

（1）按规定实行实名制验证，核验车票、有效身份证件原件、旅客的一致性。

（2）安检设备的设置适应客流量和站场条件，秩序良好，通道顺畅。

（3）候车室（区）旅客可视范围内有客运人员，及时巡视、解答旅客咨询、妥善处置异常情况。特大、大型车站设有值班站长。候车区具备车票改签和自助取票功能。贵宾候车区按规定配备专职服务员以及验票终端等服务设备，提供免费小食品、饮品、报刊等服务。

（4）开始、停止检票时间的设置适应客流量和站场条件，进站口有提前停止检票时间的提示。开始检票或列车到站前，通告车次、停靠站台等检票信息。

（5）自动检票机通道和人工检票通道正常启用，通道数量适应客流情况，并设有商务座旅客快速检票通道。设两侧检票口的，对长编组、重联动车组列车同时开启。按照先重点、后团体、再一般的原则，引导旅客通过自动检票机、人工检票通道分别排队等候、检票进站，宣传自动检票机的使用方法，提醒旅客拿好车票或身份证，防止尾随。具备居民身份证自动识读检票条件的自动检票机正常启用。人工检票口核验车票和其他乘车凭证。

（6）对无票、日期车次不符、减价不符、票证人不一致等人员按规定拒绝进站、乘车。

（7）停止检票前，通告候车室，无漏乘；停止检票时，关闭检票口，通告候车室和站台。

3. 站台组织

（1）站台客运人员提前到岗，检查引导屏状态和显示内容、站台及股道情况。

（2）按站台车厢位置标志在站台安全线或屏蔽门内组织旅客排队等候，有序乘降。铃响时巡视站台，无漏乘。

（3）办理站车交接，短编组动车组列车在4、5号车厢之间；长编组动车组列车在8、9号车厢之间；重联动车组列车在列车运行方向前组第7、8位车厢之间。

（4）开车时间前30秒打响开车铃，铃声时长10秒。

（5）车站确认列车旅客乘降、上水、吸污和高铁快运、餐车物品装卸作业完毕后，使用无线对讲设备通知列车长与客运有关的作业完毕。

（6）同一站台有两趟列车同时进行乘降作业时，有宣传、有引导、无误乘。

4. 出站组织

（1）出站检票人员提前到岗，检查自动检票机、出站显示屏状态和内容。

（2）引导旅客通过自动检票机和人工检票通道检票出站，具备居民身份证自动识读检票条件的自动检票机正常启用。人工检票口核对车票及其他乘车凭证，秩序良好，防止尾随。

（3）对违章乘车旅客及违章携带品正确处理，票款收付准确。

（4）列车出站后及时清理，站台、通道无滞留人员。

（5）换乘客流大的车站根据需要设置站内换乘流线，配备相应的设备和引导标志。

5. 高铁快运作业

（1）高铁快运作业场地满足集散分拣、装卸作业、物品和集装容器暂存等作业要求，其位置可方便、快捷进出车站和站台。高铁快运物品经指定通道进出车站、站台。

（2）高铁快运使用专用箱、冷藏箱、集装袋等集装容器以集装件的形式在高铁车站间运输。承运物品和集装件严格执行安全检查规定。

（3）装卸、搬运高铁快运集装件时轻搬轻放，堆码整齐。合理安排装车计划，列车到站前将集装件提前搬运至站台指定位置，列车停稳后按计划装载；始发站在旅客上车前完成装车，中途站在开车铃响前完成装车；装卸车作业过程不干扰旅客乘降。装车完毕后向列车长汇报集装件装车位置及件数。

（4）运输过程中发生高铁快运包装松散、破损时，有记录、有交接。

（5）到站卸车提前到位，立岗接车。集装件外包装、施封破损或集装件短少的，凭客运记录或现场检查，核实现状，办理交接。

（6）遇高铁列车在站临时更换车底或终止运行时，协助列车客运乘务组完成集装件换乘，必要时临时看管卸下的集装件。

（7）高铁快运作业区无闲杂人员出入，无非高铁快运工作人员查找、搬运。发现非工作人员持集装件出站时当场制止。

（8）高铁快运装卸人员经过装卸作业知识、技能和铁路安全知识培训合格，持证上岗。

6. 列车给水、吸污作业

（1）给水站根据给水方案配备给水人员，防护用具齐全，按指定线路提前到指定位置接送车，有人防护，同去同回。

（2）按规定程序及时上水，始发列车辆辆满水，中途站按给水方案补水，有注水口的挡板锁闭，水管回卷到位（管头插入上水井内）。吸污站按规定进行吸污作业，保持作业清洁。作业完毕，向站台客运人员报告。

7. 应急处置

（1）遇恶劣天气、列车停运、大面积晚点、启动热备车底、突发大客流、设备故障、客票（服）系统故障、火灾爆炸、重大疫情、食物中毒、作业车辆（设备）坠入股道、旅客人身伤害等非正常情况时，及时启动应急预案，掌握售票、候车、旅客滞留、高铁快运等情况，维持站内秩序，准确通报信息，做好咨询、解释、安抚等善后工作。

① 列车晚点15分钟以上时，根据调度通报，公告列车晚点信息，说明晚点原因、预计晚点时间，广播每次间隔不超过30分钟。电子显示屏实时显示。按规定办理退票、改签或逢餐点提供免费饮食品，协调市政交通衔接。

② 遇列车在车站空调失效时，站车共同组织；必要时，组织旅客下车、换乘其他列车或疏散到车站安全处所。到站按规定退还票价差额。

③ 遇车底变更时，车站按车底变更计划调整席位，组织旅客换乘，告知列车，并按规定办理改签、退票。

④ 遇售票、检票系统故障时，组织维护部门进行故障排查，按规定启用应急售票、换票程序，组织人工办理检票。

⑤ 遇列车故障途中需更换车底时，在车站换乘的，由客调通知换乘站、高铁快运到站，由换乘站组织集装件换车。在区间换乘的，集装件不换至救援车，由故障车所在地铁路局集团公司根据救援方案一并安排随车运送至动车所所在地高铁车站，动车所所在地高铁车站编制客运记录并安排最近车次运送至到站。

（2）有应急预案培训和演练，有记录，有结果，有考核。

（3）春、暑运等客流高峰时期，验证、安检、进站等处所设有快速（绿色）通道。

七、商业、广告经营

（1）站内商业场所、位置、面积、业态布局统一规划，不占用旅客候车空间，不影响旅客乘降流线，不遮挡旅客服务信息；统一标志，统一服务内容，统一服务标准，有商业经营管理规范，对经营行为有检查，有考核。

（2）经营单位持有效经营许可，经营行为规范，明码标价，文明售货，提供发票。不出售禁止或限量携带等影响运输安全的商品，不出售无生产单位、无生产日期、无保质期、过期、变质以及口香糖等严重影响环境卫生的食品。代搬行李服务无诱导旅客消费。

（3）餐饮食品经营场所环境卫生符合要求，用具清洁，消毒合格，生熟（成品、半成品）分开。销售散装熟食品时，有防蝇、防尘措施，不徒手接触食品。

（4）站内广告设置场所、位置、面积、形式统一规划，广告设施安全牢固，形式规范，内容健康，与车站环境相协调。不挤占、遮挡图形标志、业务揭示、安全宣传等客运服务信息，不影响客运服务功能，不影响安全。旅客通道内安装的广告牌使用嵌入式灯箱，突出墙面部分不超过200毫米，棱角部位采取打磨、倒角处理。除围墙、栅栏外，无直接涂写、张贴式广告。广播系统不发布音频广告。播放视频时不得外放声音。

八、基础管理

（1）管理制度健全，有考核，有记载。定期分析安全和服务质量状况，有针对性具体整改措施。

（2）业务资料配置到位，内容修改及时、正确。

（3）各工种按岗位责任各负其责，相互协作，落实作业标准。

（4）业务办理符合规定，票据、台账、报表填写规范、清晰。营运进款结算准确，票据、现金入柜加锁，及时解款。

（5）定期召开站区结合部协调会，有监督，有检查，有考核。

（6）定期开展职业技能培训，培训内容适应岗位要求，评判准确。

九、人员素质

（1）身体健康，五官端正，持有效健康证明。新职人员具备高中（职高、中专）及以上文化程度。

（2）持有效上岗证，经过岗前安全、技术业务培训合格。客运值班员、售票值班员、客运计划员、综控室操作人员从事客运服务工作满2年。综控室操作人员具备广播员资质。

（3）熟练使用本岗位相关设备设施，熟知本岗位业务知识和职责，掌握本岗位应急处置作业流程，具备应对突发事件的能力。

【任务拓展】

动车组列车站台作业人员对讲机联系用语

动车组列车站台作业人员对讲机联系用语见表5-1-1。

表5-1-1　动车组列车站台作业人员对讲机联系用语

联系情况			联系用语	作业人员
始发列车	检票作业		检票前，站台指定客运员确认车底后，应与检票员进行联系互控。站台响铃客运员："××次可以检票。"检票员回复："××次可以检票。"	检票员 站台指定客运员
	列车停检	检票	停检时，检票员："××次停检，无赶车旅客。"站台指定客运员回复："××次停检，无赶车旅客，站台明白。"	检票员 站台指定客运员
		旅客乘降	停检时，站台客运人员确认旅客乘降、高铁快件、配餐作业完毕，无侵线现象后，应进行联系互控。站台其他部位客运员："××次，x-x车厢客运有关作业完毕。"站台响铃客运员回复："××次，x-x车厢客运有关作业完毕，明白。"	站台客运人员
		列车长联系	站台指定客运员确认检票、旅客乘降作业完毕，无侵线现象后，使用电台通知列车长，用语为："××次××站客运有关作业完毕。"	站台指定客运员
	列车发车		列车启动前，由机后至尾部客运人员依次复诵："××次列车准备发车。"	站台客运人员
终到列车	列车进站		列车进站时，由列车进站方向客运员依次复诵："××次进站。"	站台客运人员
	司机联系 终到（立折车底除外）		站台指定客运员确认列车客运乘务组退乘作业完毕后，通过电台通知司机："××次司机，客运有关作业完毕，请关门。"	站台指定客运员

任务二 《动车组列车服务质量规范》

【能力目标】

能按照《动车组列车服务质量规范》要求为旅客提供标准化服务。

【知识目标】

掌握《动车组列车服务质量规范》的基本要求。

【相关知识】

《动车组列车服务质量规范》对中国国家铁路集团有限公司所属铁路运输企业的动车组列车旅客运输服务提出了质量要求。

一、术语和定义

（1）动车组列车：由若干带动力和不带动力的车辆以固定编组组成、两端设有司机室的一组列车。

（2）重点旅客：老、幼、病、残、孕旅客。特殊重点旅客是指依靠辅助器具才能行动等需特殊照顾的重点旅客。

二、安全秩序

（1）防火防爆、人身安全、食品安全、现金票据、结合部等安全管理制度健全有效。

（2）出、入动车所前，由车辆、客运人员对上部服务设施状态进行检查，办理一次性交接；运行途中，发现上部服务设施故障时，客运乘务人员立即向列车长报告，并通知随车机械师共同确认、处理。

（3）各车厢灭火器、紧急制动阀（手柄或按钮）、烟雾报警器、应急照明灯、防火隔断门、紧急门锁、紧急破窗锤、气密窗、厕所紧急呼叫按钮及车门防护网（带）、应急梯、紧急用渡板、应急灯（手电筒）、扩音器等安全设施设备配置齐全，作用良好，定位放置。乘务人员知位置、知性能、会使用。

（4）安全使用电源，正确使用电器设备。电器元件安装牢固，接线及插座无松动，按钮开关、指示灯作用良好；不乱接电源和增加电器设备，不超过允许负载。配电室（箱）、电气控制柜锁闭，无堆放物品。不用水冲刷车内地板、连接处和车内电器设备。

（5）餐车配置的微波炉、电烤箱、咖啡机等厨房电器符合规定数量、规格和额定功率，规范使用，使用中有人监管，用后清洁，餐车离人断电。

（6）执行车门管理制度。

① 列车到站停稳后，司机或随车机械师开启车门，并监控车门开启状态。开车前，列车长（重联时为运行方向前组列车长）接到车站与客运有关的作业完毕通知后，按规定通知司机或随车机械师关闭车门。

② 动车组列车停靠低站台时，到站前乘务人员提前锁闭辅助板指示锁并打开翻板，开车后及时将翻板及辅助板指示锁复位。

③ 餐车上货门仅供餐车售货人员补充商品、餐料时使用，无旅客乘降。

④ 列车运行中，车门、气密窗锁闭状态良好。定期巡视，保持通道畅通。发现车门未锁闭或锁闭状态不良时，指派专人看守，并及时通知随车机械师处理。

（7）安全标志设置齐全、规范，符合标准。采用广播、视频、图形标志、服务指南等方式，宣传安全常识和车辆设备设施的使用方法，提示旅客遵守安全乘车规定。

（8）运行中做好安全宣传和防范，车内秩序、环境良好，无闲杂人员随车叫卖、拣拾、讨要。发现可能损坏车辆设施和影响安全、文明的行为及时制止。

（9）全列各处所禁止吸烟，加强禁烟宣传，发现吸烟行为及时劝阻，并由公安机关依法查处。

（10）行李架、大件行李存放处物品摆放平稳、牢固、整齐。大件行李放在大件行李存放处，不占用席（铺）位，不堵塞通道。锐器、易碎品、杆状物品及重物等放在座（铺）位下面或大件行李存放处。衣帽钩限挂衣帽、服饰等轻质物品。使用小桌板不超过承重范围。

（11）发现旅客携带品可疑及无人认领的物品时，配备乘警（或列车安全员，下同）的列车通知乘警到场处理；未配备乘警的由列车长按规定处理，对危险品做好登记、保管及现场处置，并交前方停车站（公安部门）处理。

（12）发现行为、神情异常的旅客时，重点关注，配备乘警的列车通知乘警到场处理；未配备乘警的由列车长按规定处理，情形严重时交列车运行前方停车站处理。

（13）发生旅客伤病时，提供协助，通过广播寻求医护人员帮助；情形严重的，报告客调。

（14）办理站车交接，短编组动车组列车在4、5号车厢之间；长编组动车组列车在8、9号车厢之间；重联动车组列车在列车运行方向前组第7、8位车厢之间。

（15）乘务人员进出车站和动车所（客技站）时走指定通道，通过线路时走天桥、人行地道，走平交道时做到"一停二看三通过"，不横越线路，不钻车底，不跨越车钩，不与运行中的机车车辆抢行。进出车站时集体列队。

（16）乘务人员在接班前充分休息，保持精力充沛，不在班前、班中、折返站饮酒。

三、设备设施

（1）车辆设备设施齐全，符合动车组出所质量标准。

① 乘务员室、监控室、多功能室、洗脸间、厕所、电气控制柜、备品柜、储藏柜、清洁柜、衣帽柜、大件行李存放处、软卧会客室等不挪作他用或改变用途。多功能室用于照顾重点旅客。

② 车辆外观整洁，内外部油漆无剥落、褪色、流坠；车内顶棚不漏水，内外墙板及车内地板无破损、无塌陷、不鼓泡；渡板及各部位压条、压板、螺栓不松动、无翘起；脚蹬安装牢固，无腐蚀破损；手把杆无破损、松动。各部位金属部件无锈蚀。

③ 广播、空调、电茶炉、饮水机、照明灯具、电子显示屏、电视机、车载视频监控终端、控制面板、电源插座、车门、端门、儿童票标高线、地板、车窗、翻板、站台补偿器、窗帘、座椅、脚蹬、小桌板、靠背网兜、茶桌、座席号牌、衣帽钩、行李架、垃圾箱、洗手盆、水龙头、梳妆台、面镜、便器、洗手液盒、一次性坐便垫盒、卫生纸盒、擦手纸盒、婴儿护理台、镜框、洗脸间门帘、干手器、商务座车小吧台、呼唤应答器、阅读灯、软卧车铺位号牌、包房号牌、卧铺栏杆、扶手、呼叫按钮、沙发、报刊栏、餐车侧门、餐桌、吧台、冰箱、展示柜、微波炉、电烤箱、售货车等服务设备设施齐全，作用良好，正常使用，外观整洁，故障、破损及时修复。

（2）车内各种服务图形标志型号一致，位置统一，安装牢固，齐全醒目，符合规定。

（3）车厢外部的电子显示屏显示列车运行区间、车次、车厢顺号等信息，车内电子显示屏显示列车运行区间、车次、车厢顺号、停站、运行速度、温度、中国铁路客户服务中心客户服务电话（区号+电话号码）、安全提示等信息，显示及时、准确。

四、服务备品

（1）服务备品、材料等符合国家环保规定，质量符合要求，色调与车内环境相协调。

（2）服务备品齐全，干净整洁，定位摆放。布制、易耗备品备用充足，保证使用。布制备品按本规范附录规定的时间使用和换洗，有启用时间（年、月）标志。

① 软卧车（含高级软卧车）。

——包房内有被套、被芯、枕套、枕芯、床单、垫毯、卧铺套、靠背套、茶几布、一次性拖鞋、衣架、不锈钢果皮盘、带盖垃圾桶、热水瓶、面巾纸盒及服务指南、免费读物。

——备有托盘、热水瓶和一次性硬质塑料水杯。

② 软卧代座车。

——包房内有卧铺套、靠背套、不锈钢果皮盘。

——包房门框上原铺位号牌处有座席号牌。

——备有热水瓶和一次性硬质塑料水杯。

③ 商务座车。

——提供小毛巾，就餐时提供餐巾纸、牙签。

——有耳塞、靠垫、鞋套、一次性拖鞋、清洁袋和专项服务项目单、服务指南、免费读物。

——备有防寒毯、耳机、眼罩、托盘、热水瓶和一次性硬质塑料水杯。

④ 特、一、二等座车。

——有清洁袋、免费读物和服务指南，放置在座椅靠背袋内或其他指定位置。

——有座椅套、头枕片；特、一等座车座椅有头枕。

——电茶炉配有纸杯架的,有一次性纸杯。

——乘务组备有热水瓶、耳塞和一次性硬质塑料水杯。

⑤ 餐车。

——有座椅套。

——有售货车、托盘、热水瓶、一次性硬质塑料水杯。

——备有餐巾纸、牙签。

⑥ 洗脸间有洗手液、擦手纸(或干手器)。

⑦ 厕所内有芳香盒和水溶性好的卫生纸、擦手纸,坐便器有一次性坐便垫圈,小便池内放置芳香球。

(3)贴身卧具(被套、床单、枕套)和头枕片干燥、清洁、平整,无污渍、无破损,已使用与未使用的折叠整齐,分别装袋保管。卧具袋防水、耐磨、干净,无破损。贴身卧具与其他布质备品分类洗涤;洗涤、存储、装运及更换不落地、无污染。

(4)卧车垫毯、被芯、枕芯等非贴身卧具备品干燥、清洁,无污渍、无破损,定期晾晒。被芯、枕芯先加装包裹套,再使用被套、枕套。包裹套定期清洗,保持干燥整洁。

(5)布制备品定位存放在储物(藏)柜内。无储物(藏)柜或储物(藏)柜容量不足的,软卧车定位放置在3、7、11号卧铺下。

(6)有厕所专用清扫工具,与车内清扫工具分开定位存放在清洁柜内;无清洁柜的定位隐蔽存放。商务座、特等座、一等座车厢客室内不存放清洁工具。清扫工具、清洁剂材质符合规定。

(7)清洁袋质地、规格符合规定,具有防水、承重性能。

(8)每标准编组车底配备2辆垃圾小推车,垃圾小推车、垃圾箱(桶)内用垃圾袋,垃圾袋符合国家标准,印有使用单位标志,与垃圾箱(桶)规格匹配,厚度不小于0.025毫米。

(9)列车配有补票机、站车客运信息无线交互系统手持终端和GSM-R通信设备;乘务人员配置具备录音功能的手持电台及音视频记录仪。设备电量充足,作用良好。站车客运信息无线交互系统手持终端在始发前登录,途中及时更新信息。

五、整备

1. 出库标准

(1)车厢内外各部位整洁,窗明几净,四壁无尘,物见本色。

① 外车皮、站台补偿器内外、窗门框及玻璃、扶手干净、无污渍。

② 天花板(顶棚)、板壁、边角、地板、连接处、灯罩、座椅(铺位)、空调口、通风口、电茶炉、靠背袋网兜内等部位清洁卫生,无尘无垢无杂物。

③ 热水瓶、果皮盘、垃圾箱(桶)、洗脸间内外洁净。

④ 餐车橱、柜、箱干净无异味,分类标志清晰,商品、餐、饮品和备品等分类定位放置。

⑤ 厕所无积便、积垢、异味,地面干净无杂物。污物箱内污物排尽。

（2）深度保洁结合检修计划安排在白天作业，范围包括车厢天花板、板壁、遮阳板（窗帘）、灯罩、连接处、车梯、商务座椅表面、座椅（铺位）缝隙、座椅扶手及旋转器卡槽、小桌板、脚踏板、暖气罩缝隙、洗手液盒、车厢边角，以及电茶炉、饮水机内部。

（3）布制品、消耗品和保洁工具等服务备品配备齐全，定位放置，定型统一。

① 卧具叠放整齐，摆放统一，床单、头枕片、座席套、茶几布等铺设平整，干净整洁。

② 清洁袋、洗手液、卫生纸、擦手纸、一次性坐便垫圈、服务指南、免费读物、商务座专项服务等备品补足配齐，定位放置。服务指南中含有旅行须知、乘车安全须知、本车型的设备设施介绍、主要停靠站公交信息、铁路12306手机客户端和微信公众号二维码及本趟列车销售的商品价目表、菜单。

③ 垃圾小推车等保洁工具及售货车等备品定位放置，不影响旅客使用空间。

（4）可旋转式座椅转向列车运行方向。

（5）定期进行"消、杀、灭"，蚊、蝇、蟑螂等病媒昆虫指数及鼠密度符合国家规定。

2．途中标准

（1）使用垃圾小推车和专用工具适时保洁，保持整洁卫生。旅客下车后及时恢复车容。

① 各处所地面墩扫及时，干燥、干净；台面、桌面、面镜擦抹及时，干净、无水渍。

② 洗脸（手）池、电茶炉沥水盘清理、擦抹及时，无污渍，无残渣，无堵塞，无积水；垃圾车、垃圾箱（桶）、清洁袋、靠背袋网兜、果皮盘清理及时，无残渣；厕所畅通无污物，无异味，按规定吸污。

③ 餐车餐桌、吧台、工作台、微波炉及各橱、箱、柜内保持洁净。

（2）清洁袋、洗手液、卫生纸、擦手纸、一次性坐便垫圈等备品补充及时；卧具污染更换及时。

（3）垃圾装袋、封口、无渗漏，定位放置，在指定站定点投放；不向车外扫倒垃圾、抛扔杂物。

3．终到标准

终到站时车内无垃圾、污水、粪便、异味。垃圾装袋、封口、无渗漏，到站定点投放。

4．到站立即折返标准

（1）站台侧车外皮、门框、车窗干净，无污物、无积尘。

（2）车内地面清洁，行李架、大件行李存放处、扶手及座椅（铺位）、窗台上和靠背网兜内干净整洁；垃圾箱（桶）内无垃圾，无异味。

（3）热水瓶、果皮盘内外洁净，垃圾箱（桶）、洗脸间四周洁净。

（4）餐车橱、柜、箱干净无异味，分类标志清晰，商品、餐、饮品和备品等分类定位放置。

（5）洗脸间、厕所面镜洁净，洗脸（手）池、便器无污物、无异味。电茶炉沥水盘洁净。

（6）布制品、消耗品和保洁工具等服务备品配备齐全，定位放置，定型统一。

① 卧具叠放整齐，摆放统一，床单、头枕片、座席套、茶几布等铺设平整，干净整洁。

②清洁袋、洗手液、卫生纸、擦手纸、一次性坐便垫圈、服务指南、免费读物、商务座专项服务等备品补足配齐，定位放置。

③保洁工具、售货车等备品定位放置，不影响旅客使用空间。

（7）可旋转式座椅转向列车运行方向。

六、文明服务

1. 仪容整洁，着装统一，整齐规范

（1）头发干净整齐、颜色自然，不理奇异发型、不剃光头。男性两侧鬓角不得超过耳垂底部，后部不长于衬衣领，不遮盖眉毛、耳朵，不烫发，不留胡须；女性发不过肩，刘海长不遮眉，短发不短于7厘米。

（2）面部、双手保持清洁，身体外露部位无文身。指甲修剪整齐，长度不超过指尖2毫米，不染彩色指甲。

（3）女性淡妆上岗，唇线与口红的颜色一致；眉毛修剪整齐，眉笔和眼线为黑色或深棕色；眼影的颜色与制服一致；使用清香、淡雅型香水。工作中保持妆容美观，端庄大方。补妆及时，在洗手间或乘务间进行。不浓妆艳抹。

（4）乘务组换装统一，衣扣拉链整齐。着裙装时，丝袜统一，无破损。系领带时，衬衣束在裙子或裤子内。外露的皮带为黑色。佩戴的外露饰物款式简洁，限手表一只、戒指一枚，女性还可佩戴发夹、发箍或头花及一副直径不超过3毫米的耳钉。不歪戴帽子，不挽袖子和卷裤脚，不敞胸露怀，不赤足穿鞋，不穿尖头鞋、拖鞋、露趾鞋，鞋的颜色为深色系，鞋跟高度不超过3.5厘米，跟径不小于3.5厘米。

（5）佩戴职务标志，胸章牌（长方形职务标志）戴于左胸口袋上方正中，下边沿距口袋1厘米处（无口袋的戴于相应位置），包含单位、姓名、职务、工号等内容。臂章佩戴在上衣左袖肩下四指处。按规定应佩戴制帽的工作人员，在执行职务时戴上制帽，帽徽在制帽折沿上方正中。除列车长外，其他客运乘务人员在车厢内作业时可不戴制帽。

（6）餐车加热、供应餐食时，服务人员戴口罩、手套；女性穿围裙。

2. 表情自然，态度和蔼，用语文明，举止得体，庄重大方

（1）使用普通话，表达准确，口齿清晰。服务语言表达规范、准确，使用"请、您好、谢谢、对不起、再见"等服务用语。对旅客、货主称呼恰当，统称为"旅客们""各位旅客""旅客朋友"，单独称为"先生、女士、小朋友、同志"等。

（2）旅客问讯时，面向旅客站立（工作人员办理业务时除外），目视旅客，有问必答，回答准确，解释耐心。遇有失误时，向旅客表示歉意。对旅客的配合与支持，表示感谢。

（3）坐立、行走姿态端正，步伐适中，轻重适宜。在旅客多的地方，先示意后通行；与旅客走对面时，要主动侧身面向旅客让行，不与旅客抢行。列队出（退）勤（乘）时，按规定线路行走，步伐一致，箱（包）在同一侧。

（4）立岗姿势规范，精神饱满。站立时，挺胸收腹，两肩平衡，身体自然挺直，双臂自然下垂，手指并拢贴于裤线上，脚跟靠拢，脚尖略向外张呈"V"字形。女性可双手四指并拢，交叉相握，右手叠放在左手之上，自然垂于腹前；左脚靠在右脚内侧，夹角为45°呈"丁"字形。

（5）列车进出站时，在车门口立岗，面向站台致注目礼，以列车进入站台开始，开出站台为止。办理交接时行举手礼，右手五指并拢平展，向内上方举手至帽沿右侧边沿，小臂形成45°角。

（6）清理卫生时，清扫工具不触碰旅客及携带物品。挪动旅客物品时，征得旅客同意。需要踩踏座席、铺位时，戴鞋套或使用垫布。占用洗脸间洗漱时，礼让旅客。清洁厕所时，作业人员戴保洁专用手套。

（7）夜间作业、行走、交谈、开关门要轻。进包房先敲门，离开时应倒退出包房。

（8）不高声喧哗、嬉笑打闹、勾肩搭背，定时定点分批用乘务餐，其他时段不在旅客面前吃食物、吸烟、剔牙齿和出现其他不文明、不礼貌的动作，不对旅客评头论足，接班前和工作中不食用异味食品。餐车对旅客供餐时，不在餐车逗留、闲谈、占用座席、陪客人就餐。

3. 温度适宜，环境舒适

（1）通风系统作用良好，车内空气清新，质量符合国家标准。始发前对车厢进行预冷、预热，空调温度调节适宜，体感舒适，原则上保持冬季18～20℃，夏季26～28℃。

（2）车内照明符合规定。夜间运行（22:00—次日 7:00）时，座车照明开关置于半灯位；始发、终到站和客流量大的停站，以及列车途经地区与北京时间存在时差时自行调整。

（3）广播视频。

① 广播常播内容录音化。使用普通话。经停少数民族自治地区车站的列车可根据需要增加当地通用的民族语言播音。过港列车可增加粤语播音。直通列车可增加英语播报客运作业信息。

② 广播语音清晰，音量适宜，用语准确，不干扰旅客正常休息。自动广播系统播报正确。

③ 视频系统性能良好，使用正常，始发前开启系统播放节目，播放内容符合规定并定期更新。

④ 广播、视频内容以方便旅行生活为主,介绍宣传安全常识和车辆设备设施的使用方法，提示旅客遵守安全乘车规定，播报前方停站、到站信息等内容，可适当插播文艺娱乐、文明礼仪、沿线风光、民俗风情、餐食供应、广告等节目。

4. 用水供应

（1）饮用水保证供应，途中上水站按规定上水。

（2）运行途中为有需求的重点旅客提供送水服务；售货车配热水瓶，利用售货时为有需求的旅客提供补水服务。

5. 其他区域

（1）运行途中，厕所吸污时或未供电时锁闭厕所，其他时间不锁厕所。厕所锁闭时，为特殊情况急需使用厕所的旅客提供方便。

（2）公共区域的电源插座保证符合标示范围的旅行必需的小型电器正常使用。

（3）通过图形符号、电子显示、广播、视频、服务指南等方式宣传旅客运输服务信息，引导旅客自助服务。

（4）卧具终点站收取，贴身卧具一客一换。到站前提醒卧车旅客做好下车准备，不干扰其他旅客。夜间运行，卧车乘务员在边凳值岗，并定时巡视车厢。始发后和夜间客运乘务人员对卧车核对铺位。列车剩余铺位在列车办公席或指定位置公开发售，公布手续费收费标准。

（5）发现旅客遗失物品妥善保管，设法归还失主，无法归还时编制客运记录交站处理。无法判明旅客下车站时交列车终到站处理。

6. 根据旅客乘坐列车等级和席别提供相应服务

（1）商务座车配有专职人员，主动介绍专项服务项目，提供饮品、餐食、小食品、小毛巾、耳塞等服务。

——饮品有茶水、饮料，品种不少于6种，茶水全程供应。

——逢供餐时间的，免费供应餐食。供餐时间为：早餐8:00以前，正餐11:30—13:00、17:30—19:00。

——正餐以冷链为主，配用速溶汤，分量适中，可另行配备面点、菜品、佐餐料包等。品种不少于3种，配有清真餐食，定期调整。

——选用非油炸类点心、蜜饯类、坚果类等无壳、无核、无皮、无骨的休闲小食品，品种不少于6种，独立小包装。

（2）"G"字头跨局动车组特、一等座车提供饮品、小食品、送水等服务。

7. 全面服务，重点照顾

（1）无需求无干扰。通过广播、电子显示屏等方式宣传服务设备的使用方法，方便旅客自助服务。

（2）有需求有服务。在各车厢电子显示屏公布中国铁路客户服务中心客户服务电话（区号+电话号码）。实行首问首诉负责制。受理旅客咨询、求助、投诉，及时回应，热情处置，有问必答，回答准确；对旅客提出的问题不能解决时，指引到相应岗位，并做好耐心解释。

（3）重点关注，优先照顾，保障重点旅客服务。

① 按规范设置无障碍厕所、座椅、专用座席等设施设备，作用良好。

② 对重点旅客做到"三知三有"（知座席、知到站、知困难，有登记、有服务、有交接）；为有需求的特殊重点旅客联系到站提供担架、轮椅等辅助器具，及时办理站车交接。

（4）尊重民族习俗和宗教信仰。经停少数民族地区车站的列车可按规定在图形标志增加当地通用的民族语言文字，可根据需要增加当地通用的民族语言播音。

七、应急处置

（1）火灾爆炸、重大疫情、食物中毒、空调失效、设备故障和列车大面积晚点、停运、变更径路、启用热备车底等非正常情况下的应急处置预案健全有效，预案内容分工明确，流程清晰。日常组织培训，定期组织演练，培训演练有记录，有结果，有考核。

（2）配备照明灯、扩音器、口笛等应急物品，电量充足，性能良好。灾害多发季节增备易于保质的食品、饮用水和应急药品，单独存放。

（3）遇火灾爆炸、重大疫情、食物中毒、空调失效、设备故障和列车大面积晚点、停运、变更径路、启用热备车底等非正常情况时，及时启动应急预案，掌握车内旅客人数及到站情况，维持车内秩序，准确通报信息，做好咨询、解释、安抚、生活保障等善后工作。

① 列车晚点15分钟以上时，列车长根据调度、本段派班室（值班室）或车站的通报，向旅客公告列车晚点信息，说明晚点原因、预计晚点时间。广播每次间隔不超过30分钟，可利用电子显示屏实时显示。

② 遇列车空调故障时，有条件的，将旅客疏散到空调良好的车厢；需开启车门通风的，按规定安装防护网，有专人防护。在停车站，开启站台一侧车门；在途中，开启运行方向左侧（非会车侧）车门。运行途中劝阻旅客不在连接处停留，临时停车严禁旅客下车。在站停车须组织旅客下车时，站车共同组织。按规定做好旅客到站退还票价差额时的站车交接。

③ 热备车底的乘务人员、随车备品和服务用品同步配置到位。遇启用热备车底时，做好宣传解释，配合车站组织旅客换乘其他列车，或者按照车站通报的席位调整计划组织旅客调整席位，按规定做好站车交接。

④ 遇变更径路时，做好宣传解释，配合车站组织不同径路的旅客下车，按规定做好站车交接。

⑤ 车门故障无法自动开启时，手动开启车门，并通知随车机械师处理；无法关闭时，由专人看守并通知随车机械师处理。使用车门紧急解锁拉手后，及时复位。

⑥ 发生烟火报警时，随车机械师、列车长和乘警根据司机通知立即到报警车厢查实确认，查看指定车厢的客室、卫生间，随车机械师重点查看电气设备。若发生客室或设备火情，列车长或随车机械师立即通知司机按规定实施制动停车，并启动应急预案进行处理；若确认因吸烟等非火情导致烟火报警时，由随车机械师做好恢复处理，乘警依法调查，并向旅客通告。

⑦ 发生人身伤害或突发疾病时，积极采取救助措施，按规定办理站车交接，客运乘务员不下车参与处理。必要时可请求在前方所在地有医疗条件的车站临时停车处理。

八、列车经营

1. 餐饮经营

（1）餐饮经营符合有关审批、安全规定，证照齐全有效。食品经营单位的食品安全管理制度健全。

（2）餐车销售的饮食品符合国家有关规定。销售的商品质价相符，明码标价，一货一签，价签有"CRH"标志，提供发票。餐车明显位置、售货车、服务指南内有商品价目表和菜单，无只收费不服务行为。

（3）餐车整洁美观，展示柜布置艺术，与就餐环境相协调；厨房保持清洁，各种用具定位摆放。商品、售货车等不堵通道，不占用旅客使用空间。售货车内外清洁，定位放置，有制动装置和防撞胶条。

（4）商品柜、冰箱、吧台、橱柜不随意放置私人物品（乘务员随乘携带的餐食等定位存放）。餐食、商品在餐车储藏柜、冰箱内定位放置，不占用旅客使用空间。

（5）餐车配置的微波炉、电烤箱、咖啡机等厨房电器符合规定数量、规格和额定功率，保持洁净。

（6）经营行为规范，文明售货，不捆绑销售商品。非专职售货人员不从事商品销售等经营活动。餐车实行不间断营业，并提供订、送餐服务。销售人员不在车内高声叫卖、危险演示，销售过程中主动避让旅客。夜间运行时，不得进入卧车销售，座车可根据情况适当延长或提前销售时间，但不得超过1小时。

（7）供应品种多样，有高、中、低不同价位的旅行饮食品。尊重外籍旅客和少数民族的饮食习惯。盒饭以冷链为主，热链为辅，常温链仅做应急备用，有清真餐食。

（8）餐饮品、商品有检验、签收制度，采购、包装、贮存、加工、运输、销售符合食品卫生安全要求。

（9）不出售无生产单位、生产日期、保质期和过期、变质，以及口香糖、方便面等严重影响列车环境卫生的食品。超过保质期限的食品单独存放、回收销毁。

（10）一次性餐饮茶具符合国家卫生及环保要求。

2. 广告经营规范

广告发布的内容、形式、位置等符合有关规范，布局合理，安装牢固，内容健康，与列车环境协调，不挤占铁路图形标志、业务揭示、安全宣传等客运服务内容或位置，不影响安全和服务功能，不损伤车辆设备设施。

九、高铁快运

（1）高铁快运使用专用箱、冷藏箱、集装袋等集装容器以集装件的形式在高铁车站间运输，集装件应装载在列车指定位置，载客动车组列车可将集装件装载大件行李存放处、二等车厢最后一排座椅后空档处、集装件专用存放柜、动卧列车预留包厢等位置；一节车厢内大件行李存放处和最后一排座椅后空档处预留不少于三分之一的空间供旅客使用；集装件码放在车厢内最后一排座椅后的空档处时，不影响座椅靠背后倾；需中途换向的列车，不使用最后一排座椅后的空档处。利用高铁确认列车运输时，集装件还可码放在二等座车座椅间隔处等位置，但不得码放在座椅上；装载重量不超过列车允许载重量。

（2）有押运员跟车作业的列车，列车长要对押运员的证件检查和登记。无押运员跟车作业的列车，列车乘务人员在运行途中巡视、检查高铁快运集装件码放、外包装、施封等状况。

发现高铁快运集装件短少或外包装、施封破损立即报告列车长。列车长到场确认后，组织查找，必要时报警。上述异常情况列车长开具客运记录，载明现有集装件数量、编号或内装物品实际情况，到站时交快运公司工作人员处理。

（3）遇列车故障途中需更换车底或终止运行时，由列车长通知押运员，由押运员负责集装件换乘和后续处置。无押运员时，列车长报告被换乘车所在地铁路局集团公司高铁客服调度员高铁快运装载情况，乘务组临时看管集装件。换乘地点在车站时，原列乘务组在车站协助下组织集装件换乘，不具备换乘条件时集装件随原列回程或交车站临时看管；换乘地点在区间时，集装件随原列回程；列车长在换乘或交车站前开具客运记录附于集装件上。

十、人员素质

（1）身体健康，五官端正，持有效健康证明。

（2）具备高中（职高、中专）及以上文化程度，保洁人员可适当调整。

（3）持有效上岗证，经过岗前安全、技术业务培训合格。从事餐饮服务的人员有卫生知识培训合格证明。广播员有一定编写水平，经过广播业务、技术培训合格。

（4）列车长从事列车乘务工作满2年。列车值班员从事列车乘务工作满1年。列车长、商务座、软卧列车员能够使用简单英语。

（5）熟练使用本岗位相关设备设施，熟知本岗位业务知识和职责，掌握担当列车沿途停站和时刻，以及上水、吸污、垃圾投放等作业情况。熟悉本岗位相关应急处置流程，具备应对突发事件能力。

十一、基础管理

（1）管理制度健全，有考核，有记载。定期分析安全和服务质量状况，有针对性具体整改措施。

（2）按规定配置业务资料，内容修改及时、正确。除携带铁路电报、客运记录外，车上不携带其他纸质资料台账。

（3）各工种在列车长的领导下，按岗位责任各负其责，相互协作，落实作业标准，有监督，有检查，有考核。

（4）业务办理符合规定，票据、台账、报表填写规范、内容准确、完整清晰。配备保险柜，营运进款结算准确，票据、现金及时入柜加锁，到站按规定解款。

（5）客运乘务人员配备统一乘务箱（包），集中定位摆放；洗漱用具、茶杯等定位摆放。

（6）库内保洁作业纳入动车所一体化作业管理，动车所满足一体化吸污、保洁等整备作业条件。

（7）备品柜、储藏柜按车辆设计功能使用，备品定位摆放。单独配置的备品柜与车身固定，并与车内环境相协调。

（8）定期开展职业技能培训，培训内容适应岗位要求，评判准确。

【任务拓展】

动车组列车限布制备品使用年限及换洗期限

布制备品使用年限见表 5-2-1，布制备品换洗期限见表 5-2-2。

表 5-2-1　布制备品使用年限

单位：年

序号	品名	动车组列车				
		软卧	商务座	特、一等座	二等座	餐车
1	被套	0.5				
2	床单	0.5				
3	枕套	0.5				
4	包裹套	1				
5	茶几布	1				
6	卧铺套	2				
7	靠背套	2				
8	座席套			2	2	2
9	棉被	1				
10	垫毯	3				
11	枕芯	1				
12	头枕片			0.25	0.25	
13	头枕（套）			1		
14	靠垫		1			
15	防寒毯		2			

表 5-2-2　布制备品换洗期限

序号	品名	动车组列车				
		软卧	商务座	特、一等座	二等座	餐车
1	被套	1客				
2	床单	1客				
3	枕套	1客				
4	包裹套	180日				
5	茶几布	单程				
6	卧铺套	30日				
7	靠背套	30日				
8	座席套			180日	180日	180日
9	头枕片			一个交路	一个交路	
10	头枕（套）			30日		
11	靠垫		30日			
12	防寒毯		1客			
备注：动车组列车座席套在换洗期限内污损的，应及时换洗。						

任务三　高速铁路车站客运标识

【能力目标】

能按照《铁路客运车站标识系统暂行技术条件》要求进行高速铁路旅客运输服务工作。

【知识目标】

掌握《铁路客运车站标识系统暂行技术条件》的主要内容。

【相关知识】

《铁路客运车站标识系统暂行技术条件》适用于铁路客运车站标识系统的设计、制作和使用等。

一、高速铁路车站客运标识的分类

高速铁路车站客运标识根据承载信息内容的不同，分为定位标识、导向标识、服务标识、警示标识、站名大字五种类型。

（一）定位标识

定位标识是表示车站功能区域所在位置的名称标识，承载旅客目的地位置的告知信息。包括售票处、自动售票、进站口、检票口、公安值班室、客运值班室、出站口、补票处、卫生间、饮用水、无障碍电梯、综合服务台、站台车厢等。

（二）导向标识

导向标识是旅客到达各目的地行进路线中方向指引的标识，承载着引导旅客到达目的地的功能。

（三）服务标识

服务标识是为旅客提供客运车站信息服务的标识，使旅客能清晰地了解车站整体结构和功能布局、各类设备设施位置关系、使用流程和操作方法等，包括规章文电摘抄、购票须知、安全须知、安检须知、客运杂费收费标准、退改签规则、平面示意图、功能布局图、街区道路图、"一米线"等。

（四）警示标识

警示标识是表示旅客行为应被禁止或提醒的标识，按照功能分为禁止和提示两种类型。

1. 禁止类警示标识

禁止类警示标识是指明确禁止旅客某种行为的标识，如禁止躺卧、禁止通行、禁止倚靠、禁止吸烟等。

2. 提示类警示标识

提示类警示标识是指提示旅客需要注意的标识，如小心站台间隙、当心烫伤、当心滑倒、当心触电、当心碰头、当心夹手等。

（五）站名大字

站名大字是使旅客能够明确识别所处铁路客运车站名称的标识，原则上设置在站房主体建筑顶部。

二、高速铁路车站客运标识各要素的技术要求

（一）色彩

1. 定位标识

（1）进站流线定位标识。

进站流线定位标识是表示进站流线上车站功能区域所在位置的名称标识，如进站口、售票处（自动售票）、检票口等，版面基准色采用蓝色，信息（含图形符号）采用白色。

（2）出站流线定位标识。

出站流线定位标识是表示出站流线上车站功能区域所在位置的名称标识，如出站口等，版面基准色采用绿色，信息（含图形符号）采用白色。

（3）站台车厢定位标识。

站台车厢定位标识是站台上用于告知旅客所持车票票面显示车厢位置的定位标识。根据列车编组、动车组重联情况以及运行方向，车厢定位标识的色彩构成分为以下几种形式。

① 正向运行、大编组或重联动车车厢位置标识，版面基准色采用黄色，信息采用黑色。正向运行、大编组或重联动车车厢位置标识示例如图 5-3-1 所示。

② 正向运行、短编组动车车厢位置标识，版面基准色采用蓝色，信息采用白色。正向运行、短编组动车车厢位置标识示例如图 5-3-2 所示。

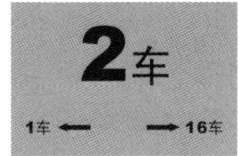

图 5-3-1 正向运行、大编组或重联动车车厢位置标识示例

图 5-3-2 正向运行、短编组动车车厢位置标识示例

③ 反向运行、大编组或重联动车车厢位置标识,版面基准色采用绿色,信息采用黑色。反向运行、大编组或重联动车车厢位置标识示例如图 5-3-3 所示。

④ 反向运行、短编组动车车厢位置标识,版面基准色采用紫色,信息采用白色。反向运行、短编组动车车厢位置标识示例如图 5-3-4 所示。

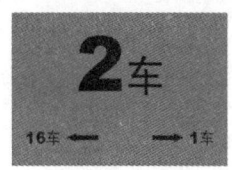 

图 5-3-3　反向运行、大编组或重联动车车厢位置标识示例　　图 5-3-4　反向运行、短编组动车车厢位置标识示例

（4）出站通道内站台定位标识。

出站通道站台定位标识建议采用金色。

（5）其他服务设施定位标识。

其他服务设施定位标识有表示告知旅客房屋、设备、设施等物理位置的标识,如客运值班室、公安值班室、补票处、卫生间、饮用水、无障碍电梯等,版面基准色采用灰色,信息（含图形符号）采用白色。

2. 导向标识

（1）进站流线导向标识。

进站流线导向标识是旅客进入车站购票、乘车行进路线中方向指引的标识,版面基准色采用蓝色,信息（含图形及方向符号）采用白色。

（2）出站流线导向标识。

出站流线导向标识是旅客下车、检票出站行进路线中方向指引的标识,版面基准色采用绿色,信息（含图形及方向符号）采用白色。

（3）综合信息导向标识。

综合信息引导时,版面基准色与标识设置区域主流线色彩一致,如候车区内综合信息导向标识色彩与进站流线导向标识色彩一致,出站通廊内综合信息导向标识色彩与出站流线导向标识色彩一致。枢纽型车站出站通廊内综合信息导向标识版面基准色可采用灰色。

3. 服务标识

（1）服务标识主要包括购票须知、安检须知、安全须知、街区道路图、功能布局图等,版面基准色采用灰色,信息采用白色。

（2）售票处和检票口旅客等待"一米线",版面基准色采用黄色,信息采用黑色。

4. 警示标识

（1）禁止类标识。

禁止类标识可以结合安装位置建筑装饰的风格确定版面基准色,版面基准色建议采用铝板原色,信息采用黑色,图形符号颜色按国标执行。

（2）提示类标识。

提示类标识可以结合安装位置建筑装饰的风格确定版面基准色，版面基准色建议采用铝板原色，信息采用黑色，图形符号颜色按国标执行。

5. 站名大字

站名大字采用红色。

（二）字体

高速铁路客运车站标识信息中文字体采用汉仪中黑简体，英文和数字字体采用 Arial 字体，站名大字采用方正隶书_GBK 字体。

（三）方向符号

高速铁路客运车站标识采用方向符号指引旅客行进方向。

1. 基本规定

在导向要素中，方向符号应使用最新国标中规定的图形。方向符号的角标仅用于箭头图形的定位，在实际使用中并不显现。实际使用中方向符号不带有边线或独立的衬底色。

2. 尺寸

方向符号的尺寸 a 为角标所确定范围的正方形边长。方向符号可在角标范围内等比例放大，但放大的箭头图形不应超出角标所确定的正方形范围。

3. 排列顺序

综合引导信息内存在多个方位的信息指引时，方向符号使用的顺序依次为向前（向上）、向左上（向左前）、向左、向左下、向右上（向右前）、向右、向右下、向下。

（四）图形符号

高速铁路客运车站标识系统通过图形符号直观地为旅客提供服务信息。

1. 尺寸

图形符号的符号区域为图形符号边线内侧的正方形区域或者符号衬底色形成的正方形区域。符号区域的四角为圆角，其边长为图形符号尺寸（用字母 a 表示）。在符号区域内不应添加文字等其他标识元素。在使用边线形成符号区域时，图形符号边线的线宽不应小于 $0.015a$，且不应大于 $0.03a$。

2. 旋转与翻转

（1）进、出站口导向标识。

进站口和出站口图形符号应用于导向标识时，图形符号要跟随方向符号的方向旋转 90 度或 180 度。

（2）卫生间标识。

卫生间图形符号要根据男、女卫生间实际位置镜像调整。

三、点位编号与命名原则

当进站口、售票处、站台、出站口等同一功能区域有多个点位时，各点位标识应进行唯一性编号。

（一）进站口

1. 车站只有一个进站口时

当车站只有一个进站口时，直接命名为"进站口"；分层每层只有一个进站口时，命名为"进站口（1F/2F/B1F）"。

2. 车站有多个进站口时

当车站有多个进站口时，以主站房一侧或者客流主要来源方向进站口为起点顺时针编号，如车站为多层，按此原则分层接序编号。命名时要考虑方向和楼层，将其作为辅助信息纳入进站口命名。

（二）售票处

1. 车站只有一个售票处时

当车站只有一个售票处时，直接命名为"售票处"；分层每层只有一个售票处时，命名为"售票处（1F/2F/B1F）"。

2. 车站有多个售票处时

当车站有多个售票处时，以主站房一侧或者客流主要来源方向售票处为起点顺时针编号，如车站为多层，按此原则分层接序编号。命名时要考虑方向和楼层，将其作为辅助信息纳入售票处命名。

（三）进站检票口

1. 车站只有一个检票口时

当车站只有一个检票口时，直接命名为"检票口"；分层每层只有一个检票口时，命名为"检票口（1F/2F/B1F）"。

2. 车站有多个检票口且不对称设置时

当车站有多个检票口且不对称设置时，以进入或靠近 1 站台的检票口为起点顺时针编号，如车站为多层，按此原则分层接序编号。命名时要考虑楼层，将其作为辅助信息纳入检票口命名。

3. 车站有多个检票口且对称设置时

当车站有多个检票口且对称设置时，以进入或靠近 1 站台的检票口开始顺序编号，原则上检票口编号与站台编号一一对应，命名为"检票口 1A/1B"。

（四）站台

当有多个站台时，应设置站台编号标识。站台编号从基本站台起始，基本站台编为 1 站台，其他站台的编号按照距离基本站台的远近从小到大依次排列。如设有两个基本站台，主站房一侧或者客流主要来源方向的站台定义为 1 站台。

站台编号命名如图 5-3-5 所示。

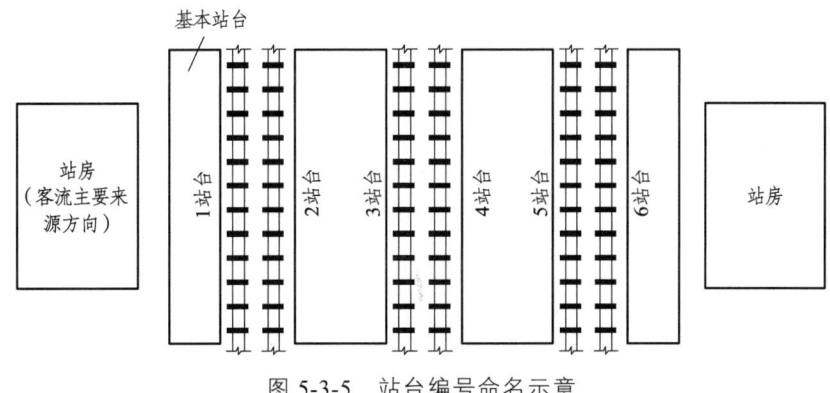

图 5-3-5　站台编号命名示意

站台编号标识如图 5-3-6 所示。

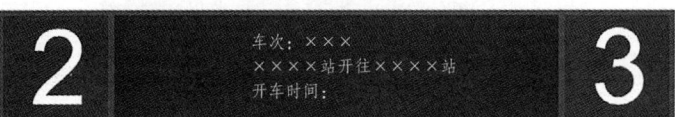

图 5-3-6　站台编号标识

（五）出站口

1. 车站只有一个出站口时

当车站只有一个出站口时，出站口直接命名为"出站口"。

2. 车站有多个出站口时

当车站有多个出站口时，以 1 站台或靠近 1 站台的出站口为起点顺时针编号。命名时要考虑方向，将其作为辅助信息纳入出站口命名。

四、站台区标识布点及信息技术要求

站台标识为旅客提供登乘和下车出站相关信息服务。站台标识应准确告知旅客站名、站台编号，引导旅客出站，根据旅客流线和中转换乘需要设置相关的导向标识以及必要的警示标识。站台根据车站规模和结构形式可分为四种类型，类型 A 单柱雨棚站台、类型 B 双柱雨棚站台、类型 C 单双柱结合雨棚站台、类型 D 无柱雨棚站台。

（一）类型 A

1. 流线分析与布点

单柱雨棚站台的流线分析与标识布点如图 5-3-7 所示。

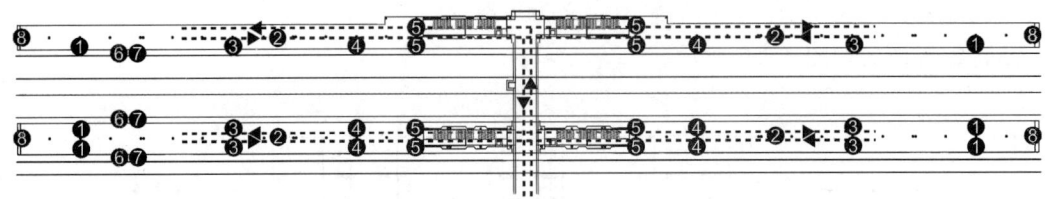

①②—站名标识；③—站名/出站引导标识；④—站台编号标识；⑤—出站指引标识；
⑥—"小心站台间隙"标识；⑦—车厢位置标识；⑧—"禁止通行"标识。

图 5-3-7　单柱雨棚站台的流线分析与标识布点

2. 标识实现效果

单柱雨棚站台标识的实现效果如图 5-3-8 所示。

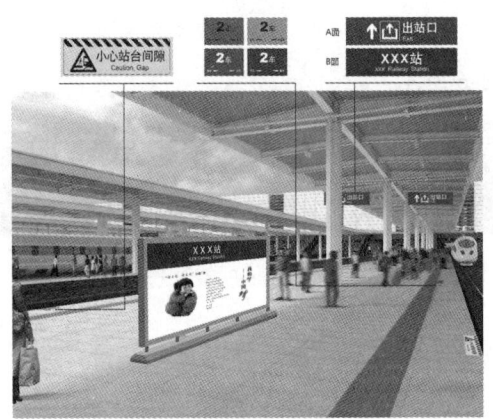

图 5-3-8　单柱雨棚站台标识的实现效果

（二）类型 B

1. 流线分析与布点

双柱雨棚站台的流线分析与标识布点如图 5-3-9 所示。

2. 标识实现效果

双柱雨棚站台标识的实现效果如图 5-3-10 所示。

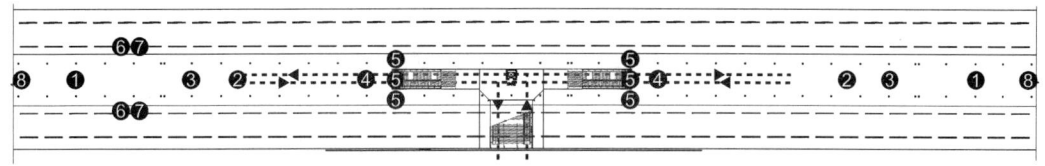

①②—站名标识；③—站名/出站引导标识；④—站台编号动静结合标识；⑤—出站指引标识；
⑥—"小心站台间隙"标识；⑦—车厢位置标识；⑧—"禁止通行"标识。

图 5-3-9　双柱雨棚站台的流线分析与标识布点

图 5-3-10　双柱雨棚站台标识的实现效果

若双柱雨棚间距不满足动静结合安装条件，站台编号可单独安装。

（三）类型 C

1. 流线分析与布点

单双柱结合雨棚站台的流线分析与标识布点如图 5-3-11 所示。

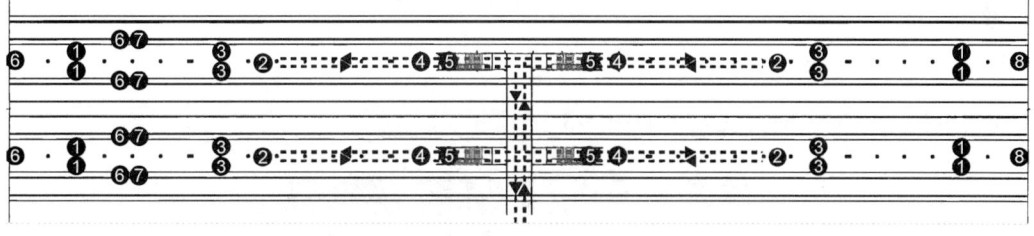

①②—站名标识；③—站名/出站引导标识；④—站台编号动静结合标识；⑤—出站指引标识；
⑥—"小心站台间隙"标识；⑦—车厢位置标识；⑧—"禁止通行"标识。

图 5-3-11　单双柱结合雨棚站台的流线分析与标识布点

2. 标识实现效果

单双柱结合雨棚站台标识的实现效果如图 5-3-12 所示。

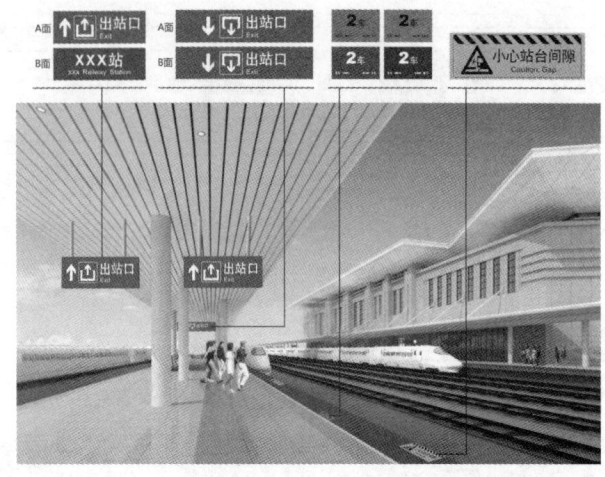

图 5-3-12　单双柱结合雨棚站台标识的实现效果

（四）类型 D

1. 流线分析与布点

无柱雨棚站台的流线分析与标识布点如图 5-3-13 所示。

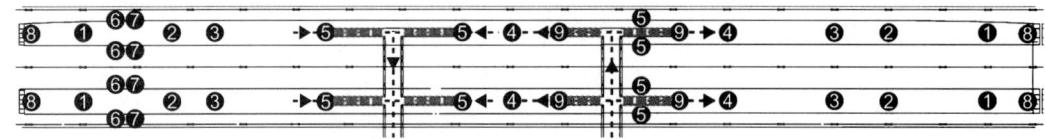

①②—站名标识；③—站名/出站引导标识；④—站台编号动静结合标识；⑤—出站指引标识；
⑥—"小心站台间隙"标识；⑦—车厢位置标识；⑧—"禁止通行"标识；
⑨—进站通道，出站旅客止步标识。

图 5-3-13　无柱雨棚站台的流线分析与标识布点

2. 标识实现效果

无柱雨棚站台标识的实现效果如图 5-3-14 所示。

图 5-3-14　无柱雨棚站台标识的实现效果

【任务拓展】

铁路车站图形符号

铁路车站图形符号见表 5-3-1。

表 5-3-1 铁路车站图形符号

序号	图形符号	对应文字	使用说明
1		售票处 Tickets	表示出售火车票的场所
2		补票处 Pay Upon Arrival	表示查、补火车票的场所
3		检票口 Check in	表示铁路火车站检票的位置
4		信息服务 Information Service	表示提供信息服务的场所
5		男/男卫生间 Men	表示男性卫生间
6		女/女卫生间 Women	表示女性卫生间
7		卫生间 Restrooms	表示男女卫生间内分别设有无障碍设施
8		卫生间 Restrooms	表示卫生间内设有单独的无障碍卫生间
9		行李托运、提取 Baggage Checkin and Claim	表示办理行李托运和提取的位置
10		行包房 Baggage	表示提供行李包裹等服务的场所
11		饮用水 Drinking Water	表示提供可饮用水的场所或位置
12		VIP 候车室 VIP Waiting Room	表示提供 VIP 服务的候车场所

续表

序号	图形符号	对应文字	使用说明
13		客运值班室 Passenger Transport Office	表示铁路客运人员的执勤或办公的场所
14		公安值班室 Security	表示安全保卫人员的执勤或办公的场所
15		便捷换乘 Transfer	表示铁路客运车站内引导旅客便捷换乘的标识
16		小心站台间隙 Caution, Gap	表示站台边缘的警示标识
17		旅客止步 No Thoroughfare	表示该处不允许进入、通行或穿越
18		禁止通行 No Thoroughfare	表示该处禁止进入、通行或穿越

任务四 "复兴号"动车组服务质量标准

【能力目标】

能进一步提升"复兴号"动车组服务水平,让旅客体验更美好的服务理念,努力提高"复兴号"服务品质。

【知识目标】

掌握"复兴号"动车组服务质量标准的基本内容。

【相关知识】

一、基础管理

1. 强化安全管理

根据复兴号特有设备特点和安全关键,制定有针对性的卡控措施和作业标准,细化应急处置措施。针对超员报警功能,依据两种车型不同超员报警数值完善乘务组织方案,细化超员报警的预防措施及应急处置流程；针对复兴号行李架特点，细化旅客人身安全保障措施，明确乘务人员巡视检查要求及标准；针对复兴号应急设备特点，强化乘务人员对应急设备使用的培训，明确有关空调失效、火灾爆炸的演练要求；强化复兴号安全动态管理，动态修订安全风险库，认真落实安全管控措施，全面提高应急处置能力，完善消防安全、人身安全、食品安全、作业安全等制度建设，规范站车联控、站车交接、车门管理、乘降组织等安全作业标准。要细化应急处置措施，有热备任务客运段的热备人员、服务备品、餐食要配备到位，各客运车站要提前掌握"复兴号"动车组和热备动车组席位置换方案，遇启动热备动车组或列车严重晚点时，站段主要领导要靠前指挥。

2. 强化人员管理

建立"复兴号"动车组客运岗位人员准入机制，明确素质条件。打造标准化乘务班组和乘务车队，强化人员管理，建立岗位星级评定和准入退出机制，实行高进低退的乘务员选拔制度。原则上女乘务员身高 1.65~1.73 米，男乘务员 1.75~1.80 米，必须经过累计不少于 24 学时的服务礼仪培训，具备大专及以上文化程度，掌握基本服务英语和手语，具备良好的沟通能力和服务技巧，具备妥善处理突发事件的能力；列车长从事动车客运乘务工作不少于 3 年，餐服长、乘务员、餐服员不少于 1 年，达到星级岗位评定 3 星以上要求。保洁公司选拔复兴号随车乘服员要满足年龄 40 岁以下，女性，从事 1 年以上列车保洁工作，业务熟练，经过礼仪培训的要求。

3. 强化职工培训

针对复兴号动车组技术装备新特点、新变化、新标准，认真制定完善复兴号新设备设施、安全保障、服务标准的培训教材，实施全员精准培训。各单位建立"复兴号"乘务人员段、车队、班组三级培训机制，要针对服务礼仪、行为规范、服务技能、岗位资质，明确培训周期、内容和上岗要求。要定期开展素质教育，强化铁路职业道德、社会职业操守、高铁荣誉责任、复兴号使命担当等专题教育，不断创新培训模式，探索实景教学、动漫教学等多元教学模式，打造出一支"积极进取、技能精湛、勤勉敬业"的高素质干部职工管理服务团队。

4. 强化客运组织

"复兴号"动车组全程不得发售无座车票；持铁路公免票的职工必须办理公免签证后方可乘坐；"复兴号"动车组沿途办客站必须严格查验车票，对未办理公免签证的职工和车次信息不符的旅客，不得允许乘坐"复兴号"动车组。各乘务单位严格复兴号动车组公免票签证制度，对未签票或越席乘车的职工，要记录相关证件信息，对影响恶劣的，要上报相关部门。

二、细化服务标准

（一）服务流程标准

1. 商务座旅客服务流程和服务标准

整体的服务设计和服务细节，要注重与旅客的情感交流，努力实现无干扰，有服务，创造轻松、自然、温馨的服务氛围，运用"六心"为商务座旅客提供专属服务，即：亲切问候表热心，主动引导拉近心，一条毛巾献细心，一杯热茶暖人心，重点服务显爱心，一声道别表关心。做到主动迎送、引导到位、微笑自然、细心观察、神态真诚、语言轻柔、举止优雅、需求必应，使旅客体验至尊感受。饮品服务使用水晶杯，特殊情况或旅客有特别需求下可以使用纸杯。复兴号商务赠餐使用专用封套、腰封，商务座小食品根据不同季节更换外包装并调整赠送品种。提供专项服务单，向旅客展示可以享受的服务，由旅客选择所需服务。服务单内容要包含商务座所有服务内容，赠品种类，赠餐种类，要明确不同情况旅客可以享受的服务内容。服务单制作要选择 A4 大小硬质纸张，压膜，可反复、长期使用，服务单放在座椅背篼内服务指南后。商务座必须使用头枕套，配无广告"CR"标识头枕片，一客一换。

2. 重点旅客服务标准

细化重点旅客服务，运用"四心"满足旅客需求，细心观察旅客举动，耐心倾听旅客要求，真心感知旅客需求，用心解决旅客困难。为"老、幼、病、残、孕"重点旅客提供"四助五色"服务，即帮助找到座位，帮助安放行李，帮助调整座椅，帮助取水饮用。提供五色中国结服务，在重点旅客的椅背扶手或衣帽钩上悬挂彩色中国结，蓝色代表老年人的贴心夕阳服务，做到服务到座、关爱到站、有求必应；绿色代表儿童的欢乐童年服务，做到微笑关爱到位、家长安全提示到位；红色代表患病旅客的医疗天使服务，做到知病情、有预案、有交接；紫色代表行动不便旅客的伴您同行服务，做到沟通无障碍、行动无障碍、出站无障碍；黄色代表哺乳妈妈的暖心贴心服务，要主动帮助更换婴儿护理台卫生间附近座位，能提供一次性婴儿围嘴、喂奶遮挡帘，做到主动帮助，满足需求。

3. 复兴号出库整备作业标准

始发出库列车整备要努力营造车内服务环境，视觉上做到窗明几净，灯光柔和，定型整齐。做到"七个一致"，即遮光帘挂放、头枕片粘贴、座椅靠背、座椅扶手、小桌叠放、桌板挡卡、杂志摆放统一整齐。杂志摆放顺序为：国铁集团、集团公司统一招标杂志在第一位，物流时代第二位，服务指南第三位，报纸类第四位。国铁集团、集团公司统一招商的杂志在一、二等座按约定位置每排摆 1 本；《物流与生活》商务、特、一等座按定员摆放；二等座按照每排 2 本摆在靠窗座椅后；《服务指南》按定员摆放。清洁袋摆放在《服务指南》后。

4. 始发出乘作业标准

致力打造团队形象，接车列队整齐，着装规范，体现英姿飒爽的职业美、举止美、规范美,以半军事化团队形象展示靓丽流动风景线。严格落实三乘检查制度,开车前餐吧、卫生间备品定型补充到位,备品周转箱码放整齐,定位码放在固定位置,不超3层,使用专用苫布苫盖。乘务人员站在车门内面向旅客,微笑示意,迎送站姿标准,让旅客乘车初体验亲切、良好。

5. 途中巡视作业标准

结合复兴号设备特点,细化作业标准和流程。利用复兴号席位显示系统,采取免打扰查票验证作业组织方式,即使用站车交互系统手机客户端核对席位显示信息,只查验座席显示橙色、绿色和站立旅客车票,减少对红色显示席位旅客的重复干扰。重点查验学生票、儿童票。将行李架整理和行李架重点部位检查,作为乘务员途中作业巡视、检查和提示的重点。

(二)列车广播标准

为减少对旅客的干扰,按照"规范、简洁、实用"原则,统一规范"复兴号"动车组设备设施介绍、服务信息、站名信息等列车广播内容。新增广播内容需报客运处批准,必须明确播放时效、时机。列车广播应实现录播内容中英双语,原则上中文播报为女声,英文播报为男声。乘务员直播做到清新流畅,音量控制舒适标准。

复兴号基本广播内容及播放时机如下。

1. 始发广播

"开车提示"为列车始发前5分钟广播1次;"欢迎词"为开车后3分钟内广播1次;"设备设施介绍""安全宣传"(包括禁烟宣传、防烫伤宣传)开车后10分钟内广播1次;"文明乘车"开车后20分钟内广播1次。

2. 途中广播

"一站两报",开车后预告下一到站站名和时刻,到站前(不晚于到站前10分钟)再次通报;"设备设施介绍""安全宣传"(包括禁烟宣传、防烫伤宣传),原则上每站开车后广播1次;"供餐广播",11:15—12:30、17:30—18:30间,每半小时广播1次。

3. 终到广播

"终到宣传"终到前5分钟广播1次。

4. 选择播报广播

"儿童乘车"根据乘车儿童实际情况选择播报;"便捷换乘广播提示"便捷换乘站到站前10分钟广播2次;"座椅转向宣传"转向站到站前10分钟广播1次;"恶劣天气友情提示",在特殊天气状况下,到站前(确报站后)对旅客进行安全提示;"超员安全宣传",在列车超员情况下,选择播报。

（三）服务备品标准

按照"高端专业、美观大方、多方征集、优中选优"的理念选购制作备品。防寒毯使用防静电、阻燃免熨烫涤纶纤维材质制作，颜色为深蓝色，不掉毛、不褪色；小毛巾为 100% 纯棉制作；拖鞋统一制作尺寸，颜色为白色或棕色；马桶垫统一使用独立包装、打开即用、使用方便的马桶垫。商务舱靠枕、桌旗等服务备品的式样、颜色、材质、内容等，与所担当的"复兴号"动车组内饰环境和外观颜色相协调，服务备品按规定样式印制"CR"标识。"复兴号"动车组客运服务备品标识如图 5-4-1 所示。

图 5-4-1 "复兴号"动车组客运服务备品标识

标识由路徽及 CR 组合，组合纵横比为：长 289：高 95/55。

商务座腰靠、防寒毯标识印制位置应为乘务员视角右上角，路徽上沿距顶边 7 厘米，标识右边距毯子侧边 7 厘米，绣金色标识组合；路徽上沿距顶边、标识右边距侧边位置与服务备品相协调。一次性小毛巾、清洁袋、专项服务单等应根据外观设计，合理确定位置。

（四）卫生保洁标准

严格"复兴号"库内保洁、深度保洁、始发、中途、折返保洁以及厕所革命专项保洁的要求，明确各部位周期作业计划，规范深度保洁管理制度，要明确计划、作业、验收等相关要求，确保复兴号保洁质量高标准。质检员强化对出库质量的考核与盯控检查，重点检查库内保洁人员的上岗人数、劳动纪律、作业标准是否符合要求，要对复兴号所有重点部位进行全覆盖检查，确保出库高标准。随车保洁员携带四色抹布区分使用，途中所有保洁工具统一放置在复兴号保洁柜内，途中车厢地面随脏随扫，运行中至少全面清洁一次。厕所、洗面间半小时全面清理一次，补充消耗品，随车保洁员巡视作业过程中遇旅客使用厕所或洗面间，及时清洁，保持厕所环境质量。保持空气干净清新，列车厕所使用统一固定的清香备品。使用香包固定悬挂在门背后挂钩处；使用空气清新喷剂，根据产品特性固定使用周期和频率；坐便厕所使用芳香盒固定摆放在马桶下方隐蔽处。

（五）商饮服务标准

落实互联网送餐服务标准，商务赠餐使用专用封套、腰封，严禁用常温餐代替商务赠餐。餐吧价目表全部使用电子价目表，复兴号配餐根据旅客饮食风俗习惯和用餐需求，配备不同价位多种套餐，包含地方特产、地方传统美食。提供点餐送餐服务，携带价目表深入车厢登记旅客用餐需求，送餐到座。

（六）品牌建设标准

按照"复兴号""一车一示范，一组一特色"的品牌创建要求，从品牌设计、品牌建设、品牌标准、品牌理念、品牌服务等各方面，打造有特色、有亲和力、有示范效应的"复兴号"品牌服务集群。

（七）列车广告标准

"复兴号"动车组车身不得制作任何形式的广告，列车广播广告不得使用××号冠名方式，列车内粘贴式广告、展牌广告必须经国铁集团审核后方可实施。

（八）宣传品标准

"复兴号"动车组内的对外宣传册、宣传画、列车服务指南等宣传品中，凡使用动车组外观图片的，应使用"复兴号"动车组外观图片，列车服务指南内应全面体现"复兴号"动车组设备设施特点。

【任务拓展】

《铁路运输服务质量监督管理办法》旅客运输有关条款

第三条 铁路运输服务质量监督管理遵循服务群众、公正公开的工作原则，形成企业自律、政府监管、社会监督相结合的工作机制。

第四条 国家铁路局负责全国铁路运输服务质量监督管理，地区铁路监督管理局负责辖区内铁路运输服务质量监督管理。国家铁路局、地区铁路监督管理局统称铁路监管部门。

第五条 铁路监管部门依法对铁路运输服务质量实施监督检查，纠正和查处违法违规行为，受理旅客、托运人、收货人的投诉、举报，组织调解铁路运输服务质量争议。

第六条 铁路运输企业应当认真贯彻执行有关法律、行政法规、规章制度和标准规范，坚持以人民为中心的发展思想，牢记人民铁路为人民的服务宗旨，建立健全铁路运输服务质量管理制度，完善运输服务设施设备，提高运输服务信息化、智能化水平，不断提升运输服务质量，满足人民日益增长的美好出行期盼，推动铁路运输服务高质量发展。

第七条 铁路运输服务应当符合有关服务标准要求，做到安全、正点、可及、便捷、舒适、绿色。

第八条 铁路运输企业应当提供符合强制性标准的运输服务设施设备，采取措施确保运输服务设施设备处于良好的运用状态并正常使用。

第九条 铁路运输企业应当按照《无障碍环境建设条例》《无障碍设计规范》（GB 50763）等规定，配备无障碍设施以及助残设备，方便行动不便旅客出行。

第十条 铁路运输企业用于为旅客、托运人及收货人服务的站房、空间场地和服务设施设备，不得违规改造或者改变用途。

第十二条　铁路运输企业应当优化生产作业组织，旅客列车晚点时，应当及时通知旅客并根据实际情况提供相应服务，采取措施全力恢复正点，确保良好的运输秩序。

第十六条　铁路运输企业应当因地制宜改善设施设备条件，优化旅客列车开行方案，丰富服务举措，开好公益性"慢火车"，服务好革命老区、民族地区、边疆地区旅客。

第十八条　鼓励铁路运输企业加强与道路、水路、民航等其他运输企业的协调配合，完善联运设施，共享信息资源，规范联运服务，开展多种运输方式间的旅客联程运输，便捷顺畅旅客出行。

第二十六条　铁路运输服务质量监督检查的主要内容有：

（一）执行铁路运输服务质量有关法律、行政法规、规章制度和标准规范的情况；

（二）受理、处理铁路运输服务质量投诉的情况；

（三）承担国家规定的公益性运输任务情况；

（四）对铁路监管部门提出问题的整改情况；

（五）依法应当监督检查的其他情况。

第三十四条　旅客、托运人、收货人可以就铁路运输服务质量问题向铁路运输企业、铁路监管部门投诉。

旅客、托运人、收货人对铁路运输企业的投诉处理结果不满意的，还可以向铁路监管部门申诉。铁路监管部门对申诉涉及的事项进行核查。

第三十五条　国家铁路局市场监测评价中心受国家铁路局委托统一受理旅客、托运人、收货人就铁路运输服务质量向国家铁路局的投诉、申诉及建议。

【复习思考题】

1. 《铁路旅客运输服务质量规范》客运组织中，对进站检票有哪些规定？
2. 《铁路旅客运输服务质量规范》对高铁车站无障碍设施管理有何规定？
3. 《铁路旅客运输服务质量规范》中，列车晚点15分钟以上时，高铁车站如何处置？
4. 《铁路旅客运输服务质量规范》中，对动车组列车空调装置故障应急处置有何规定？
5. 《铁路旅客运输服务质量规范》中，对动车组旅客行李摆放有何规定？
6. 《动车组列车服务质量规范》中对开启、关闭车门有何要求？
7. 对站台车厢定位标识有哪些规定？
8. 叙述站台区标识布点。
9. 叙述"复兴号"动车组客运组织强化内容。
10. 叙述"复兴号"动车组重点旅客服务标准。
11. 叙述"复兴号"动车组出库整备作业标准。

项目六
高速铁路旅客运输安全管理

国务院根据宪法和法律，制定行政法规，包括《铁路安全管理条例》（国务院令第639号）、《铁路交通事故应急救援和调查处理条例》（国务院令第501号）等。为保障铁路运输和旅客生命财产安全，进一步规范铁路站车危险品检查工作，制定《铁路旅客运输安全检查管理规则》。为依法妥善处理铁路旅客人身伤害及携带品损失，维护旅客合法权益，制定《铁路旅客人身伤害及携带品损失处理暂行办法》。

本项目能引导学生坚持以人民安全为宗旨，坚持安全第一、预防为主，具备较强的安全意识，以便更好地为旅客服务。

任务一　《铁路安全管理条例》

【能力目标】

能按照《铁路安全管理条例》要求做好高速铁路旅客运输安全管理工作。

【知识目标】

掌握《铁路安全管理条例》的基本内容。

【相关知识】

为了加强铁路安全管理，保障铁路运输安全和畅通，保护人身安全和财产安全，制定《铁路安全管理条例》。铁路安全管理坚持安全第一、预防为主、综合治理的方针。

一、铁路建设质量安全

（1）铁路建设工程的勘察、设计、施工、监理以及建设物资、设备的采购，应当依法进行招标。

（2）从事铁路建设工程勘察、设计、施工、监理活动的单位应当依法取得相应资质，并在其资质等级许可的范围内从事铁路工程建设活动。

（3）铁路建设单位应当选择具备相应资质等级的勘察、设计、施工、监理单位进行工程建设，并对建设工程的质量安全进行监督检查，制作检查记录留存备查。

（4）铁路建设工程的勘察、设计、施工、监理应当遵守法律、行政法规关于建设工程质量和安全管理的规定，执行国家标准、行业标准和技术规范。铁路建设工程的勘察、设计、施工单位依法对勘察、设计、施工的质量负责，监理单位依法对施工质量承担监理责任。高速铁路和地质构造复杂的铁路建设工程实行工程地质勘察监理制度。

（5）铁路建设工程的安全设施应当与主体工程同时设计、同时施工、同时投入使用。安全设施投资应当纳入建设项目概算。

（6）铁路建设工程使用的材料、构件、设备等产品，应当符合有关产品质量的强制性国家标准、行业标准。

（7）铁路建设工程的建设工期，应当根据工程地质条件、技术复杂程度等因素，按照国家标准、行业标准和技术规范合理确定、调整。任何单位和个人不得违反前款规定要求铁路建设、设计、施工单位压缩建设工期。

（8）铁路建设工程竣工，应当按照国家有关规定组织验收，并由铁路运输企业进行运营安全评估。经验收、评估合格，符合运营安全要求的，方可投入运营。

（9）在铁路线路及其邻近区域进行铁路建设工程施工，应当执行铁路营业线施工安全管理规定。铁路建设单位应当会同相关铁路运输企业和工程设计、施工单位制定安全施工方案，按照方案进行施工。施工完毕应当及时清理现场，不得影响铁路运营安全。

（10）新建、改建设计开行时速120千米以上列车的铁路或者设计运输量达到国务院铁路行业监督管理部门规定的较大运输量标准的铁路，需要与道路交叉的，应当设置立体交叉设施。新建、改建高速公路、一级公路或者城市道路中的快速路，需要与铁路交叉的，应当设置立体交叉设施，并优先选择下穿铁路的方案。已建成的属于前两款规定情形的铁路、道路为平面交叉的，应当逐步改造为立体交叉。新建、改建高速铁路需要与普通铁路、道路、渡槽、管线等设施交叉的，应当优先选择高速铁路上跨方案。

（11）设置铁路与道路立体交叉设施及其附属安全设施所需费用的承担，按照下列原则确定：

① 新建、改建铁路与既有道路交叉的，由铁路方承担建设费用；道路方要求超过既有道路建设标准建设所增加的费用，由道路方承担；

② 新建、改建道路与既有铁路交叉的，由道路方承担建设费用；铁路方要求超过既有铁路线路建设标准建设所增加的费用，由铁路方承担；

③ 同步建设的铁路和道路需要设置立体交叉设施以及既有铁路道口改造为立体交叉的，

由铁路方和道路方按照公平合理的原则分担建设费用。

（12）铁路与道路立体交叉设施及其附属安全设施竣工验收合格后，应当按照国家有关规定移交有关单位管理、维护。

（13）专用铁路、铁路专用线需要与公用铁路网接轨的，应当符合国家有关铁路建设、运输的安全管理规定。

二、铁路专用设备质量安全

（1）设计、制造、维修或者进口新型铁路机车车辆，应当符合国家标准、行业标准，并分别向国务院铁路行业监督管理部门申请领取型号合格证、制造许可证、维修许可证或者进口许可证，具体办法由国务院铁路行业监督管理部门制定。

铁路机车车辆的制造、维修、使用单位应当遵守有关产品质量的法律、行政法规以及国家其他有关规定，确保投入使用的机车车辆符合安全运营要求。

（2）生产铁路道岔及其转辙设备、铁路信号控制软件和控制设备、铁路通信设备、铁路牵引供电设备的企业，应当符合下列条件并经国务院铁路行业监督管理部门依法审查批准：

① 有按照国家标准、行业标准检测、检验合格的专业生产设备。
② 有相应的专业技术人员。
③ 有完善的产品质量保证体系和安全管理制度。
④ 法律、行政法规规定的其他条件。

（3）铁路机车车辆以外的直接影响铁路运输安全的铁路专用设备，依法应当进行产品认证的，经认证合格方可出厂、销售、进口、使用。

（4）用于危险化学品和放射性物品运输的铁路罐车、专用车辆以及其他容器的生产和检测、检验，依照有关法律、行政法规的规定执行。

（5）用于铁路运输的安全检测、监控、防护设施设备，集装箱和集装化用具等运输器具，专用装卸机械、索具、篷布、装载加固材料或者装置，以及运输包装、货物装载加固等，应当符合国家标准、行业标准和技术规范。

（6）铁路机车车辆以及其他铁路专用设备存在缺陷，即由于设计、制造、标识等原因导致同一批次、型号或者类别的铁路专用设备普遍存在不符合保障人身、财产安全的国家标准、行业标准的情形或者其他危及人身、财产安全的不合理危险的，应当立即停止生产、销售、进口、使用；设备制造者应当召回缺陷产品，采取措施消除缺陷。具体办法由国务院铁路行业监督管理部门制定。

三、铁路线路安全

（1）铁路线路两侧应当设立铁路线路安全保护区。铁路线路安全保护区的范围，从铁路线路路堤坡脚、路堑坡顶或者铁路桥梁（含铁路、道路两用桥，下同）外侧起向外的距离分别为：

（1）城市市区高速铁路为10米，其他铁路为8米。

（2）城市郊区居民居住区高速铁路为12米，其他铁路为10米。

（3）村镇居民居住区高速铁路为15米，其他铁路为12米。

（4）其他地区高速铁路为20米，其他铁路为15米。

铁路线路安全保护区与公路建筑控制区、河道管理范围、水利工程管理和保护范围、航道保护范围或者石油、电力以及其他重要设施保护区重叠的，由县级以上地方人民政府组织有关部门依照法律、行政法规的规定协商划定并公告。

新建、改建铁路的铁路线路安全保护区范围，应当自铁路建设工程初步设计批准之日起30日内，由县级以上地方人民政府依照本条例的规定划定并公告。铁路建设单位或者铁路运输企业应当根据工程竣工资料进行勘界，绘制铁路线路安全保护区平面图，并根据平面图设立标桩。

（2）设计开行时速120千米以上列车的铁路应当实行全封闭管理。铁路建设单位或者铁路运输企业应当按照国务院铁路行业监督管理部门的规定在铁路用地范围内设置封闭设施和警示标志。

（3）禁止在铁路线路安全保护区内烧荒、放养牲畜、种植影响铁路线路安全和行车瞭望的树木等植物。禁止向铁路线路安全保护区排污、倾倒垃圾以及其他危害铁路安全的物质。

（4）在铁路线路安全保护区内建造建筑物、构筑物等设施，取土、挖砂、挖沟、采空作业或者堆放、悬挂物品，应当征得铁路运输企业同意并签订安全协议，遵守保证铁路安全的国家标准、行业标准和施工安全规范，采取措施防止影响铁路运输安全。铁路运输企业应当派员对施工现场实行安全监督。

（5）铁路线路安全保护区内既有的建筑物、构筑物危及铁路运输安全的，应当采取必要的安全防护措施；采取安全防护措施后仍不能保证安全的，依照有关法律的规定拆除。拆除铁路线路安全保护区内的建筑物、构筑物，清理铁路线路安全保护区内的植物，或者对他人在铁路线路安全保护区内已依法取得的采矿权等合法权利予以限制，给他人造成损失的，应当依法给予补偿或者采取必要的补救措施。但是，拆除非法建设的建筑物、构筑物的除外。

（6）在铁路线路安全保护区及其邻近区域建造或者设置的建筑物、构筑物、设备等，不得进入国家规定的铁路建筑限界。

（7）在铁路线路两侧建造、设立生产、加工、储存或者销售易燃、易爆或者放射性物品等危险物品的场所、仓库，应当符合国家标准、行业标准规定的安全防护距离。

（8）在铁路线路两侧从事采矿、采石或者爆破作业，应当遵守有关采矿和民用爆破的法律法规，符合国家标准、行业标准和铁路安全保护要求。在铁路线路路堤坡脚、路堑坡顶、铁路桥梁外侧起向外各1000米范围内，以及在铁路隧道上方中心线两侧各1000米范围内，确需从事露天采矿、采石或者爆破作业的，应当与铁路运输企业协商一致，依照有关法律法规的规定报县级以上地方人民政府有关部门批准，采取安全防护措施后方可进行。

（9）高速铁路线路路堤坡脚、路堑坡顶或者铁路桥梁外侧起向外各200米范围内禁止抽取地下水。高速铁路线路经过的区域属于地面沉降区域，抽取地下水危及高速铁路安全的，应当设置地下水禁止开采区或者限制开采区，具体范围由铁路监督管理机构会同县级以上地方人民政府水行政主管部门提出方案，报省、自治区、直辖市人民政府批准并公告。

（10）在电气化铁路附近从事排放粉尘、烟尘及腐蚀性气体的生产活动，超过国家规定的排放标准，危及铁路运输安全的，由县级以上地方人民政府有关部门依法责令整改，消除安全隐患。

（11）任何单位和个人不得擅自在铁路桥梁跨越处河道上下游各 1000 米范围内围垦造田、拦河筑坝、架设浮桥或者修建其他影响铁路桥梁安全的设施。因特殊原因确需在前款规定的范围内进行围垦造田、拦河筑坝、架设浮桥等活动的，应当进行安全论证，负责审批的机关在批准前应当征求有关铁路运输企业的意见。

（12）禁止在铁路桥梁跨越处河道上下游的下列范围内采砂、淘金：

① 跨河桥长 500 米以上的铁路桥梁，河道上游 500 米，下游 3000 米。

② 跨河桥长 100 米以上不足 500 米的铁路桥梁，河道上游 500 米，下游 2000 米。

③ 跨河桥长不足 100 米的铁路桥梁，河道上游 500 米，下游 1000 米。

有关部门依法在铁路桥梁跨越处河道上下游划定的禁采范围大于前款规定的禁采范围的，按照划定的禁采范围执行。

县级以上地方人民政府水行政主管部门、国土资源主管部门应当按照各自职责划定禁采区域、设置禁采标志，制止非法采砂、淘金行为。

（13）在铁路桥梁跨越处河道上下游各 500 米范围内进行疏浚作业，应当进行安全技术评价，有关河道、航道管理部门应当征求铁路运输企业的意见，确认安全或者采取安全技术措施后，方可批准进行疏浚作业。但是，依法进行河道、航道日常养护、疏浚作业的除外。

（14）铁路、道路两用桥由所在地铁路运输企业和道路管理部门或者道路经营企业定期检查、共同维护，保证桥梁处于安全的技术状态。铁路、道路两用桥的墩、梁等共用部分的检测、维修由铁路运输企业和道路管理部门或者道路经营企业共同负责，所需费用按照公平合理的原则分担。

（15）铁路的重要桥梁和隧道按照国家有关规定由中国人民武装警察部队负责守卫。

（16）船舶通过铁路桥梁应当符合桥梁的通航净空高度并遵守航行规则。桥区航标中的桥梁航标、桥柱标、桥梁水尺标由铁路运输企业负责设置、维护，水面航标由铁路运输企业负责设置，航道管理部门负责维护。

（17）下穿铁路桥梁、涵洞的道路应当按照国家标准设置车辆通过限高、限宽标志和限高防护架。城市道路的限高、限宽标志由当地人民政府指定的部门设置并维护，公路的限高、限宽标志由公路管理部门设置并维护。限高防护架在铁路桥梁、涵洞、道路建设时设置，由铁路运输企业负责维护。机动车通过下穿铁路桥梁、涵洞的道路，应当遵守限高、限宽规定。下穿铁路涵洞的管理单位负责涵洞的日常管理、维护，防止淤塞、积水。

（18）铁路线路安全保护区内的道路和铁路线路路堑上的道路、跨越铁路线路的道路桥梁，应当按照国家有关规定设置防止车辆以及其他物体进入、坠入铁路线路的安全防护设施和警示标志，并由道路管理部门或者道路经营企业维护、管理。

（19）架设、铺设铁路信号和通信线路、杆塔应当符合国家标准、行业标准和铁路安全防护要求。铁路运输企业、为铁路运输提供服务的电信企业应当加强对铁路信号和通信线路、杆塔的维护和管理。

（20）设置或者拓宽铁路道口、铁路人行过道，应当征得铁路运输企业的同意。

（21）铁路与道路交叉的无人看守道口应当按照国家标准设置警示标志；有人看守道口应当设置移动栏杆、列车接近报警装置、警示灯、警示标志、铁路道口路段标线等安全防护设施。道口移动栏杆、列车接近报警装置、警示灯等安全防护设施由铁路运输企业设置、维护；警示标志、铁路道口路段标线由铁路道口所在地的道路管理部门设置、维护。

（22）机动车或者非机动车在铁路道口内发生故障或者装载物掉落的，应当立即将故障车辆或者掉落的装载物移至铁路道口停止线以外或者铁路线路最外侧钢轨 5 米以外的安全地点。无法立即移至安全地点的，应当立即报告铁路道口看守人员；在无人看守道口，应当立即在道口两端采取措施拦停列车，并就近通知铁路车站或者公安机关。

（23）履带车辆等可能损坏铁路设施设备的车辆、物体通过铁路道口，应当提前通知铁路道口管理单位，在其协助、指导下通过，并采取相应的安全防护措施。

（24）在下列地点，铁路运输企业应当按照国家标准、行业标准设置易于识别的警示、保护标志：

① 铁路桥梁、隧道的两端。

② 铁路信号、通信光（电）缆的埋设、铺设地点。

③ 电气化铁路接触网、自动闭塞供电线路和电力贯通线路等电力设施附近易发生危险的地点。

（25）禁止毁坏铁路线路、站台等设施设备和铁路路基、护坡、排水沟、防护林木、护坡草坪、铁路线路封闭网及其他铁路防护设施。

（26）禁止实施下列危及铁路通信、信号设施安全的行为：

① 在埋有地下光（电）缆设施的地面上方进行钻探，堆放重物、垃圾，焚烧物品，倾倒腐蚀性物质。

② 在地下光（电）缆两侧各 1 米的范围内建造、搭建建筑物、构筑物等设施。

③ 在地下光（电）缆两侧各 1 米的范围内挖砂、取土。

④ 在过河光（电）缆两侧各 100 米的范围内挖砂、抛锚或者进行其他危及光（电）缆安全的作业。

（27）禁止实施下列危害电气化铁路设施的行为：

① 向电气化铁路接触网抛掷物品。

② 在铁路电力线路导线两侧各 500 米的范围内升放风筝、气球等低空飘浮物体。

③ 攀登铁路电力线路杆塔或者在杆塔上架设、安装其他设施设备。

④ 在铁路电力线路杆塔、拉线周围 20 米范围内取土、打桩、钻探或者倾倒有害化学物品。

⑤ 触碰电气化铁路接触网。

（28）县级以上各级人民政府及其有关部门、铁路运输企业应当依照地质灾害防治法律法规的规定，加强铁路沿线地质灾害的预防、治理和应急处理等工作。

（29）铁路运输企业应当对铁路线路、铁路防护设施和警示标志进行经常性巡查和维护；对巡查中发现的安全问题应当立即处理，不能立即处理的应当及时报告铁路监督管理机构。巡查和处理情况应当记录留存。

四、铁路运营安全

（1）铁路运输企业应当依照法律、行政法规和国务院铁路行业监督管理部门的规定，制定铁路运输安全管理制度，完善相关作业程序，保障铁路旅客和货物运输安全。

（2）铁路机车车辆的驾驶人员应当参加国务院铁路行业监督管理部门组织的考试，考试合格方可上岗。具体办法由国务院铁路行业监督管理部门制定。

（3）铁路运输企业应当加强铁路专业技术岗位和主要行车工种岗位从业人员的业务培训和安全培训，提高从业人员的业务技能和安全意识。

（4）铁路运输企业应当加强运输过程中的安全防护，使用的运输工具、装载加固设备以及其他专用设施设备应当符合国家标准、行业标准和安全要求。

（5）铁路运输企业应当建立健全铁路设施设备的检查防护制度，加强对铁路设施设备的日常维护检修，确保铁路设施设备性能完好和安全运行。铁路运输企业的从业人员应当按照操作规程使用、管理铁路设施设备。

（6）在法定假日和传统节日等铁路运输高峰期或者恶劣气象条件下，铁路运输企业应当采取必要的安全应急管理措施，加强铁路运输安全检查，确保运输安全。

（7）铁路运输企业应当在列车、车站等场所公告旅客、列车工作人员以及其他进站人员遵守的安全管理规定。

（8）公安机关应当按照职责分工，维护车站、列车等铁路场所和铁路沿线的治安秩序。

（9）铁路运输企业应当按照国务院铁路行业监督管理部门的规定实施火车票实名购买、查验制度。实施火车票实名购买、查验制度的，旅客应当凭有效身份证件购票乘车；对车票所记载身份信息与所持身份证件或者真实身份不符的持票人，铁路运输企业有权拒绝其进站乘车。铁路运输企业应当采取有效措施为旅客实名购票、乘车提供便利，并加强对旅客身份信息的保护。铁路运输企业工作人员不得窃取、泄露旅客身份信息。

（10）铁路运输企业应当依照法律、行政法规和国务院铁路行业监督管理部门的规定，对旅客及其随身携带、托运的行李物品进行安全检查。从事安全检查的工作人员应当佩戴安全检查标志，依法履行安全检查职责，并有权拒绝不接受安全检查的旅客进站乘车和托运行李物品。

（11）旅客应当接受并配合铁路运输企业在车站、列车实施的安全检查，不得违法携带、夹带管制器具，不得违法携带、托运烟花爆竹、枪支弹药等危险物品或者其他违禁物品。禁止或者限制携带的物品种类及其数量由国务院铁路行业监督管理部门会同公安机关规定，并在车站、列车等场所公布。

（12）铁路运输托运人托运货物、行李，不得有下列行为：
① 匿报、谎报货物品名、性质、重量。

② 在普通货物中夹带危险货物，或者在危险货物中夹带禁止配装的货物。

③ 装车、装箱超过规定重量。

（13）铁路运输企业和托运人应当依照法律法规和国家其他有关规定包装、装载、押运特殊药品，防止特殊药品在运输过程中被盗、被劫或者发生丢失。

（14）铁路管理信息系统及其设施的建设和使用，应当符合法律法规和国家其他有关规定的安全技术要求。铁路运输企业应当建立网络与信息安全应急保障体系，并配备相应的专业技术人员负责网络和信息系统的安全管理工作。

（15）禁止使用无线电台（站）以及其他仪器、装置干扰铁路运营指挥调度无线电频率的正常使用。铁路运营指挥调度无线电频率受到干扰的，铁路运输企业应当立即采取排查措施并报告无线电管理机构、铁路监管部门；无线电管理机构、铁路监管部门应当依法排除干扰。

（16）电力企业应当依法保障铁路运输所需电力的持续供应，并保证供电质量。铁路运输企业应当加强用电安全管理，合理配置供电电源和应急自备电源。遇有特殊情况影响铁路电力供应的，电力企业和铁路运输企业应当按照各自职责及时组织抢修，尽快恢复正常供电。

（17）铁路运输企业应当加强铁路运营食品安全管理，遵守有关食品安全管理的法律法规和国家其他有关规定，保证食品安全。

（18）禁止实施下列危害铁路安全的行为：

① 非法拦截列车、阻断铁路运输。

② 扰乱铁路运输指挥调度机构以及车站、列车的正常秩序。

③ 在铁路线路上放置、遗弃障碍物。

④ 击打列车。

⑤ 擅自移动铁路线路上的机车车辆，或者擅自开启列车车门、违规操纵列车紧急制动设备。

⑥ 拆盗、损毁或者擅自移动铁路设施设备、机车车辆配件、标桩、防护设施和安全标志。

⑦ 在铁路线路上行走、坐卧或者在未设道口、人行过道的铁路线路上通过。

⑧ 擅自进入铁路线路封闭区域或者在未设置行人通道的铁路桥梁、隧道通行。

⑨ 擅自开启、关闭列车的货车阀、盖或者破坏施封状态。

⑩ 擅自开启列车中的集装箱箱门，破坏箱体、阀、盖或者施封状态。

⑪ 擅自松动、拆解、移动列车中的货物装载加固材料、装置和设备。

⑫ 钻车、扒车、跳车。

⑬ 从列车上抛扔杂物。

⑭ 在动车组列车上吸烟或者在其他列车的禁烟区域吸烟。

⑮ 强行登乘或者以拒绝下车等方式强占列车。

⑯ 冲击、堵塞、占用进出站通道或者候车区、站台。

五、监督检查

（1）铁路监管部门应当对从事铁路建设、运输、设备制造维修的企业执行本条例的情况实施监督检查,依法查处违反本条例规定的行为,依法组织或者参与铁路安全事故的调查处理。铁路监管部门应当建立企业违法行为记录和公告制度,对违反本条例被依法追究法律责任的从事铁路建设、运输、设备制造维修的企业予以公布。

(2)铁路监管部门应当加强对铁路运输高峰期和恶劣气象条件下运输安全的监督管理,加强对铁路运输的关键环节、重要设施设备的安全状况以及铁路运输突发事件应急预案的建立和落实情况的监督检查。

(3)铁路监管部门和县级以上人民政府安全生产监督管理部门应当建立信息通报制度和运输安全生产协调机制。发现重大安全隐患,铁路运输企业难以自行排除的,应当及时向铁路监管部门和有关地方人民政府报告。地方人民政府获悉铁路沿线有危及铁路运输安全的重要情况,应当及时通报有关的铁路运输企业和铁路监管部门。

(4)铁路监管部门发现安全隐患,应当责令有关单位立即排除。重大安全隐患排除前或者排除过程中无法保证安全的,应当责令从危险区域内撤出人员、设备,停止作业;重大安全隐患排除后方可恢复作业。

(5)实施铁路安全监督检查的人员执行监督检查任务时,应当佩戴标志或者出示证件。任何单位和个人不得阻碍、干扰安全监督检查人员依法履行安全检查职责。

本条例所称高速铁路,是指设计开行时速 250 千米以上(含预留),并且初期运营时速 200 千米以上的客运列车专线铁路。

【任务拓展】

管制刀具组成及限制尺寸测量

一、管制刀具组成

管制刀具是指具有较大危险性,需要由政府部门进行特别管理的刀具。管制刀具通常由刀身、刀格和刀柄组成,如图 6-1-1 所示。

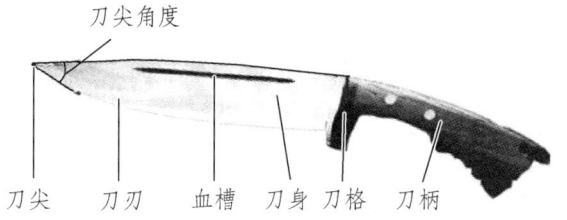

图 6-1-1 管制刀具组成示意

注:此图参考《管制刀具分类与安全要求》(GA 1334—2016)。

二、管制刀具限制尺寸测量

1. 全刀长测量

全刀长应采用经标定的测长仪或其他通用量具对刀柄末端到刀尖(或刀身前端面)的距离进行测量,如图 6-1-2 所示。

2. 刀身长测量

刀身长应采用经标定的测长仪或其他通用量具沿全刀长的测量方向对刀尖（或刀身前端面）到刀身末端的距离进行测量，如图 6-1-2 所示。

3. 刀柄长测量

刀柄长应采用经标定的测长仪或其他通用量具沿全刀长的测量方向对刀柄长度进行测量，如图 6-1-2 所示。

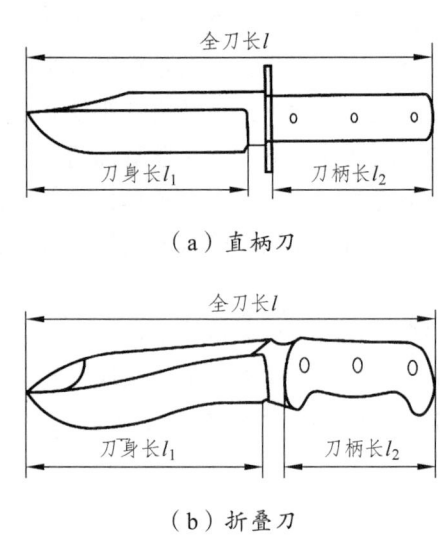

（a）直柄刀

（b）折叠刀

图 6-1-2　管制刀具限制尺寸测量

注：此图来源于《管制刀具分类与安全要求》（GA 1334—2016）。

4. 刀尖角度测量

刀尖角度应采用经标定的投影测量仪进行测量。

5. 刀身最大厚度测量

刀身最大厚度应采用经标定的测厚仪或游标卡尺进行测量。

管制刀具分类见表 6-1-1。

表 6-1-1　管制刀具分类

分类	内容
专用刀具	匕首、刺刀、佩刀、三棱刮刀、猎刀、加长弹簧折叠刀等
特殊厨用刀具	加长砍骨刀、加长西瓜刀、加长分刀、剔骨刀、屠宰刀、多用刀等
开刃的武术、工艺礼品刀具	武术刀、剑等
其他管制刀具	超过 GA/T 1335 规定的尺寸规格限制要求的各种刀具

注：此表来源于《管制刀具分类与安全要求》（GA 1334—2016）。

任务二　《高速铁路安全防护管理办法》

【能力目标】

能按照《高速铁路安全防护管理办法》要求为旅客提供服务。

【知识目标】

掌握《高速铁路安全防护管理办法》的基本内容。

【相关知识】

一、《高速铁路安全防护管理办法》总则

（1）为了加强高速铁路安全防护，防范铁路外部风险，保障高速铁路安全和畅通，维护人民生命财产安全，根据《中华人民共和国铁路法》《中华人民共和国安全生产法》《中华人民共和国反恐怖主义法》《铁路安全管理条例》等法律、行政法规，制定《高速铁路安全防护管理办法》。

（2）《高速铁路安全防护管理办法》适用于设计开行时速250千米以上（含预留），并且初期运营时速200千米以上的客运列车专线铁路（以下称高速铁路）。

（3）高速铁路安全防护坚持安全第一、预防为主、依法管理、综合治理的方针，坚持技防、物防、人防相结合，构建政府部门依法管理、企业实施主动防范、社会力量共同参与的综合治理格局。

（4）国家铁路局负责全国高速铁路安全监督管理工作。地区铁路监督管理局负责辖区内的高速铁路安全监督管理工作。国家铁路局和地区铁路监督管理局（以下统称铁路监管部门）应当按照法定职责，健全完善高速铁路安全防护标准，加强行政执法，协调相关单位及时消除危及高速铁路安全的隐患。

（5）各级公安、自然资源、生态环境、住房和城乡建设、交通运输、水利、应急管理等部门和消防救援机构（以下统称相关部门）应当依照法定职责，协调和处理保障高速铁路安全的有关事项，做好保障高速铁路安全的相关工作，防范和制止危害高速铁路安全的行为。

（6）从事高速铁路运输、建设、设备制造维修的相关企业应当落实安全生产主体责任，建立、健全安全生产责任制和高速铁路安全防护相关管理制度，执行国家关于高速铁路安全防护的相关标准，保障安全生产管理机构或者人员配备，加强对从业人员的教育培训，改善安全生产条件，保证高速铁路安全防护所必需的资金投入。

（7）铁路监管部门、铁路运输企业等单位应当按照国家有关规定制定突发事件应急预案，并组织应急演练。铁路运输企业应当按照《中华人民共和国突发事件应对法》等国家有关规定，在车站、列车等场所配备报警装置以及必要的应急救援设备设施和人员。

（8）铁路监管部门、高速铁路沿线地方各级人民政府相关部门应当落实"谁执法谁普法"的普法责任制，加强保障高速铁路安全有关法律法规、安全生产知识的宣传教育，增强安全防护意识，防范危害高速铁路安全的行为。

（9）支持和鼓励社会力量积极参与高速铁路安全防护工作，铁路监管部门和相关部门以及铁路运输企业应当建立并公开监督举报渠道，根据各自职责及时处理影响高速铁路安全的问题。对维护高速铁路安全作出突出贡献的单位或者个人，按照有关规定给予表彰奖励。

二、线路安全防护

（1）铁路监管部门应当推动协调相关部门、高速铁路沿线地方人民政府构建高速铁路综合治理体系，健全治安防控运行机制，落实高速铁路护路联防责任制。

（2）国家铁路局应当联合国务院相关部门和有关企业、地区铁路监督管理局应当联合地方人民政府及相关部门和有关企业，推动建立安全信息通报和问题督办机制，做到协调配合、齐抓共管、联防联控。

（3）高速铁路线路安全保护区的划定，按照《铁路安全管理条例》等法律、行政法规和国家有关规定执行。高速铁路线路安全保护区用地依法纳入国土空间规划统筹安排。

铁路建设单位或者铁路运输企业应当配合地区铁路监督管理局或者地方人民政府开展高速铁路线路安全保护区划定工作。地方人民政府组织划定高速铁路线路安全保护区的，高速铁路线路安全保护区划定并公告完成后，铁路建设单位或者铁路运输企业应当将相关资料提供给地区铁路监督管理局。

建设跨河、临河的高速铁路桥梁等工程设施并划定高速铁路线路安全保护区的，应当符合防洪标准、岸线规划等要求，其工程建设方案应当按照《中华人民共和国水法》《中华人民共和国防洪法》有关规定报经有关水行政主管部门或者经授权的流域管理机构审查同意。

建设跨越或者穿越航道、临航道的高速铁路桥梁、隧道等工程设施并划定高速铁路线路安全保护区的，应当按照《中华人民共和国航道法》有关规定开展航道通航条件影响评价，并报送有关交通运输主管部门或者航道管理机构审核。

（4）禁止在高速铁路线路安全保护区内烧荒、放养牲畜。禁止向高速铁路线路安全保护区排污、倾倒垃圾以及其他危害铁路安全的物质。禁止擅自进入、毁坏、移动高速铁路安全防护设施。

在高速铁路线路安全保护区内建造建筑物、构筑物等设施，取土、挖砂、挖沟、采空作业或者堆放、悬挂物品，必须符合保证高速铁路安全的国家标准、行业标准，征得铁路运输企业同意并签订安全协议，遵守施工安全规范，采取措施防止影响铁路运输安全。铁路运输企业应当公布办理相关手续的部门以及相应的渠道，及时办理相关手续，并派员对施工现场实行安全监督。

（5）高速铁路与道路立体交叉设施及其附属安全设施竣工验收合格后，应当按照国家规定移交有关单位管理、维护。

上跨高速铁路的道路桥梁及其他建筑物、构筑物的管理部门或者经营企业应当建立定期检查及维护机制，定期检查道路桥梁及其他建筑物、构筑物，以及相关的安全防护设施、警示标志，加强风险研判，采取有效措施，防止道路桥梁构筑物、附着物等坠入高速铁路线路。

对可能影响高速铁路安全的检查、维护行为，应当提前与铁路运输企业沟通，共同制定安全保障措施。铁路运输企业应当提供便利条件。

（6）下穿高速铁路桥梁、涵洞的道路，其限高、限宽标志和限高防护架应当符合国家标准，由公路管理部门或者当地人民政府指定的部门、铁路运输企业等按照有关规定设置、维护。

下穿高速铁路桥梁、涵洞的道路进行改造时，施工单位要与铁路运输企业协商一致后实施，严格控制桥梁、涵洞下净高，并根据路面标高的变化及时调整限高防护架的设置。

（7）跨越、下穿或者并行高速铁路线路的油气、供气供热、供排水、电力等管线规划、设计、施工应当满足相关国家标准、行业标准及管理规定。施工前应当向铁路运输企业通报，与铁路运输企业协商一致后方可施工，必要时铁路运输企业可以派员进行安全防护。对跨越高速铁路的电力线路，应当采取可靠的防坠落措施。

跨越、下穿高速铁路的油气、供气供热、供排水等管线应当设置满足国家相关技术规范和标准要求的安全保护设施。下穿时，优先选择在铁路桥梁、预留管线涵洞、综合管廊等既有设施处穿越；特殊条件下，需穿越路基时，应当进行专项设计，满足路基沉降的限制指标。

并行高速铁路的油气、供气供热、供排水等管线敷设时，最小水平净距应当满足相关国家标准、行业标准和安全保护要求。

油气、供气供热、供排水、电力等管线的产权单位或者经营企业应当加强检查维护管理，确保状态良好。铁路运输企业应当积极配合。

（8）在高速铁路线路两侧建造、设立生产、加工、储存或者销售易燃、易爆或者放射性物品等危险物品的场所、仓库的，应当符合国家标准、行业标准规定的安全防护距离。

（9）在高速铁路线路两侧从事采矿、采石或者爆破作业的，应当遵守有关采矿和民用爆炸物品的法律法规，符合保障安全生产的国家标准、行业标准和铁路安全保护的相关要求。

在高速铁路线路路堤坡脚、路堑坡顶、铁路桥梁外侧起向外各1000米范围内，以及在铁路隧道上方中心线两侧各1000米范围内，确需从事露天采矿、采石或者爆破作业的，应当充分考虑高速铁路安全需求，依法进行安全评估、安全监理，与铁路运输企业协商一致，依照法律法规规定报经有关主管部门批准，并采取相应的安全防护措施。

矿产资源开采过程中，在矿井、水平、采区设计时，对高速铁路及其主要配套建筑物、构筑物应当划定保护矿柱。

新建高速铁路用地与探矿权人的矿产资源勘查范围、采矿权人的采矿采石影响范围发生重叠或者在尾矿库溃坝冲击范围的，或者新建高速铁路线路跨越上述范围的，铁路建设单位应当与有关权利主体协商一致，签订安全协议，共同制定安全保障措施，按照国家有关规定处理，确保矿山生产经营单位安全生产条件符合相关规定。

（10）禁止违反有关规定在高速铁路桥梁跨越处河道上下游的一定范围内采砂、淘金。县级以上地方人民政府水行政主管部门、自然资源主管部门应当按照各自职责划定并公告禁采区域、设置禁采标志，制止非法采砂、淘金行为。

禁止在高速铁路线路路堤坡脚、路堑坡顶或者铁路桥梁外侧起向外各 200 米范围内抽取地下水；200 米范围外，高速铁路线路经过的区域属于地面沉降区域，抽取地下水危及高速铁路安全的，应当设置地下水禁止开采区或者限制开采区，具体范围由地区铁路监督管理局会同县级以上地方人民政府水行政主管部门提出方案，报省、自治区、直辖市人民政府批准并公告。

（11）在高速铁路附近从事排放粉尘、烟尘及腐蚀性气体的生产活动，应当严格执行国家规定的排放标准。生态环境主管部门应当加大检查和管理力度，对相关违法行为依法进行处罚。

（12）有关单位和个人在高速铁路邻近区域内施工、建造构筑物或者从事其他生产经营活动，应当遵守保证高速铁路安全的法律法规和相关标准，采取措施防止影响高速铁路运输安全。

（13）在高速铁路线路及其邻近区域进行施工作业，应当符合工程建设安全管理规定，并执行铁路营业线施工安全管理规定。建设单位应当会同设计、施工单位与铁路运输企业共同制定安全施工方案，按照方案进行施工。施工完毕应当及时清理现场，不得影响高速铁路运营安全。

铁路运输企业应当向社会公布办理铁路营业线施工手续的部门以及相应的渠道，及时办理相关手续。

在高速铁路线路安全保护区内和纳入邻近营业线施工计划的施工，铁路运输企业应当按照国家规定派员对施工现场实行安全监督。

（14）邻近高速铁路的杆塔应当按照国家标准、行业标准和铁路安全防护要求进行设计安装，杆塔产权单位应当建立定期检查维护制度，确保杆塔牢固稳定。

在高速铁路线路安全保护区内，禁止种植妨碍行车瞭望或者有倒伏危险可能影响线路、电力、牵引供电安全的树木等植物；对已种植的，应当依法限期迁移或者修剪、砍伐。

铁路运输企业发现高速铁路线路安全保护区内既有的林木存在可能危及高速铁路安全隐患的，应当告知其产权人或者管理人及时采取措施消除安全隐患。产权人或者管理人拒绝或者怠于处置的，铁路运输企业应当及时向铁路沿线林业主管部门报告，由林业主管部门协调产权人或者管理人采取措施消除安全隐患。

（15）在高速铁路电力线路导线两侧各 500 米范围内，不得升放风筝、气球、孔明灯等飘浮物体，不得使用弓弩、弹弓、气枪等攻击性器械从事可能危害高速铁路安全的行为。在高速铁路电力线路导线两侧升放无人机的，应当遵守国家有关规定。

对高速铁路线路两侧的塑料大棚、彩钢棚、广告牌、防尘网等轻质建筑物、构筑物，其所有权人或者实际控制人应当采取加固防护措施，并对塑料薄膜、锡箔纸、彩钢瓦、铁皮等建造、构造材料及时清理，防止大风天气条件下危害高速铁路安全。

（16）铁路运输企业应当对高速铁路线路、防护设施、警示标志、安全环境等进行经常性巡查和维护；对巡查中发现的安全问题应当立即处理，不能立即处理的应当及时报告地区铁路监督管理局或者其他相关部门。巡查和处理情况应当记录留存。

三、安全防护设施及管理

（1）高速铁路应当实行全封闭管理，范围包括线路、车站、动车存放场所、隧道斜井和竖井的出入口，以及其他与运行相关的附属设备设施处所。铁路建设单位或者铁路运输企业应当按照国家铁路局的规定在铁路用地范围内设置封闭设施和警示标志。

高速铁路与普速铁路共用车站的并行地段，在高速铁路线路与普速铁路线路间设置物理隔离；区间的并行地段，在普速铁路外侧依照高速铁路线路标准进行封闭。

高速铁路高架桥下的铁路用地，应当根据周边生产、生活环境情况，按照确保高速铁路设备设施安全的要求，实行封闭管理或者保护性利用管理。铁路运输企业应当建立进出高速铁路线路作业门的管理制度。

（2）铁路运输企业应当在客运车站广场、售票厅、进出站口、安检区、直梯及电扶梯、候车区、站台、通道、车厢、动车存放场所等重要场所和其他人员密集的场所，以及高速铁路桥梁、隧道、重要设备设施处所和路基重要区段等重点部位配备、安装监控系统。监控系统应当符合相关国家标准、行业标准，与当地公共安全视频监控系统实现图像资源共享。

客运车站以及动车存放场所周界应当设置实体围墙。车站广场应当设置防冲撞设施，有条件的设置硬隔离设施。

（3）铁路运输企业应当在高速铁路沿线桥头、隧道口、路基地段等易进入重点区段安装、设置周界入侵报警系统。站台两端应当安装、设置警示标志和封闭设施，防止无关人员进入高速铁路线路。高速铁路周界入侵报警系统应当符合相关国家标准、行业标准。

高速铁路沿线视频监控建设应当纳入当地公共安全视频监控建设联网应用工作体系，并充分利用公共通信杆塔等资源，减少重复建设。

（4）铁路运输企业应当根据沿线的自然灾害、地质条件、线路环境等情况，建立必要的灾害监测系统。

（5）高速铁路长大隧道、高架桥、旅客聚集区等重点区域，应当按照国家有关规定设置紧急情况下的应急疏散逃生通道并保证畅通，同时安装、设置指示标识。高速铁路长大隧道的照明设施设备、消防设施应当保持状态良好。

（6）在下列地点，应当按照国家有关规定安装、设置防止车辆以及其他物体进入、坠入高速铁路线路的安全防护设施和警示标志：

① 高速铁路路堑上的道路。
② 位于高速铁路线路安全保护区内的道路。
③ 跨越高速铁路线路的道路桥梁及其他建筑物、构筑物。

（7）船舶通过高速铁路桥梁应当符合桥梁的通航净空高度并遵守航行规则。桥区航标中的桥梁航标、桥柱标、桥梁水尺标由铁路运输企业负责设置、维护，水面航标由铁路运输企业负责设置，航道管理部门负责维护。

建设跨越通航水域的高速铁路桥梁，应当根据有关规定同步设计、同步建设桥梁防撞设施。铁路运输企业或者铁路桥梁产权单位负责防撞设施的维护管理。

（8）铁路建设单位应当按照相关法律法规和国家标准、行业标准，在建设高速铁路客运站和直接为其运营服务的段、厂、调度指挥中心、到发中转货场、仓库时，确保相关安全防护设备设施同时设计、同时施工、同时投入生产和使用。

四、运营安全防护

（1）除生产作业或者监督检查工作需要外，任何人一律不得进入动车组司机室。进入动车组司机室，应当严格遵守国家安全管理规定和铁路运输企业安全生产制度。

（2）旅客购买高速铁路列车车票、乘坐高速铁路列车，应当出示有效身份证件。对车票所记载身份信息与所持身份证件或者真实身份不符的持票人，铁路运输企业有权拒绝其进站乘车，并报告公安机关。

依照有关规定办理的高铁快运，铁路运输企业应当对客户身份进行查验，登记身份信息，并按规定对运送的物品进行安全检查。铁路运输企业应当为公安机关依法履行职责提供数据支持和协助。

（3）铁路禁止或者限制携带的物品种类及其数量由国家铁路局会同公安部规定。铁路运输企业应当在高速铁路车站、列车等场所对禁止或者限制携带的物品种类及其数量进行公布，并通过广播、视频等形式进行宣传。

（4）铁路运输企业应当依照法律、行政法规和有关规定，承担安全检查的主体责任，设立相应的安检机构和安检场地，配备与运量相适应的安全检查人员和设备设施，对进入高速铁路车站的人员、物品进行安全检查。

从事安全检查的工作人员应当经过识别和处置危险物品等相关专业知识培训并考试合格。安全检查工作人员应当佩戴安全检查标志，依法履行安全检查职责，并有权拒绝不接受安全检查的旅客进站乘车或者经高速铁路运输物品。

（5）禁止任何单位和个人扰乱高速铁路建设和运输秩序，损坏或者非法占用高速铁路设施设备、相关标志和高速铁路用地。

铁路运输企业应当按规定配备安保人员和相应设备、设施，加强安全检查和保卫工作。有关重点目标管理单位应当依照《中华人民共和国反恐怖主义法》等相关法律法规的规定，履行防范和应对处置恐怖活动职责，制定建立公共安全视频图像信息系统值班监看、信息保存使用、运行维护等管理制度，落实对重要岗位人员进行安全背景审查，以及对进入重点目标的人员、物品和交通工具进行安全检查等相关工作。

公安机关应当按照法定职责，维护高速铁路车站、列车等场所和高速铁路沿线的治安秩序，依法监督检查指导铁路运输企业治安保卫工作；依法查处摆放障碍、破坏设施、损坏设备、盗割电缆、擅自进入高速铁路线路等危及高速铁路运输安全和秩序的违法行为。

（6）高速铁路的重要桥梁和隧道按照国家有关规定进行守护。

（7）县级以上各级人民政府相关部门、铁路运输企业应当依照自然灾害防治法律法规的规定，加强高速铁路沿线灾害隐患的排查、治理、通报、预防和应急处理等工作。

高速铁路勘察、设计阶段应当加强地质灾害危险性评估工作，尽量避开地质灾害隐患威胁，无法避让的，应当在设计、建设阶段及时采取治理措施排除地质灾害隐患风险，为铁路建设及运营提供安全环境。

高速铁路规划、勘察、设计、建设，应当优化地质选线，加强沿线区域地震活动性研究。位于活动断裂带的高速铁路，沿线应当装设地震预警监测系统。大型桥梁、隧道、站房等重点工程，应当强化场址地震安全性评价，满足抗震设防相关标准。

县级以上各级人民政府相关部门、铁路运输企业应当依照法律、行政法规的规定，建立地质灾害、气象灾害等预警信息互联互通机制，研判灾害对高速铁路安全的影响，及时进行预报预警。铁路运输企业应当针对不同灾害等级或者情况采取相应的防范措施。

（8）铁路运输企业应当依照有关法律法规和技术标准要求，建立高速铁路网络安全保障体系，落实网络安全管理制度和技术防护措施，制定网络安全事件应急预案，采取有效措施确保网络安全稳定运行，保护旅客、托运人电子信息安全。

（9）铁路运输企业应当遵守消防法律法规规章和消防技术标准，落实消防安全主体责任，制定消防安全制度、消防安全操作规程，配置符合要求的消防设施、器材，设置消防安全标志、组织防火检查，及时消除火灾隐患，制定灭火和应急疏散预案，并定期演练。消防救援机构等相关部门依法履行消防监督管理职责。

五、监督管理

（1）铁路监管部门应当制定年度安全监督检查计划，重点对以下事项进行监督检查：
① 铁路运输高峰期和恶劣气象条件下关键时期的运输安全。
② 高速铁路开通运营、重要设施设备运用状态、沿线外部环境等铁路运输安全关键环节。
③ 铁路运输突发事件应急预案的建立和落实情况。

铁路监管部门根据需要，可以牵头协调组织相关部门开展高速铁路安全防护联合监督检查。

（2）铁路监管部门应当对监督检查过程中发现的问题，以及铁路运输企业等单位报送的问题进行梳理分析。对影响高速铁路运营安全的，应当及时采取函告、约谈等方式督促相关企业或者地方政府相关部门落实责任、消除隐患；对安全防护推进不力的部门和单位，可以在铁路监管部门政府网站上向社会公告。

对高速铁路事故隐患，铁路监管部门应当责令有关单位立即排除，并加强督办落实；重大事故隐患排除前或者排除过程中无法保证安全的，铁路监管部门应当责令从危险区域内撤出人员、设备，停止作业，重大事故隐患排除后方可恢复。

相关部门发现铁路安全隐患，属于职责范围内的，应当依法责令有关单位或者个人立即排除。

（3）铁路监管部门和相关部门应当依照法律法规和相关职责规定对影响高速铁路安全的行为进行处罚。

（4）发生涉及高速铁路运输安全的突发事件后，铁路运输企业及其所属的生产经营单位应当立即采取措施组织抢救，防止事故扩大，减少人员伤亡和财产损失，并向事件发生地地方人民政府及相关部门和地区铁路监督管理局报告。

（5）事件发生地相关部门和地区铁路监督管理局接到报告后，应当依照有关法律、行政法规的规定和应急预案要求，立即采取措施控制事态发展，组织开展应急救援和处置工作，并按规定报告。

【任务拓展】

动车组车站上水、吸污作业

一、动车组车站上水作业

（1）给水作业计划由客车给水班组所在车间根据车站客服综控室掌握的列车车次、股道和到发时刻信息，进行编制和调整，并以书面形式向现场给水作业班组（人员）进行布置。

（2）给水作业班组（人员）上线作业前，必须提前与客服综控室联系确认给水列车的车次、股道（站台）和到开时刻，得到客服综控室确认无误的回答后，方准上线作业。

（3）给水作业班组（人员）在给水结束后，立即汇报客服综控室值班人员，并由客服综控室值班人员向站台客运员（客运值班员）通知给水作业完毕。站台客运员（客运值班员）确认上水作业完毕后，将对讲机转至行车频道通知动车组列车长，动车组列车长须得到车站客运人员的确认后，方可按要求报告司机（或随车机械师）关闭车门。

二、动车组车站吸污作业

（1）动车组列车在站吸污作业由车辆部门负责。

（2）作业联系制度。

① 图定折返站吸污的动车组列车到达折返站后，现场吸污作业人员与列车长联系，经列车长同意后开始吸污作业。吸污作业完毕，现场吸污作业人员通知列车长，列车长确认旅客乘降完毕、客运作业等结束后，通知司机关闭车门。

② 图定终到站吸污的动车组列车，现场吸污作业人员与车站客运人员联系，经车站客运人员同意后开始吸污作业。吸污作业完毕，现场吸污作业人员通知车站客运人员，车站客运人员确认列车客运乘务组退乘完毕、确认列车吸污、上水等作业完毕后通知司机关闭车门。

任务三　《铁路旅客禁止、限制携带和托运物品目录》

【能力目标】

能按照《铁路旅客禁止、限制携带和托运物品目录》要求做好旅客运输安全检查工作。

【知识目标】

掌握《铁路旅客禁止、限制携带和托运物品目录》的基本内容。

【相关知识】

旅客随身携带物品应当遵守国家禁止或者限制运输的相关规定。旅客违规携带的物品在乘车站禁止进站上车。

一、禁止托运和随身携带的物品

1. 枪支、子弹类（含主要零部件）

（1）军用枪、公务用枪：手枪、冲锋枪、步枪、机枪、防暴枪等以及各类配用子弹。

（2）民用枪：气枪、猎枪、运动枪、麻醉注射枪等以及各类配用子弹。

（3）道具枪、发令枪、钢珠枪、催泪枪、电击枪等以及各类配用子弹。

（4）上述物品的样品、仿制品。

2. 爆炸物品类

（1）弹药：炸弹、照明弹、燃烧弹、烟幕弹、信号弹、催泪弹、毒气弹、手雷、地雷、手榴弹等。

（2）爆破器材：炸药、雷管、导火索、导爆索、震源弹、爆破剂等。

（3）烟火制品：礼花弹、烟花（含冷光烟花）、鞭炮、摔炮、拉炮、砸炮等各类烟花爆竹，发令纸、黑火药、烟火药、引火线，以及"钢丝棉烟花"等具有烟花效果的制品等。

（4）上述物品的仿制品。

3. 管制器具

（1）管制刀具：根据《管制刀具分类与安全要求》（GA 1334—2016），认定为管制刀具的专用刀具（匕首、刺刀、佩刀、三棱刮刀、猎刀、加长弹簧折叠刀等）、特殊厨用刀具（加长砍骨刀、加长西瓜刀、加长分刀、剔骨刀、屠宰刀、多用刀等）、开刃的武术与工艺礼品刀具（武术刀、剑等），以及其他管制刀具（超过《日用刀具分类与安全要求》GA/T 1335 规定的尺寸规格限制要求的各种刀具）。

（2）其他器具：警棍、军用或者警用匕首、催泪器、电击器、防卫器、弩、弩箭等。

4. 易燃易爆物品

（1）压缩气体和液化气体：氢气、甲烷、乙烷、环氧乙烷、二甲醚、丁烷、天然气、乙烯、氯乙烯、丙烯、乙炔（溶于介质的）、一氧化碳、液化石油气、氟利昂、氧气（供病人吸氧的袋装医用氧气除外）、水煤气等。

酒精体积百分含量大于 70% 或者标志不清晰的酒类饮品禁止携带。

（2）易燃液体：汽油（包括甲醇汽油、乙醇汽油）、煤油、柴油、苯、酒精、酒精体积百分含量大于 70% 或者标志不清晰的酒类饮品、1,2-环氧丙烷、二硫化碳、甲醇、丙酮、乙醚、油漆、稀料、松香油等。

（3）易燃固体：红磷、闪光粉、固体酒精、赛璐珞、发泡剂 H、偶氮二异庚腈等。

（4）自燃物品：黄磷、白磷、硝化纤维（含胶片）、油纸及其制品等。

（5）遇湿易燃物品：金属钾、钠、锂、碳化钙（电石）、镁铝粉等。

（6）氧化剂和有机过氧化物：高锰酸钾、氯酸钾、过氧化钠、过氧化钾、过氧化铅、过氧乙酸、过氧化氢、氯酸钠、硝酸铵等。

5. 毒害品

氰化物、砒霜、硒粉、苯酚、氯、氨、异氰酸甲酯、硫酸二甲酯等高毒化学品以及灭鼠药、杀虫剂、除草剂等剧毒农药。

6. 腐蚀性物品

硫酸、盐酸、硝酸、氢氧化钠、氢氧化钾、有液蓄电池（含氢氧化钾固体、注有酸液或碱液的）、汞（水银）等。

7. 放射性物品

放射性物品指含有放射性核素，并且其活度和比活度均高于国家规定豁免值的物品，详见《放射性物品分类和名录（试行）》。

8. 感染性物质

感染性物质包括可感染人类的高致病性病原微生物菌（毒）种和感染性样本，详见《人间传染的病原微生物名录》中危害程度分类为第一类、第二类的病原微生物。

9. 其他危害列车运行安全的物品

其他危害列车运行安全的物品包括可能干扰列车信号的强磁化物、硫化氢及有强烈刺激性气味或者有恶臭等异味的物品、容易引起旅客恐慌情绪的物品、不能判明性质但可能具有危险性的物品。

法律、行政法规、规章规定的其他禁止携带、运输的物品。

二、禁止随身携带但可以托运的物品

部分物品禁止随身携带，但可以办理托运。

1. 锐器

菜刀、水果刀、剪刀、美工刀、雕刻刀、裁纸刀等日用刀具（刀刃长度超过 60 毫米）；手术刀、刨刀、铣刀等专业刀具；刀、矛、戟等器械。

2. 钝器

棍棒、球棒、桌球杆、曲棍球杆等。

3. 工具农具

钻机、凿、锥、锯、斧头、焊枪、射钉枪、锤、冰镐、耙、铁锹、镢头、锄头、农用叉、镰刀、铡刀等。

4. 其他

反曲弓、复合弓等非机械弓箭类器材，消防灭火枪，飞镖、弹弓，不超过 50 毫升的防身喷剂等。

5. 小型活动物

持有检疫证明、装于专门容器内的小型活动物，铁路运输企业应当向旅客说明运输过程中通风、温度条件。

持工作证明的导盲犬和作为食品且经封闭箱体包装的鱼、虾、蟹、贝、软体类水产动物可以随身携带。

三、限制随身携带的物品

1. 酒类饮品

包装密封完好、标志清晰且酒精体积百分含量大于或者等于 24%、小于或者等于 70% 的酒类饮品累计不超过 3000 毫升。

2. 防晒喷雾、摩丝、发胶

冷烫精、染发剂、摩丝、发胶、杀虫剂、空气清新剂等自喷压力容器，单体容器容积不超过 150 毫升，每种限带 1 件，累计不超过 600 毫升。

3. 香水、花露水

香水、花露水、喷雾、凝胶等含易燃成分的非自喷压力容器日用品，单体容器容积不超过 100 毫升，每种限带 1 件。

4. 充电宝、锂电池

标志清晰的充电宝、锂电池，单块额定能量不超过 100 瓦时，含有锂电池的电动轮椅除外。

5. 指甲油、去光剂

指甲油、去光剂累计不超过 50 毫升。

6. 火柴、打火机

安全火柴不超过 2 小盒，普通打火机不超过 2 个。

【任务拓展】

日用刀具组成及限制尺寸测量

一、日用刀具组成

日用刀具是指用于日常生产、生活的刀具。

日用刀具通常由刀身、刀柄和护档组成，如图 6-3-1 所示。

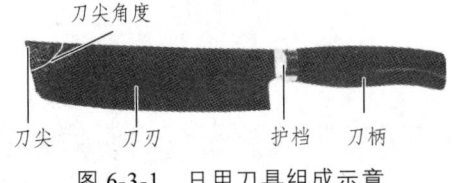

图 6-3-1　日用刀具组成示意

注：此图参考《日用刀具分类与安全要求》（GA/T 1335—2016）。

二、日用刀具限制尺寸测量

1. 全刀长测量

全刀长应采用经标定的测长仪或通用量具对刀柄末端到刀尖（或刀身前端面）的长度进行测量，如图 6-3-2 所示。

2. 刀身长测量

刀身长应采用经标定的测长仪或其他通用量具沿全刀长的测量方向对刀尖（或刀身前端面）到刀身末端的距离厂进行测量，如图 6-3-2 所示。

3. 刀柄长测量

刀柄长应采用经标定的测长仪或其他通用量具沿全刀长的测量方向对刀柄长度进行测量，测量点位置如图 6-3-2 所示。

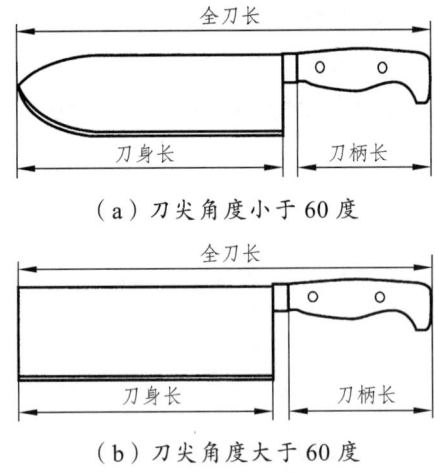

（a）刀尖角度小于 60 度

（b）刀尖角度大于 60 度

图 6-3-2　日用刀具限制尺寸测量

注：此图来源于《日用刀具分类与安全要求》（GA/T 1335—2016）。

4. 刀尖角度测量

刀尖角度应采用经标定的投影测量仪进行测量。

5. 刀身最大厚度测量

刀身最大厚度应采用经标定的测厚仪或游标卡尺进行测量。

日用刀具分类见表 6-3-1。

表 6-3-1　日用刀具分类

类别		名称
按用途划分	厨用刀具	斩切刀、切片刀、砍骨刀、削皮刀、分刀、牛扒刀、面包刀和西瓜刀等
	文具刀	裁纸刀、切纸刀、美工刀、削笔刀和壁纸刀等
	日用小刀	折叠刀、带锁折叠刀、多功能带锁折叠刀、弹簧折叠刀和特殊结构折叠刀等
按功能划分		切刀、剃刀、砍刀、削刀和刮刀等
按结构划分		直柄刀、折叠刀等
按刀尖形状划分		尖头刀、平头刀和圆头刀等

注：此表来源于《日用刀具分类与安全要求》(GA/T 1335—2016)。

任务四　《铁路旅客运输安全检查管理规则》

【能力目标】

能按照《铁路旅客运输安全检查管理规则》要求为旅客提供安检服务。

【知识目标】

掌握《铁路旅客运输安全检查管理规则》的基本内容。

【相关知识】

铁路运输企业可以采取多种方式进行安检。安检工作依法依规接受国家有关部门监督检查指导。

一、《铁路旅客运输安全检查管理规则》总则

（1）为保障铁路运输和旅客生命财产安全，加强和规范铁路旅客运输安全检查（以下简称安检）工作，根据《中华人民共和国民法典》《中华人民共和国铁路法》《铁路安全管理条例》等法律法规和《铁路旅客运输安全检查管理办法》《关于公布〈铁路旅客禁止、限制携带和托运物品目录〉的公告》等有关规定，制定《铁路旅客运输安全检查管理规则》。

（2）《铁路旅客运输安全检查管理规则》适用于国家铁路以及委托铁路局集团公司运输管理的合资铁路和地方铁路的安检工作。

（3）《铁路旅客运输安全检查管理规则》所称安检是指所属铁路运输企业在客运车站、旅客列车对旅客和其他进站、乘车人员及其随身携带品、托运的行包快件进行禁止和限制物品检查的活动。

（4）铁路局集团公司应当通过揭示揭挂、电子显示屏、宣传册页或模拟实物展示等方式，在车站售票处、进站口（安检口）、旅客列车等服务场所，做好《铁路旅客禁止、限制携带和托运物品目录》公告和宣传。

二、组织管理

（1）国铁集团客运部门负责安检业务组织管理，提出铁路客运安检发展规划，拟订客运安检相关制度办法，提出客运安检设备设施相关技术标准和技术条件，组织指导客运安检设备设施的运用、维护管理和推广应用。提出客运安检信息化需求，指导客运安检系统建设与运用管理。明确重点时期强化安检的时机、范围、方式和措施；安监部门负责安检工作监督检查，发改、劳卫、财务等部门负责设备、人员及投入等保障管理工作。

（2）铁路局集团公司是安检工作的责任主体，负责本集团公司管内安检专业管理工作，牵头组织计划、财务、劳卫、企法、职培等部门按照职责分工落实国铁集团安检管理规定，组织客运站段安检工作实施。

各部门具体职责如下：

① 客运部门负责安检业务的专业管理，制定相关工作制度以及工作标准，指导有关单位做好安检组织、协调和实施工作。组织实施客运安检设备设施的运用、维护管理和推广应用，组织客运安检系统运用管理。组织有关单位签订和履行安检外包合同，组织审查承揽安检业务的社会安检（保安）机构资质，指导站段制定安检人员业务素质卡控机制。组织站段开展相关安检设备定期检测。提出安检设备更新、添置计划。指导站段为安检实施提供工作条件和保障，协调解决安检工作中存在问题，并监督、检查、考核安检工作。

② 投资主管部门负责安检设备及相关配套设施（构成固定资产）的购置、技术改造计划安排。

③ 企法部门负责安检相关管理制度合同的审查，配合处置安检工作中的涉法争议工作。

④ 财务部门负责安检工作相关费用预算和资金保障。

⑤ 劳卫部门负责会同客运部门制定安检人员岗位标准、定员标准，核定安检岗位定员及劳动报酬，指导站段做好安检人员配备和优化工作，指导落实安检设备卫生检测和职工健康保护措施。

⑥ 安监部门负责安检工作的监督、检查，配合审查承包安检业务的社会安检（保）机构资质。

⑦ 职培部门负责组织指导安检人员岗位培训，确保相关人员培训合格、持证上岗。

（3）铁路局集团公司客运部门应设置安全类科室，专业负责包括客运（含行包快运）安检在内的客运安全工作，设置安检专业管理人员。站段要明确本单位安全检查专业管理科室和安全检查专业管理岗位设置，按规定设置安检车间，配备安全检查专业管理人员，承担安全检查的班组要设置安检值班员，督促指导日常安检工作。

（4）站段是安检工作的实施主体，负责安检工作的具体管理和实施，做好客运安检系统日常应用，做好安检人员工作质量卡控，持续提升安检工作人员素质，做好相关查获物品处置，为安检实施提供工作条件和保障。指导安检业务承揽单位按标准做好人员招募与运用，做好安检设备的定期检测以及日常维护和更新、添置计划提报。负责安检工作中的旅客投诉和建议处理。

（5）客运车站、管理客运办理站的车务段成立由客运部门牵头负责，车务、房建等部门和站区相关单位及驻站铁路内部单位参加的安检工作组织，建立工作机制，定期召开联席会议，随时通报和研究解决安检工作中的问题。

（6）旅客列车成立由列车长负责，其他乘务组成员参加的安检工作小组，加强日常安全巡视，对发现的可疑物品及时检查处置。

三、人员管理

（1）安检人员应身体健康，无色盲、色弱，矫正视力1.0以上，具有高中（或同等学力）及以上文化程度，无违法犯罪记录。

（2）安检人员要保持相对稳定。安检队伍男女比例适当。

（3）铁路客运安检人员应当得到下列健康保护：

① 每年到指定卫生机构进行上岗前预防性检查和上岗后的定期健康检查，并由用人单位建立健康状况监护档案。

② 为孕期和哺乳期的女性安检人员合理安排工作岗位。

③ 安检值机人员连续值机工作时间不得超过1小时，再次值机间隔时间不得少于30分钟。

④ 其他按国家有关规定应享受的劳动保护待遇。

相关健康保护费用纳入预算管理，并规范列支。

（4）安检人员首次上岗前，需接受不少于40个学时有关法律法规、铁路安检相关规定和危险品识别、安检仪操作、危险品处置、放射性防护等知识技能的集中脱产培训。上岗后每年要进行不少于24个学时的适应性培训。

（5）安检人员培训由铁路局集团公司职培部门统筹管理，分类实施。各级承担培训任务的实训基地应配置安检相关实训设备设施。铁路职工安检人员培训由本单位职培部门组织实施。业务外包安检人员（简称外包人员，下同）培训由业务承揽单位负责实施，铁路企业根据双方合同约定可提供必要的场地和师资支持。

（6）铁路局集团公司应加强安检人员培训监督管理，督促业务承揽单位建立安检人员岗前培训、日常培训及考核制度。业务部门要参与培训内容、过程及质量核查卡控，重点加强安检人员服务意识、服务态度以及相关话术等培训，提高安检服务质量。

（7）安检人员须经理论和实作培训考试合格方可上岗。铁路职工登记铁路岗位培训电子证书，外包人员取得安检培训合格证书。业务委托单位职培部门每年须对安检培训合格证书进行审验。

（8）铁路局集团公司职培部门与相关业务部门共同制定《铁路站车安检业务培训大纲》，安检人员所在单位制定本单位业务培训计划，组织开展多种形式的业务培训。

（9）铁路局集团公司应建立安检人员储备调配机制，满足重点时期安检等级提升以及春运、暑运、黄金周、小长假等时期安检工作需求。

（10）铁路局集团公司应结合技能差异、岗位职级、职业晋升等情况，逐步实施安检岗位差异化、序列化管理。

四、设备管理

（1）铁路局集团公司应使用符合国家相关标准和国铁集团企业标准以及安全、环保等要求的安检设备。

（2）安检仪器选型应适合铁路客流量大的特点，符合检测性能良好、安全可靠、便于操作和维修等要求。

（3）安检仪使用管理单位应组织对本单位安检仪年度定期检测，发现工作状态不良以及安全隐患的，应当立即进行整改。

（4）安检仪、液体检测仪、安全门等安检设备实行专业化维保，铁路局集团公司应建立并落实安检设备的使用、维保更新及报废等管理制度，加强设备经常性维护、保养，保障其性能稳定，运行安全。

（5）安检设备的购置、更新、维修、保养等投入按规定纳入铁路运输企业安全生产费使用预算、技术改造计划、大修投资计划和成本支出预算，安检设备采购按照国铁集团物资采购有关规定执行。

（6）构成固定资产的安检设备使用年限原则上为 8 年，其报废按固定资产管理办法有关规定办理，其中 X 射线安检仪报废处理还应符合放射物品处理要求。

（7）车站应根据高峰时段客流量和进站流线设置安检通道，安检通道采用相对固定的设施进行封闭，在进站客流高峰时段，结合实际为每个通道增加手检、处置作业人员，新建、改建车站的安检场地设置应与车站同步规划建设。

（8）车站安检通道应配备安检仪（含操作台）、安全门、处置台、液体检测仪，与手检岗位数量相当的手持金属探测器，以及与之配套的旅客自弃箱（桶）、安检筐（篮）、隔离围栏（带）、手检站立台、禁限物品临时存放柜等。安检仪应结合实际配置延长带，安检仪出口取物侧应设置隔离栏杆，每个安检区域至少应配备一个防爆罐和一条防爆毯，其中高铁车站每个安检区域应配备两条防爆毯，相关车站按要求配置爆炸物探测仪。车站安检设备的配置应统筹考虑安检等级提升等特殊要求，预留适当备用或建立临时租用机制。

（9）车站有对外专用通道的贵宾室、商务座候车室应设安检仪和手持金属探测器等安检设备；日均发送行包 50 件以上的行包房应根据行包发送量确定配备安检仪的数量；车站小件寄存处应对寄存物品进行安全检查，并根据行李寄存量确定安检仪的配备，车站在站房外划定的候车区域比照上述标准配置安检设备。

（10）具备站场封闭条件的乘降所配备安检仪或手持金属探测器对旅客及携带品进行安全检查，不具备条件的，由列车工作人员对上车旅客及携带品进行安全检查，在不具备安检条件乘降所办理乘降业务的旅客列车配置一定数量手持金属探测器。

（11）车站安检仪的前后端和安全门进出口须分别安装有摄像机。安检仪和安全门摄像机可接入铁路综合视频监控系统。车站安检区域的视频装置应采用高清摄像机并满足全覆盖的要求。视频装置信息存储期限应符合相关法律法规要求。

（12）铁路局集团公司应积极推进安检信息化建设，逐步提升安检工作质量与效率。

五、作业管理

（1）安检工作应当坚持"安全第一、严格检查、文明作业、热情服务"的原则，安检人员作业时不得从事与安检工作无关的活动，女性旅客须由女安检员进行人身检查，安检人员仪容仪表应符合铁路旅客运输服务质量规范相关要求。

（2）安检人员作业时应当统一着装，佩戴安全检查证，依法履行检查职责，爱护被检查的物品，处置人员配置音视频记录仪。

（3）客运车站安检作业可实行业务外包，由有安全检查经营资质的企业承揽并组织实施，也可将安检设备的维修保养、定期检测以及禁限物品的保管、处置等部分业务实施外包。实行安检业务外包的，由铁路局集团公司按规定履行招投标程序。同时，允许铁路局集团公司根据实际情况，履行决策程序由铁路单位开展安检工作。外包企业不得将安检业务转包。

（4）铁路局集团公司应明确安检各岗位工作流程和作业标准，制定安检各岗位作业指导书。

（5）铁路局集团公司应制定并实施应对客流高峰、恶劣天气及设备故障等突发情况下的安检应急措施，保证安检通道畅通。

（6）车站应根据进站口区域条件，合理设置安检区域。安检区域应做到流线设置顺畅、标识标志齐全、台柜摆放整齐。安检区域已安检与未安检之间应设置隔离防护设施，其高度不应低于1.3米。

（7）车站应根据客流特点制定日常安检人员上岗计划，结合客流实际及时调整开放安检通道数量，保证旅客进站畅通。

（8）客运车站安检设置引导、值机、手检、处置岗位，具体岗位设置和每个岗位配备人数，可根据车站及客流实际情况确定。

① 引导岗位：组织旅客有序候检，引导旅客将行李及随身携带物品通过安检仪和安全门检查。

② 值机岗位：负责监控安检仪显示屏，发现可疑物品，通知处置岗位检查处置。

③ 手检岗位：使用手持金属探测器和手工检查，对旅客进行人身安全检查。

④ 处置岗位：对值机员、手检员通知可疑物品进行开箱（包）检查，发现的禁限物品按规定做好登记、处置以及暂存等工作。

（9）旅客携带品及托运的行包快件在车站应经过安检仪检查，无法确认安全性的液体应使用液体检测仪检查，发现可疑物品及无法辨识物品或必要时可当场开箱（包）人工检查。全面检查其规格、容器、数量等，对包装密封完好、标志清晰、无针孔、破封等异常情况，能够确认为瓶装酒、水、易拉罐饮料等物品，以及能够确认其物质安全性的肥皂等块状、膏状物品予以放行。安检设备发生故障或停电时，或托运的行李包裹因尺寸、形状、重量等原因无法过安检仪检查的，须实行人工检查。

（10）实施人工检查时，原则上应由旅客、托运人自己开箱（包）或出示携带物品，必要时可由处置人员进行重点开包查验，但应确保旅客、托运人在场并确认箱包归属，尽量保持旅客物品完好。人工检查应当在视频监控覆盖的场所实施。

（11）安全检查人员认为不适合当场开包检查或旅客申明不宜公开检查的，可以根据实际情况，移至适当场合检查。

（12）车站安检前应提醒旅客将随身携带的可能影响手检效果的金属物品、电子设备等在手检前取出。对通过安全门报警的旅客，手检人员应重点复查，排除疑点后方可放行。手检工作应在受检人员拿取行李之前进行。

（13）旅客经过安全检查进入候车区域后，因其他原因离开候车区域，再次进入时应当重新经过安全检查。

（14）因安检工作损坏旅客物品时，应当按照铁路旅客携带品损失处理相关规定予以处理，实行安检业务外包的，由车站组织安检业务承揽单位按照合同约定处理。

（15）特殊重点旅客安检应实行重点服务、重点照顾。对于孕妇或肢体活动不便的旅客，在人身检查时可不上手检站立台。婴儿车需经安检仪检查，对不能通过安检仪的婴儿车，应实施人工检查。伤残旅客助残设备应当接受安全检查，导盲犬接受人工检查前，应提醒旅客协助控制好导盲犬，为其佩戴防咬装置；拐杖等体积较小的助残设备应通过安检仪进行安全检查。乘坐轮椅的伤残旅客可从安全门一侧通过，接受人身检查，使用的轮椅应采取人工检查。

（16）按照国家有关规定应当予以免检或物品携带方、托运人自检的，由物品携带方、托运人提交相关证明，车站应按照有关规定办理。

（17）遇人体器官获取组织（OPO）转运人体捐献器官时，应查验移植中心器官接收确认书，人体捐献器官运输箱应当在箱外显著位置张贴人体器官运输专用标志，并接受 X 射线行李安检仪器设备的检查，无疑点的可不再进行开箱检查。OPO 工作人员及其他行李物品按照正常程序接受安全检查。

（18）旅客、托运人或其他人员应当接受并配合铁路安全检查工作。拒绝配合安检的，应当拒绝其进站、乘车、办理托运或寄存。

（19）对怀疑为危险物品，但受客观条件限制无法认定其性质的，旅客或托运人又不能提供该物品性质或可以经旅客列车运输的证明时，车站有权拒绝其进站乘车或托运，列车应终止其旅行或托运，由列车长编制客运记录，交前方停车站处理。

（20）对殴打、辱骂安检人员，冲闯、堵塞安检通道，破坏、损毁、占用安检设备设施、场地等扰乱安全检查工作秩序、妨碍安全检查人员正常工作的，应当予以制止，拒绝其进站、乘车、办理托运或寄存。涉嫌违法犯罪的，送交公安机关处理。

六、禁限物品的处置

（1）安全检查中发现旅客携带禁止随身携带的物品或者超过规格、数量携带限制随身携带的物品时，安检人员应当向旅客告知有关规定。

（2）安全检查（含旅客自弃）中发现的禁限物品，属于枪支子弹、炸药雷管、导火索、管制器具、军警械具等违禁物品和爆炸性、毒害性、放射性、腐蚀性物质或者非法携带违反治安管理的易燃易爆品以及传染病病原体等危险物品或物质，涉嫌违法犯罪的，送交公安机关处理，并采取必要的先期处置措施。鞭炮、发令纸、摔炮、拉炮等易爆物品应立即浸湿处理。

（3）安全检查中发现的其他禁限物品，可由旅客或托运人选择交送行人员带回或自愿放弃，符合包裹或高铁快运办理条件的可办理托运。旅客提出需暂存且符合暂存条件的，车站应提供暂存服务，免费暂存期限不少于 3 日，各铁路局集团公司可结合实际制定收费暂存时限和收费标准，并对外公告。

（4）易燃易爆物品、有强烈刺激性气味的物品，有恶臭等异味的物品，饮食品、一次性打火机、自喷压力容器以及活动物等物品不得在车站暂存。

（5）车站不开办禁限物品寄递业务，确有需要的，可引入社会快递企业寄递，铁路局集团公司要指导车站进行规范，其办理点应设置在安检区域之外。同时加强服务和价格方面的监督管理。

（6）在列车上查获的禁限物品由列车工作人员妥善保管，并根据物品性质按站车交接程序向前方停车站或车站派出所移交。

（7）车站可通过设置禁限物品自弃箱（须有防取回功能）等方式引导旅客提前自行处置。每班交班前应对自弃箱内物品进行清理检查，分类处置。

（8）车站要根据在车站存放安检查获物品和旅客暂存物品的不同性质和实际情况，合理设置存放场所。存放场所须远离候车室等人群密集区域，与火、热、电源隔绝，要设置灭火器等消防设备，保持通风、干燥。安检查获物品和旅客暂存物品可一并存放但须隔离存放、分类管理。存放场所禁止存放私人物品。

（9）车站要健全完善存放场所安全管理制度，确保存放安全。要明确专人负责，对物品出入库、流向进行详细记录。

（10）车站要最大限度减少安检查获物品存放时间，及时联系有资质和能力的专业单位依规处理。不宜存放的易燃易爆物品及限制携带品车站应及时进行安全处理，并做好登记。处置费用纳入车站经费预算。对普通刀具类、钝器类等车站可选择具有相应资质的回收企业进行销毁处理，对超过存放期限的暂存物品，按旅客放弃处置，车站可组织拍卖，回收或拍卖所得款项应规范列账。

（11）车站要建立健全查获物品收缴、保管、处理台账，对所有查获物品要做到逐件登记，流程清晰，管理闭环，按规定纳入铁路客运安全检查系统。查获物品登记应注重个人信息保护。

（12）任何单位和个人严禁擅自调换、变卖、私拿私藏或私自处置查获的禁限物品，一经发现依法依规严肃查处，涉嫌犯罪的，依法移交司法机关处理。

七、内部管理

（1）客运车站强化封闭式管理，严禁旅客从车站两端及非正常进站通道进入车站区域；对车站区域两端和因铁路运输生产需要无法封闭的专用线通道，应由车站设岗值守。

（2）便民利民的服务措施应当确保安全，接送旅客行李进站的"小红帽"和站内茶座等项目应经过进站口安检。宾馆、旅店、酒楼等直接进入站内的通道应予关闭。

（3）因铁路运输生产需要设置的专用进站通道，按照"谁使用、谁管理、谁负责"的原则，由使用管理单位负责设岗值守，安装视频监控设备，根据需要配置安检设备，对进入人员和携带品及车辆安全负责。客运车站区域内的其他单位，不得设置旅客进站、安检通道。

（4）铁路工作人员和进入车站区域作业的人员及携带品通过旅客安检通道进入站内必须经过安全检查，严禁未经安检从出站口进入车站。进入车站区域作业的人员必须佩戴明显标志或持有效作业证件，严禁列车工作人员从客技站（动车所）内带人随旅客列车车底进站。车站及站区相关单位应制定措施严禁非工作人员通过行李房等处所进站。

（5）机动车辆应凭出入证进出客运站，按照"谁发证、谁负责"的原则，对进站车辆及车载人员、携带品安全负责，车站应严格控制进站车辆数量。

（6）车站安检区域内以及旅客列车不得销售禁止随身携带的物品，或者超过规格限制随身携带物品，车站候车区域内商铺的商品进站应经过安全检查，相关商铺进货时间应为客流较低时段，避免影响旅客进站安检。车站及相关单位应为商铺商品进站安检提供条件。

（7）各部门、各单位不得擅自扩大禁限物品目录范围。

八、检查考核

（1）铁路局集团公司应制定安检工作考核和奖励办法，制定退出机制，持续提升安检工作质量。

（2）铁路局集团公司应加强对安检工作日常监督检查，并做好相关问题的督促整改，确保安检工作质量和旅客运输安全。

（3）因履行职责不到位引发安全问题或造成社会影响的，按照相关规定对责任单位和责任人予以经济考核，需要追究责任的，按相关程序办理。实行安检业务外包的，按照合同约定对安检业务承揽单位进行考核，必要时应依法终止合同。

（4）相关部门和单位应规范监督检查行为，各类监督检查人员应持有效证件，按禁限物品范围和安检工作规定开展检查，检查问题及意见建议应当场通知被检查单位或现场管理人员。

【任务拓展】

安检岗位文明用语

一、十字文明用语

"您好、请、谢谢、对不起、再见。"

二、安检岗位文明用语

（一）引导员

（1）"您好，请您稍等，请将行李物品放在安检仪上，接受安全检查。"

（2）"请您配合我们的工作，将腰包、挎包、手提袋放置在安检仪上，接受安全检查。"

（3）对提出异议的旅客告知："为了您和广大旅客的人身安全，请您自觉配合安检工作。"在旅客接受安检后，说："谢谢合作！"

（二）手检员

（1）"您好，请您微张双臂；请您把兜内的物品取出接受检查；请您转身；谢谢您的合作。"

（2）"请您将携带液体进行安全检查。"

（3）对检查出的禁限物品告知携带旅客："该物品属于哪类禁限物品，按照规定应由亲友带回、自动放弃、暂存等。"

（三）处置员

（1）"您好，您的行李物品需要打开检查。请问，您包里类似于某某的物品是什么东西，请拿出来接受检查。"

（2）"请您配合我们的工作，出示相关证件。"

（3）"您可以将禁限物品选择自动放弃，也可以交给随行人员带回，或者办理托运，同时可以办理暂存，超出7天按自动放弃处理。"

（4）"谢谢您的配合。"

任务五　铁路旅客人身伤害及携带品损失处理

【能力目标】

能按照《铁路旅客人身伤害及携带品损失处理暂行办法》要求为旅客提供标准化服务。

【知识目标】

掌握《铁路旅客人身伤害及携带品损失处理暂行办法》的基本内容。

【相关知识】

《铁路旅客人身伤害及携带品损失处理暂行办法》适用于中华人民共和国境内铁路旅客运输过程中发生的旅客人身伤害及携带品损失处理。处理旅客人身伤害或携带品损失时，应当坚持实事求是、依法依规、就近及时的原则。

一、现场处置与报告

（1）列车、车站发生旅客人身伤害时，站车工作人员应当到场查看旅客伤害情况，报告列车长、站长组织救护，稳定人员情绪，维护现场秩序。

（2）因旅客伤害需交车站处理时，应移交前方县、市所在地车站或者当地具备公共医疗条件的停车站；需要提前报告运行所在铁路局集团公司客服调度时，由客服调度通知车站做好救护准备工作。

旅客不同意在上述规定的停车站下车处理时，应当由旅客出具拒绝下车治疗的书面声明，并按照规定收集两份及以上证人证言。

列车因旅客伤害严重需紧急停车处理或发生3人以上疑似食物中毒的，应立即报告运行所在铁路局集团公司客服调度。

（3）接到报告后，客服调度应当立即根据列车长提出的要求，通知有关车站及值班主任（列车调度员），需要停车处理的停车处理，并报告本铁路局集团公司客运部。

（4）列车发现旅客在区间坠车时应当立即停车，站车工作人员应当到场查看旅客伤害情况，报告列车长、站长组织救护，稳定人员情绪，维护现场秩序。并通知就近车站或将受伤旅客移交就近车站。需要防护时，按有关规定处理。

列车、车站发生旅客人身伤害时，不具备停车条件或者迟延发现的，列车长应当报告运行所在铁路局集团公司客服调度，客服调度员接到报告后立即通知值班主任，值班主任通知相关列车调度员和铁路公安局指挥中心，由列车调度员和铁路公安局指挥中心分别通知邻近车站及车站铁路公安派出所派人寻找。列车运行至前方停车站时，列车长应拍发电报，向发生地和列车担当铁路局集团公司主管部门报告。

（5）车站对本站发生的及列车移交的伤害旅客，应当及时联系当地医疗急救机构或送就近医院抢救。

发生医疗费用时，应当根据对责任的初步判断，属于旅客自身责任或第三人责任的，由旅客或第三人支付医疗费用。

暂不能区分责任或者责任人不明、无力承担的，经处理站站长或者车务段段长批准，可用站进款垫付。

动用站进款时，填写或补填"运输进款动支凭证"（财收-29），10日内由核算站或车务段财务拨款归还。

（6）受伤旅客经现场抢救无效死亡，或对站内、区间发现的旅客尸体，经医疗部门或公安机关确认死亡，公安机关现场勘查结束后，车站应当转送殡仪馆存放（在此之前，车站应将尸体转移至适当地点并派人看守），并尽快通知其家属。尸体存放原则上不超过10日。

死者身份不清且在地（市）级以上报纸刊登寻人启事后10日仍无人认领的，应当根据铁路公安机关书面意见处理尸体；系不法侵害所致的，应当根据铁路公安机关书面意见并商死者家属意见处理尸体。

对死者的车票、衣物、随身携带物品等应当妥善保管，并于善后处理时一并转交其继承人；死者身份不明或者家属拒绝到站处理的，按无法交付的物品处理。

外国人在铁路站车死亡的按照《关于转发〈民政部、外交部、公安部关于外国人在华死亡后处理程序有关问题的实施意见〉的通知》（公法〔2008〕25号）处理。

（7）发生旅客人身伤害、需要保护现场时，应当及时采取措施保护现场，禁止与救援、调查无关的人员进入。必要时，可请求地方政府协助。

（8）现场查验。

发生旅客人身伤害后，列车长、站长应当及时组织现场查验，全面搜集、梳理相关证据资料，检查旅客所持车票的票种、票号、发到站、车次、有效期及有效身份证件信息等，描绘现场旅客定位图，收集不少于两份同行人或见证人的证言及查验记录、现场照片、录像等其他相关证据，形成比较完整的证据链，能够证明发生的过程和原因，初步明确性质，并妥善保管。

旅客或第三人能够说明事件发生经过或责任的，应当由其出具书面材料，并签字确认。

涉及违法犯罪或者旅客死亡的，由铁路公安机关组织现场勘查。

证人应当具有完全民事行为能力。证人证言中应当记录证人的姓名、性别、年龄、地址、联系方式、有效身份证件信息等内容。有医务工作人员参加救治时，应当由其出具参与救治经过的证言。

证言、证据应当真实，能够反映发生的时间、地点、过程、原因和结果。

（9）列车向车站移交伤害旅客。

列车向车站移交伤害旅客时，车站不得拒绝接收。

办理移交手续时，列车应当编制客运记录和旅客携带物品清单一式两份，一份由列车存查，一份连同车票、证明材料、相关证人或其联系方式等一并移交。客运记录应载明日期、车次、旅客姓名、性别、年龄、国籍、民族、职业、单位、有效身份证件号码、联系方式、住址、车票种类、号码、发站、到站、车厢、席位、受伤地点、受伤原因、受伤部位、处理简况，以及证据材料清单等内容。因时间来不及记明前述内容时，可在客运记录中简要记明日期、车次、下交原因，并必须在3日内向处理单位补交有关材料。特殊情况来不及编制客运记录时，列车长或其指定的专人应随同伤害旅客下车办理交接。涉及第三人时，应将第三人同时交站处理。

对已经控制的违法、犯罪嫌疑人，应当及时移交车站铁路公安派出所。

（10）列车发现精神异常旅客。

列车发现精神异常旅客时，应重点关注，并按规定交到站或下车站妥善处理。列车运行途中，旅客有同行成年人的，应要求其同行成年人看护；无同行成年人时，应指派专人看护。必要时，可安排在适当位置看护。

车站发现进站乘车的旅客精神异常时，可不予其进站乘车，并为其办理退票手续。

（11）旅客在法定时限内索赔且能够证明伤害是在铁路旅客运输过程中发生的，受理单位应及时通知发生单位，并本着方便旅客的原则，移交旅客就医所在地车站或旅客发、到站处理，被移交站应当受理。发生单位应当在10日内搜集并向处理单位移交相关证据材料。

（12）在站内或区间线路上发现有坠车旅客时，发现或接到通知的车站应当迅速通报有关列车。有关列车接到通报后，应当立即调查。

发生列车应当按照相关规定收集相关证据材料或旅客携带物品，并向处理单位移交。

（13）对下列情形造成的旅客人身伤害应当立即向铁路公安机关报警：

① 杀人、抢劫、抢夺、强奸、爆炸、纵火、绑架、结伙斗殴、寻衅滋事、故意伤害、击打列车、故意损毁、移动站车设备等违法犯罪行为。

② 因散布谣言、谎报险情、疫情、警情、扬言放火、爆炸、投放危险物质，或者非法阻拦行车、堵塞通道等，引起公共秩序混乱。

③ 火灾、爆炸、中毒等治安灾害事故。

④ 精神病人肇事肇祸，醉酒滋事行为。

⑤ 自然灾害。

⑥ 铁路设备、设施故障造成的事故。

（14）发生旅客人身伤害及携带品损失且有下列情形之一的，应当及时通知铁路公安机关：

① 应当控制、约束违法犯罪嫌疑人和扣押相关涉案物品的。

② 应当保护现场、维持秩序、协同救助的。

③ 应当由铁路公安机关介入调查、获取证据、查明原因的。

④ 引发治安纠纷或者酿成群体性事件并影响站车秩序，应当及时处置的。

⑤ 造成旅客死亡的。

（15）车站、列车发生旅客人身伤害时，可用电话向所在单位或上级主管部门报告概况；但发生重伤以上旅客人身伤害时，应在第一时间以短信方式向所属铁路局主管部门报告，随后向有关铁路局主管部门拍发速报，并逐级向上级主管部门和宣传部门报告。

报告（含速报）内容主要包括：

① 发生日期、时间、车次、地点、车站、区间里程。

② 伤亡旅客的姓名、性别、年龄、国籍、民族、职业、单位、有效身份证件号码、联系方式、住址以及车票种类、号码、发站、到站、车厢、席位等基本情况。

③ 发生经过、旅客伤亡及现场处理简况。

二、善后处理

（1）发生旅客人身伤害后，发生地车站（车务段）或处理站（车务段）应当组织发生单位、车站铁路公安派出所及相关单位成立善后处理工作组（以下简称工作组）。必要时，由发生地或处理站所在地铁路局集团公司组织。

发生旅客轻伤且经旅客或第三人同意现场调解、责任明确的，可由车站会同铁路公安派出所、发生单位、旅客、第三人等共同进行现场处理。

（2）工作组负责工作：

① 办理受伤旅客就医、食宿等事宜。

② 收集相关资料，建立案卷。案卷中应有：客运记录、证人证言、车票、医院证明、现场照片或图示、寻人启事及铁路公安机关处理尸体意见等材料；铁路公安机关制作有现场勘验笔录、法医鉴定结论的，在不影响案件办理的情况下，可以收集存入案卷。

③ 核查伤亡旅客身份，通知其家属或发布寻人启事。

④ 处理旅客遗留物品或死亡旅客遗体。

⑤ 向旅客或其继承人、代理人通报有关情况，协商处理善后事宜。

⑥ 其他与善后处理有关的事宜。

（3）受伤旅客临床治疗结束或死亡旅客遗体处理完毕，工作组应当根据铁路安全监督管理办公室对责任确定情况，核实各项费用及授权委托书、亲属关系证明等有关证明后，涉及铁路运输企业责任的，尽快按有关法律规定与旅客或其继承人、代理人协商办理赔付。

医疗费用应根据实际产生或后续治疗需要，凭治疗医院单据或建议核定。旅客需转院治疗时，应与处理单位协商一致，并经治疗医院同意。

残疾赔偿金应根据有关鉴定机构出具的旅客人体损伤残疾程度鉴定意见，或者根据旅客受伤程度，比照有关人体损伤残疾程度鉴定标准所对应的残疾等级，按照有关标准计算。

办理赔付时，编制"铁路旅客人身伤害及携带品损失最终处理协议书"，经各方确认、签字或加盖处理单位公章后，将赔偿金依据法定顺位支付给旅客或其继承人、代理人，旅客或其继承人、代理人出具收据交处理单位。

（4）根据责任确定情况，处理旅客人身伤害所发生的赔偿金及其他费用，由责任单位承担；无法确定责任单位的，由发生单位承担。

（5）需向责任单位或发生单位转账时，由处理单位所属铁路局财务部门开具"转账通知书"（会凭7），连同"铁路旅客人身伤害及携带品损失最终处理协议书"转送责任单位或发生单位所属铁路局财务部门。

责任单位或发生单位所属铁路局集团公司财务部门应当在收到"转账通知书"等材料次日起30日内将费用转拨至处理单位所属铁路局集团公司；超过30日的，每超过1日，按应付费用的0.5%支付滞纳金。

（6）旅客人身伤害是旅客自身原因或第三方造成时，铁路运输企业在垫付相关费用后，可向旅客或第三方追偿。

三、调查报告与统计

（1）旅客人身伤害处理完毕后，处理单位和发生单位应在3日内逐级向所属铁路局集团公司客运主管部门报送"调查处理报告"。

（2）铁路局集团公司应当在每月20日前汇总本局集团公司上月处理的旅客人身伤害情况，按要求填写"铁路旅客人身伤害统计表"和"安全情况报告"，报国铁集团。

（3）案卷一案一卷，由处理单位保管，保存期为5年。

四、保障

（1）车站、列车应当按规定配置安全防护设备或视频监控装置，合理设置安全警示标志，建立健全日常管理、维护机制。视频监控设备管理部门应当定期采集视频监控数据，涉及旅客人身伤害纠纷的视频监控数据保存期不得少于一年。

铁路局集团公司应当积极采用信息化手段，建立站车安全、设备等信息平台，确保信息沟通快速畅通。

（2）铁路局集团公司应当加强旅客人身伤害及携带品损失处理费用的预算和支出管理，确保各项费用依法合理使用。

（3）铁路局集团公司及站、段应根据实际设置旅客人身伤害及携带品损失处理工作人员，配备照相机、摄像机、录音笔等必要设备，给予适当的岗位、交通、通信等补贴，定期组织培训，提高业务能力。

（4）铁路局集团公司企业法律部门应当加强对旅客人身伤害及携带品损失处理的指导，定期组织法律专业知识培训。

在铁路运输过程中发生旅客携带品损失时，按照《铁路旅客人身伤害及携带品损失处理暂行办法》处理。旅客或其继承人、代理人应当向铁路运输企业提出可确认的证据；铁路运输企业经确认后，使用"铁路旅客人身伤害及携带品损失最终处理协议书"，由参与协商的各方签字盖章后，办理赔付。

在铁路旅客运输过程中遇有急病、分娩的旅客时，车站、列车应当尽力予以救助。

【任务拓展】

铁路旅客人身伤害及携带品损失最终处理协议书

NO._____

一、旅客基本情况：

姓名：_____ 身份证件号码：_____

性别：_____ 年龄：_____ 职业：_____ 电话：_____

住址：_____

二、车票情况：

号码：_____ 日期：_____

车次：_____ 发站：_____ 到站：_____ 席位：_____

三、发生情况：

日期、时间、车次：_____

地点、车站、区间：_____

四、旅客人身伤害及携带品损失发生经过、救治及善后处理简要情况：

续表

五、处理意见：
_____
_____

六、协议人签字：

旅客签字：_____　　　　处理单位（章）

代理人签字：_____

身份证号码：_____

联系电话：_____

日　　期：_____年____月____日　　　　　　　_____年____月____日

第三人签字：_____

代理人签字：_____

身份证号码：_____

联系电话：_____

日　　期：_____年____月____日

发生（责任）单位代理人签字：_____

职　　务：_____

联系电话：_____

日　　期：_____年____月____日

_____

注：本协议由处理单位填写，一式五份：一份报铁路局主管部门，一份转铁路局财务部门，处理单位、责任（发生）单位、旅客或家属各一份。

铁路旅客人身伤害及携带品损失赔付通知书

NO._____

_____旅客：

对_____年____月____日所发生旅客人身伤害（携带品损失），依据有关法律规定，经当事各方共同协商同意，赔付旅客共计人民币_____元（大写_____）。请您携带本通知和本人有效身份证件，于30日内到我站领取。如继承人、代理人领取时，请携带领取人有效身份证件以及与旅客身份关系证明或授权委托书（以上证件或证明均需原件）。

特此通知。

处理单位（章）

_____年____月____日

_____

联系人：_____　电话：_____　单位地址：_____

注：本协议由处理单位填写，一式五份：一份报铁路局主管部门，一份转铁路局财务部门，处理单位、责任（发生）单位、旅客或家属各一份。

任务六　铁路交通事故应急救援和调查处理

【能力目标】

能按照《铁路交通事故应急救援和调查处理条例》要求做好高速铁路旅客运输安全保障工作。

【知识目标】

掌握《铁路交通事故应急救援和调查处理条例》的基本内容。

【相关知识】

铁路机车车辆在运行过程中与行人、机动车、非机动车、牲畜及其他障碍物相撞，或者铁路机车车辆发生冲突、脱轨、火灾、爆炸等影响铁路正常行车的铁路交通事故（以下简称事故）的应急救援和调查处理，适用《铁路交通事故应急救援和调查处理条例》。

一、各部门职责

事故发生后，铁路运输企业和其他有关单位应当及时、准确地报告事故情况，积极开展应急救援工作，减少人员伤亡和财产损失，尽快恢复铁路正常行车。

任何单位和个人不得干扰、阻碍事故应急救援、铁路线路开通、列车运行和事故调查处理。

1. 国务院铁路主管部门

国务院铁路主管部门应当加强铁路运输安全监督管理，建立健全事故应急救援和调查处理的各项制度，按照国家规定的权限和程序，负责组织、指挥、协调事故的应急救援和调查处理工作。

2. 铁路管理机构

铁路管理机构应当加强日常的铁路运输安全监督检查，指导、督促铁路运输企业落实事故应急救援的各项规定，按照规定的权限和程序，组织、参与、协调本辖区内事故的应急救援和调查处理工作。

3. 其他有关部门

国务院其他有关部门和有关地方人民政府应当按照各自的职责和分工，组织、参与事故的应急救援和调查处理工作。

铁路运输企业和其他有关单位、个人应当遵守铁路运输安全管理的各项规定，防止和避免事故的发生。

二、事故等级

根据事故造成的人员伤亡、直接经济损失、列车脱轨辆数、中断铁路行车时间等情形，事故等级分为特别重大事故、重大事故、较大事故和一般事故。

（一）特别重大事故

有下列情形之一的，为特别重大事故：
（1）造成30人以上死亡。
（2）造成100人以上重伤（包括急性工业中毒）。
（3）造成1亿元以上直接经济损失。
（4）繁忙干线客运列车脱轨18辆以上并中断铁路行车48小时以上。
（5）繁忙干线货运列车脱轨60辆以上并中断铁路行车48小时以上。

（二）重大事故

有下列情形之一的，为重大事故：
（1）造成10人以上30人以下死亡。
（2）造成50人以上100人以下重伤。
（3）造成5 000万元以上1亿元以下直接经济损失。
（4）客运列车脱轨18辆以上。
（5）货运列车脱轨60辆以上。
（6）客运列车脱轨2辆以上18辆以下，并中断繁忙干线铁路行车24小时以上或者中断其他线路铁路行车48小时以上。
（7）货运列车脱轨6辆以上60辆以下，并中断繁忙干线铁路行车24小时以上或者中断其他线路铁路行车48小时以上。

（三）较大事故

有下列情形之一的，为较大事故：
（1）造成3人以上10人以下死亡。
（2）造成10人以上50人以下重伤。
（3）造成1 000万元以上5 000万元以下直接经济损失。
（4）客运列车脱轨2辆以上18辆以下。
（5）货运列车脱轨6辆以上60辆以下。
（6）中断繁忙干线铁路行车6小时以上。
（7）中断其他线路铁路行车10小时以上。

(四) 一般事故

造成 3 人以下，或者 10 人以下重伤，或者 1000 万元以下直接经济损失的为一般事故。除前述规定外，国务院铁路主管部门可以对一般事故的其他情形作出补充规定。

所称的"以上"包括本数，所称的"以下"不包括本数。

三、事故报告

(一) 事故报告处理

1. 事故现场

事故发生后，事故现场的铁路运输企业工作人员或者其他人员应当立即报告邻近铁路车站、列车调度员或者公安机关。有关单位和人员接到报告后，应当立即将事故情况报告事故发生地铁路管理机构。

2. 铁路管理机构

铁路管理机构接到事故报告，应当尽快核实有关情况，并立即报告国务院铁路主管部门；对特别重大事故、重大事故，国务院铁路主管部门应当立即报告国务院并通报国家安全生产监督管理等有关部门。

发生特别重大事故、重大事故、较大事故或者有人员伤亡的一般事故，铁路管理机构还应当通报事故发生地县级以上地方人民政府及其安全生产监督管理部门。

(二) 事故报告内容

事故报告应当包括下列内容：

(1) 事故发生的时间、地点、区间（线名、公里、米）、事故相关单位和人员。

(2) 发生事故的列车种类、车次、部位、计长、机车型号、牵引辆数、吨数。

(3) 承运旅客人数或者货物品名、装载情况。

(4) 人员伤亡情况，机车车辆、线路设施、道路车辆的损坏情况，对铁路行车的影响情况。

(5) 事故原因的初步判断。

(6) 事故发生后采取的措施及事故控制情况。

(7) 具体救援请求。

事故报告后出现新情况的，应当及时补报。

国务院铁路主管部门、铁路管理机构和铁路运输企业应当向社会公布事故报告值班电话，受理事故报告和举报。

四、事故应急援救

（一）事故发生后处理

1. 立即停车

事故发生后，列车司机应当立即停车，采取紧急处置措施；对无法处置的，应当立即报告邻近铁路车站、列车调度员进行处置。

为保障铁路旅客安全或者因特殊运输需要不宜停车的，可以不停车；但是列车司机应当立即将事故情况报告邻近铁路车站、列车调度员，接到报告的邻近铁路车站、列车调度员应当立即进行处置。

2. 恢复铁路正常行车

事故造成中断铁路行车的，铁路运输企业应当立即组织抢修，尽快恢复铁路正常行车；必要时，铁路运输调度指挥部门应当调整运输径路，减少事故影响。

（二）现场应急救援

（1）事故发生后，国务院铁路主管部门、铁路管理机构、事故发生地县级以上地方人民政府或者铁路运输企业应当根据事故等级启动相应的应急预案；必要时，成立现场应急救援机构。

（2）现场应急救援机构根据事故应急救援工作的实际需要，可以借用有关单位和个人的设施、设备和其他物资。借用单位使用完毕应当及时归还，并支付适当费用；造成损失的，应当赔偿。

有关单位和个人应当积极支持、配合救援工作。

（3）事故造成重大人员伤亡或者需要紧急转移、安置铁路旅客和沿线居民的，事故发生地县级以上地方人民政府应当及时组织开展救治和转移、安置工作。

（4）国务院铁路主管部门、铁路管理机构或者事故发生地县级以上地方人民政府根据事故救援的实际需要，可以请求当地驻军、武装警察部队参与事故救援。

（5）有关单位和个人应当妥善保护事故现场以及相关证据，并在事故调查组成立后将相关证据移交事故调查组。因事故救援、尽快恢复铁路正常行车需要改变事故现场的，应当做出标记、绘制现场示意图、制作现场视听资料并做出书面记录。

（6）任何单位和个人不得破坏事故现场，不得伪造、隐匿或者毁灭相关证据。

（7）事故中死亡人员的尸体经法定机构鉴定后，应当及时通知死者家属认领；无法查找死者家属的，按照国家有关规定处理。

五、事故调查处理

(一)事故调查权限

特别重大事故由国务院或者国务院授权的部门组织事故调查组进行调查。

重大事故由国务院铁路主管部门组织事故调查组进行调查。

较大事故和一般事故由事故发生地铁路管理机构组织事故调查组进行调查;国务院铁路主管部门认为必要时,可以组织事故调查组对较大事故和一般事故进行调查。

根据事故的具体情况,事故调查组由有关人民政府、公安机关、安全生产监督管理部门、监察机关等单位派人组成,并应当邀请人民检察院派人参加。事故调查组认为必要时,可以聘请有关专家参与事故调查。

(二)事故调查期限

事故调查组应当按照国家有关规定开展事故调查,并在下列调查期限内向组织事故调查组的机关或者铁路管理机构提交事故调查报告:

(1)特别重大事故的调查期限为 60 日。

(2)重大事故的调查期限为 30 日。

(3)较大事故的调查期限为 20 日。

(4)一般事故的调查期限为 10 日。

事故调查期限自事故发生之日起计算。

事故调查处理,需要委托有关机构进行技术鉴定或者对铁路设备、设施及其他财产损失状况以及中断铁路行车造成的直接经济损失进行评估的,事故调查组应当委托具有国家规定资质的机构进行技术鉴定或者评估。技术鉴定或者评估所需时间不计入事故调查期限。

(三)事故认定书

事故调查报告形成后,报经组织事故调查组的机关或者铁路管理机构同意,事故调查组工作即告结束。组织事故调查组的机关或者铁路管理机构应当自事故调查组工作结束之日起 15 日内,根据事故调查报告,制作事故认定书。

事故认定书是事故赔偿、事故处理以及事故责任追究的依据。

事故责任单位和有关人员应当认真吸取事故教训,落实防范和整改措施,防止事故再次发生。国务院铁路主管部门、铁路管理机构以及其他有关行政机关应当对事故责任单位和有关人员落实防范和整改措施的情况进行监督检查。

事故的处理情况,除依法应当保密的外,应当由组织事故调查组的机关或者铁路管理机构向社会公布。

六、事故赔偿

(1) 事故造成人身伤亡的,铁路运输企业应当承担赔偿责任;但是人身伤亡是不可抗力或者受害人自身原因造成的,铁路运输企业不承担赔偿责任。

违章通过平交道口或者人行过道,或者在铁路线路上行走、坐卧造成的人身伤亡,属于受害人自身的原因造成的人身伤亡。

(2) 事故造成铁路旅客人身伤亡和自带行李损失的,铁路运输企业对每名铁路旅客人身伤亡的赔偿责任限额为人民币15万元,对每名铁路旅客自带行李损失的赔偿责任限额为人民币2000元。

铁路运输企业与铁路旅客可以书面约定高于前款规定的赔偿责任限额。

(3) 事故造成铁路运输企业承运的货物、行李损失的,铁路运输企业应当依照《中华人民共和国铁路法》的规定承担赔偿责任。

(4) 事故造成其他人身伤亡或者财产损失的,依照国家有关法律,行政法规的规定赔偿。

(5) 事故当事人对事故损害赔偿有争议的,可以通过协商解决,或者请求组织事故调查组的机关或者铁路管理机构组织调解,也可以直接向人民法院提起民事诉讼。

七、法律责任

(1) 铁路运输企业及其职工违反法律、行政法规的规定,造成事故的,由国务院铁路主管部门或者铁路管理机构依法追究行政责任。

(2) 违反《铁路交通事故应急救援和调查处理条例》规定,铁路运输企业及其职工不立即组织救援,或者迟报、漏报、瞒报、谎报事故的,对单位,由国务院铁路主管部门或者铁路管理机构处10万元以上50万元以下的罚款;对个人,由国务院铁路主管部门或者铁路管理机构处4000元以上2万元以下的罚款;属于国家工作人员的,依法给予处分;构成犯罪的,依法追究刑事责任。

(3) 违反《铁路交通事故应急救援和调查处理条例》的规定,国务院铁路主管部门、铁路管理机构以及其他行政机关未立即启动应急预案,或者迟报、漏报、瞒报、谎报事故的,对直接负责的主管人员和其他直接责任人员依法给予处分;构成犯罪的,依法追究刑事责任。

(4) 违反《铁路交通事故应急救援和调查处理条例》的规定,干扰、阻碍事故救援、铁路线路开通、列车运行和事故调查处理的,对单位,由国务院铁路主管部门或者铁路管理机构处4万元以上20万元以下的罚款;对个人,由国务院铁路主管部门或者铁路管理机构处2000元以上1万元以下的罚款;情节严重的,对单位,由国务院铁路主管部门或者铁路管理机构处20万元以上100万元以下的罚款;对个人,由国务院铁路主管部门或者铁路管理机构处1万元以上5万元以下的罚款;属于国家工作人员的,依法给予处分;构成违反治安管理行为的,由公安机关依法给予治安管理处罚;构成犯罪的,依法追究刑事责任。

【任务拓展】

启用热备动车组的规定

（1）动车组故障无法及时修复时，应及时启用热备动车组。热备动车组定员少于故障动车组实际人数时，有条件时，使用定员能满足需要的其他动车组组织旅客换乘。

（2）在站内组织旅客换乘时，应尽量安排在同一站台的两个站台面进行。在区间组织旅客换乘时，车站值班员（列车调度员）组织担当换乘任务的动车组列车进入邻线指定位置停车。担当换乘任务的列车到达邻线指定位置停妥后，司机向车站值班员（列车调度员）报告。车站值班员（列车调度员）通过申请换乘的列车司机通知列车长组织旅客换乘。担当换乘任务的列车长确认旅客换乘完毕后通知司机，司机得到列车长通知，确认车门关闭，具备开车条件后起动列车，并向车站值班员（列车调度员）报告。

【复习思考题】

1. 《铁路安全管理条例》中铁路运营安全包括哪些内容？
2. 《高速铁路安全防护管理办法》中运营安全防护包括哪些内容？
3. 禁止托运和随身携带的物品包括哪些？
4. 禁止随身携带但可以托运的物品包括哪些？
5. 限制随身携带的物品包括哪些？
6. 铁路旅客运输安检设备包括哪些？
7. 列车上查获危险品如何处理？
8. 发生旅客人身伤害后列车如何处理？
9. 发生旅客携带品损失如何处理？

参考文献

[1] 中国铁路总公司. 高铁中型及以上车站服务质量规范[S]. 北京:中国铁道出版社,2016.

[2] 中国铁路总公司. 动车组列车服务质量规范[S]. 北京：中国铁道出版社，2016.

[3] 王慧. 高速铁路客运规章[M]. 成都：西南交通大学出版社，2018.

[4] 中华人民共和国民法典[M].北京：法律出版社，2020.

[5] 中国国家铁路集团有限公司.中国铁路运输收入管理规定[S]. 北京：中国铁道出版社有限公司，2020.

[6] 中国国家铁路集团有限公司. 铁路运输收入报表格式及说明[S]. 北京：中国铁道出版社有限公司，2021.

[7] 中华人民共和国交通运输部. 高速铁路安全防护管理办法[S]. 北京：中国铁道出版社有限公司，2022.

[8] 中国国家铁路集团有限公司. 铁路运输调度规则（高速铁路部分）[S]. 北京：中国铁道出版社有限公司，2022.

[9] 中华人民共和国交通运输部. 铁路旅客运输规程[S]. 北京：中国铁道出版社有限公司，2022.

[10] 国家铁路局，公安部. 铁路旅客禁止、限制携带和托运物品目录[S]. 北京：中国铁道出版社有限公司，2022.

[11] 中国国家铁路集团有限公司. 铁路旅客运输安全检查管理规则[S]. 北京：中国铁道出版社有限公司，2022.

[12] 中华人民共和国交通运输部. 铁路旅客运输车票实名制管理办法[S]. 北京：中国铁道出版社有限公司，2022.

[13] 中国国家铁路集团有限公司. 广深港高速铁路跨境旅客运输组织规则[S]. 北京：中国铁道出版社有限公司，2022.

[14] 中国国家铁路集团有限公司. 中国国家铁路集团有限公司铁路旅客运输规程[S]. 北京：中国铁道出版社有限公司，2023.